童謡が響く
国語教室

谷 亮子

渓水社

はしがき

　幼い頃、私が通っていた保育園では毎日のように童謡がスピーカーから流れていました。『しゃぼん玉』『仲良し小道』『靴が鳴る』『証城寺の狸囃子』『アメフリ』『青い眼の人形』『肩たたき』などたくさんの童謡をブランコに乗りながら耳にしました。そのせいか、童謡を聞くと保育園の頃が懐かしく思い出され、園長先生やお世話をしてくださった先生方の顔が、幼い頃よく遊んだ友の顔が、そして父と母の顔が浮かんでくるのです。童謡を耳にする度に、故郷で過ごした幼少期の思い出が甦り、心が和み童心にかえったような気持ちになります。そのような童謡への思いが教師になっても心の片隅にずっと存り続けたのです。

　教師として20数年を経て、3年生の児童を担任した時のことでした。朝の会で子どもたちは、子ども向けの歌を身振り手振りで歌いながら踊っていたのです。その振り付けも自分たちで考え、楽しそうに歌い踊っていました。その歌を踊りながら歌うことが大好きだったのは自閉的なS君でした。この歌になると、S君は自分からみんなの前に出て、グループのメンバーと一緒に笑顔で楽しそうに踊っていたのです。得意そうに歌い踊るS君の姿を見て、胸が熱くなりました。きっと子どもたちは歌のリズムやメロディー、歌詞の楽しさや面白さを実感していたのでしょう。

　この様子を見て、子どもたちが親しめる歌を工夫して用いるならば、どの子も学習や教育活動に参加できるのではないかと思いました。そのような歌、つまり、子どもたちの心に響き、子どもたちが親しめる歌として、童謡が浮かんできたのです。

　童謡といえば、音楽科で取り組むことが自然であると考えますが、国語科でも取り上げることはできないだろうかと、国語科における童謡の教材化を試みました。童謡は歌われるための詩であり、深い文学性をもっていることに着目したからです。

それと、国語教育を顧みて考えさせられることがあったからです。これまでの国語教育を振り返ってみますと、明るく元気のいい前向きな絵本や物語などが子どもたちに与えられることが多かったように思います。しかし、時には、はかないもの、喪失感のあるものなどを与え、重層的に心を育んでいくことが豊かに生きていく上で大事なことではないかと考えました。その点、童謡には悲しい別れ、消えゆくはかなさ、寂しさなどを歌ったものが数多くありますので、そのような童謡に親しませ、心や感性、情緒を重層的に育てていきたいと願ったことが、童謡活用の出発点でした。また、「童謡は文学である」と言われていますように、内容が物語的になっていますので、言葉のリズム感を実感させるだけでなく、読み物として活用できる方法を探りたいと考えたのです。読み物として活用することを通して、歌詞の言葉に着目させ、言葉から想像し考え、書くことの学習に生かしていくという意図もありました。さらに、童謡は日本の伝統的な言語文化の一つですので、童謡を使って伝統的な言語文化に触れさせ、親しませていきたいと思いました。

　以上のことが、国語教育で童謡を取り上げようとした理由になりますが、これは童謡を国語科で扱う意義と重なるところが多分にあるものと考えます。

　このような思いやきっかけ、意図で童謡を使った実践に着手したのは平成７年でした。千葉県印西市立小倉台小学校（２年、３年、４年）で初めて取り組み、平成10年には千葉県成田市立中台小学校の５年生、６年生の児童たちと、その後、平成13年〜19年の６年間に印西市立原山小学校で１年、２年、３年、５年、６年と多学年に渡り実践を積み重ねてきました。12年間という長い年月でしたが、小学校の全学年で童謡の実践を展開することができましたのは童謡の力に魅せられたからです。しかし、童謡や唱歌というものが何なのかほとんど知りませんでした。もっと、童謡について詳しく知りたいと思い、筑波大学大学院修士課程に入学し、修士論文「国語科における童謡の活用とその意義」を書きあげました。その論文と研究につきましては、理論編として第Ⅰ部に掲載してあります。第Ⅱ部は

はしがき

実践編で、童謡を素材にして書く力の育成をめざした実践を紹介しています。童謡を素材にすることにつきましては、下記のように考えたからです。

〈童謡を素材に〉

　書くことの学習で思考力や表現力の育成を図るために、様々な研究や実践がなされていますが、多くの教師は子どもたちに書く力をつけるにはどのようにしたらよいのか、どのように指導したら書くことができるようになるのか等、その指導法に困っているのではないでしょうか。また、作文に何をどのように書いたらよいのか分からない、という児童も多数いるのではないでしょうか。

　このような状況において、書くことの学習では「何を素材にするか」が問題になってきます。そこで、歌詞（詩）と曲で成り立っている童謡に着目し、童謡を使うと書きやすくなるのではないかと考え、童謡を使って多学年に渡る児童を指導してきました。すると、書くことが苦手な子も書けない子も、どの子も夢中になって書くことができたのです。

　このことから、童謡という歌う詩には形があって、取り組みやすいという利点をもち、それが書くことの学習を活性化させたものと考えます。童謡という歌う詩を与えると、それを活用する子どもたちはその面白さが実感できるので、書くことの学習が活性化するのです。童謡を素材にして、視写ワークシートや題名当てワークシートなどワークシートをも工夫することにより、書くことの学習がさらに活性化していくものと確信します。

　童謡につきましては様々に解釈されていますが、本書においては童謡を「子どもに歌われるための詩」と捉えています。唱歌も子どもの心を育むために作られたものであり、唱歌も童謡も「子どもに歌われるための詩」という共通点を持っていますので、本書では唱歌と童謡を一括りにして「童謡」という用語で表現しています。

　そのような童謡を国語科の授業に用い、教材化するにあたり「童謡の魅力とは何か」と問われましたら、「歌詞と曲が一緒になるところで生まれ

iii

てくる楽しさや面白さを聴く人みんなで共有できることである」と答えます。歌詞と曲が一緒になるところで出てくる子どもの感性にはたらきかけることができることが童謡でなければできないことであると捉えているからです。そのような童謡の魅力を感じ取ってほしいために、本実践においては、曲を聴かせる場を確保し、歌詞の言葉と曲をセットにして取り組むことを大切にしています。

　しかし、童謡には長所だけでなく、短所もあります。童謡の言葉の意味を考えますと残酷なものがあり、偏見をもたせてしまうものもあるということです。例えば、「『七つの子』の親烏は母烏なのか父烏なのか」と問われますと、大抵の人は「母烏」と答えるでしょう。確かに、「母烏」と解釈しやすいのですが、これでは、子育ては母親がやるものという偏見をもたせてしまうのではないでしょうか。また、『かなりや』の「唄を忘れた金糸雀は、背戸の小藪に埋けましょか」や、『てるてる坊主』の「それでも曇って泣いてたらそなたの首をチョンと切るぞ」のように、言葉が残酷なものもあります。しかし、それも、心を育て、物の見方を広げていく上で必要です。残酷な言葉を含む詩を通して、その言葉の意味や詩の内容を深く考えることができるからです。言葉を通して、子どもたちの心を育て、物の見方を広げ、感性や情緒を育むことも大事な国語教育の役割です。それができるのが童謡なのです。国語科において童謡の歌詞の言葉から、当時の人々の物の見方や考え方を捉え、様々な言葉の意味を知り語彙を豊かにし、その言葉から心情や情景を想像することで、豊かな心や感性が育まれてくるのです。

　そこで、本書では数多くの童謡を残された野口雨情や北原白秋らの大正期の童謡を主に活用しています。また、作品が白秋に選ばれ、以後、童謡や詩を多く書かれておられる、まど・みちおの童謡も活用しています。その理由ですが、まど・みちおの童謡には空想的でユーモアや生きる喜びに溢れているものがたくさんありますので、今日の子どもたちに触れさせて、生きることの喜びと豊かな心を育んでいきたいと願ったからです。

　童謡詩人の阪田寛夫が「私たちが〈童謡〉として頭の中に持っている原

はしがき

型は、恐らく雨情の作品のごときものではなかろうか。」(『童謡でてこい』河出書房新社　1986年　p.65)と言っています。その野口雨情について、日本文化研究者の松岡正剛は『日本という方法――おもかげ・うつろいの文化――』(日本放送出版協会　2006年　p.294～301)において、「雨情が、若いころに内村鑑三の『東京独立雑誌』を熱心に読んでいたことはよく知られています。(中略)〈悲しい存在〉が起爆性をもっていると内村は訴えていた。(中略)雨情は道徳教育では伝わりっこないことを、もっと根底において見せたのです。世界も社会も家族も、町も人形もしゃぼん玉も壊れやすいものなのだということ、それらはすでに壊れていることもあるし、壊れたからといってそのことに感情をもてなくなってはもっと何かを失うだろうということを、告発していたのです。(中略)雨情はつねに〈はぐれる〉とか〈取り返しのつかないこと〉という消息に研ぎ澄ました目を注いでいたということです。」と述べています。

　この論述から、悲しい存在が起爆性をもつと訴える内村鑑三の影響を受けた雨情の童謡には悲しい存在や壊れやすい存在を歌ったものが多く、しかも、その悲しさや壊れやすさが起爆となり、それが雨情の童謡の発条になっていると考えられるのです。このように壊れやすく、はかなく、うつろいやすい童謡をはじめ、明るく楽しい童謡など様々な童謡に子どもたちを触れさせることは物の見方を広げ、心や感性を育むことにつながっていく、それが童謡の長所であると考えます。

　では、長所と短所をもつ童謡で何を教えるべきでしょうか。童謡には父親の登場するものが極めて少なく、母親に関わるものがたくさんあります。それは、母を求め、母を慕い、母に甘えたいなど母性に関する内容を歌っている童謡詩人の作品が多数あるからではないでしょうか。その一つが北原白秋の『アメフリ』です。この童謡は、母親が傘を持って迎えに来てくれた男の子の喜びと母親の蛇の目傘に入って一緒に帰れる嬉しさを歌っています。母親に甘えたい男の子の気持ちが伝わってきます。しかし、雨降りにどの子も母親が迎えに来てくれるとは限りません。迎えに来られない母親もいるはずです。その中で、迎えに来てくれた男の子は母親

v

が迎えに来てくれたことを誇らしそうにすることもなく、むしろ、柳の木の根かたで泣いている子に傘を貸そうとします。そういう優しい気持ちを歌っている歌でもありますので、童謡の歌詞（言葉）から優しさということをも考えさせることができるのです。つまり、童謡で人間と人間との関係や事柄と事柄との関連を考えさせ、捉えさせることによって、豊かな心を育て物の見方を広めることができるということです。

　このように、長所と短所を有する童謡ですが、その使い方を工夫すれば国語科に生かすことができるのではないかと、その方法を模索してきました。その結果、リライトという方法が有効でした。リライトという方法を用い、ワークシートを工夫して、書くことの学習の活性化を図ることができたのです。このリライトという方法は、ある文章をもとにして、別の文体や別の立場から「書き換え」ることです。この「書き換え」を取り入れて書くことの学習を展開することで、認識力が育てられ、自分の言葉で書くことができるようになると言われています。

　童謡をリライトの素材にするのは、童謡は当時の人々の人間模様や生活様式などが言語で伝えられた文化だと言えるからです。唱歌に比べ、童謡には口語中心に描かれているものが多く文語調の文章は少ないのですが、歌詞に見られる「蛇の目」「縁側」「背戸」などからは、この時代の生活様式やそれらを使っていた当時の人々の物の見方や考え方を知ることができるのです。つまり、童謡の歌詞にも伝統的な言語文化として成立させる語彙が含まれていますので、童謡も広い意味での伝統的な言語文化であると考えます。

　ところで、雨情の『雨降りお月さん』ですが、なぜ月なのか、なぜ夜に嫁入りするのか、なぜ「蛇の目傘」でなく「からかさ」なのか、不思議に思うことがあります。それは、月が女性を、太陽が男性を意味する陰陽五行説からきていると考えられます。その女性を意味する月が出るのは夜です。だから、『雨降りお月さん』は、昼間でなく夜に嫁入りする様子を歌っている童謡なのです。

　また、昔の嫁入りについて、『柳田国男の民俗学』（吉川弘文館　2007年

福田アジオ）によりますと、嫁入り当日の午前中に新郎は仲人と親戚の人と共に新婦の家を訪れて、新婦の両親と盃を交わし、その後自分の家に戻り、新婦は夕方頃に嫁入り行列をなして新郎の家へ向かうという昔の嫁入りのことが述べられており、当時の嫁入りの様子が分かります。さらに、「華燭の典」の言葉がありますように、昔は夜に結婚式が行われるのは当たり前のことだったのです。

その夜の暗やみの中、「ひとりで傘（からかさ）さしていく」という嫁入りには寂しさが感じられますが、「からかさ」とはどのようなものだったのでしょうか。「からかさ」とは和風の雨傘であり、白の和紙に桐油（とうゆ）をぬったのが始まりであると言われています。その粗雑なものが番傘とよばれていました。「蛇の目傘」は、「からかさ」の周囲を紺で染めたり、家紋をつけたりしたものであり、「からかさ」よりは高級な傘でした。そのような「からかさ」をさして嫁入りをするということからは決して、豊かな生活ぶりであったとは思われません。

このように、童謡の言葉の意味を考えさせることにより、昔の人々の生活の様子や物の見方、考え方を知ることができるのです。そして、童謡をもとにリライトという方法で書き換えをすることによって、子どもたちの認識力と書く力が育てられるとともに、日本の伝統的な言語文化にも触れさせていくことができるのです。

以上のことをふまえ、本書では童謡を使って伝統的な言語文化に親しませ、ワークシートを工夫し、書くことの学習を活性化させ、国語教育の充実を図ることを目指しています。

本書は、童謡や童謡活用の意義などを述べた第Ⅰ部の理論編と、第Ⅱ部の実践編で構成されています。その第Ⅰ部第1章において、唱歌と童謡の相違点を明らかにし、第2章で野口雨情や北原白秋、三木露風、西條八十らの童謡詩人を中心にして童謡の歴史を調べ、第3章では大正期の童謡の今日的な意義を考察し、第4章では国語科における童謡の活用法「リライト」について述べています。

第Ⅱ部では、童謡をもとに「リライト」を使った国語科授業を提案し、

童謡を活用した授業の効果について述べます。第1章は童謡の親しみ方、第2章は小学校低学年での実践、第3章は中学年での実践、第4章は高学年での実践についての紹介です。

　曲という一過性の童謡を扱うわけですから、耳から入った事柄が子どもたちの心に残り、学習として成立させていくための資料が必要になってきます。その資料の一つとして、様々なワークシートを工夫しました。それらを活用した実践を第Ⅱ部に掲載してあります。参考にして頂けましたら幸いに存じます。

　　2012年　3月

　　　　　　　　　　　　　　　　　　　　　　　　谷　亮　子

目　次

はしがき……………………………………………………………… i

第Ⅰ部　童謡と国語教育

序　章　研究の意義と目的……………………………………………1
第1章　唱歌と童謡 ……………………………………………………7
第2章　童謡の歴史——詩人を中心に—— …………………………17
第3章　童謡の今日的な意義…………………………………………41
　第1節　唱歌作品について　41
　第2節　唱歌作品についての考察　43
　第3節　童謡作品について　44
　第4節　童謡作品についての考察　47
　第5節　唱歌と童謡の作品比較を通して　47
第4章　国語科における童謡の活用 …………………………………49
　第1節　童謡の国語教育的意義　49
　第2節　「リライト」、「翻作法」で童謡の活用　55
　第3節　童謡で俳句や短歌の創作　59
　第4節　なぜ、俳句や短歌の創作か　69
終　章　第Ⅰ部のまとめと今後の課題 ………………………………71

第Ⅱ部　童謡を活用した国語教育の実際

序　章　童謡の魅力 …………………………………………………77
第1章　童謡に親しもう ……………………………………………81
第2章　小学校低学年での実践 ……………………………………89
　第1節　作文ギャラリィー「童謡の世界を絵と物語に」　89
　　　　　——小学2年生——

第2節　童謡の主人公とお話をしよう──小学2年生── 102
第3章　小学校中学年での実践 ……………………………… 111
　第1節　童謡カルタで遊ぼう──小学3年生── 111
　第2節　童謡で表現活動〈続き話＆音読発表会〉 124
　　　　　──小学3年生──
　第3節　童謡ガイドブックを作ろう──小学4年生── 134
第4章　小学校高学年での実践 ……………………………… 141
　第1節　童謡の世界を想像して創作活動をしよう 141
　　　　　──小学校5年生──
　第2節　童謡の世界を想像して俳句や短歌に──小学6年生── 184
　第3節　「なりきり作文」で童謡を味わう──小学6年生── 203

資　料 ……………………………………………………………… 215
　〔資料1〕好きな童謡を選んだ理由 216
　〔資料2〕童謡を聴く前・聴いた後の作品 220
　〔資料3〕第1時　授業後の児童の感想 226
　〔資料4〕第2時　授業後の児童の感想 228
　〔資料5〕第3時　授業後の児童の感想 231
　〔資料6〕童謡ワークシート編 235
終　章　童謡実践で確信したこと ……………………………… 245

　参考文献 ………………………………………………………… 247
　あとがき ………………………………………………………… 251

童謡が響く国語教室

第Ⅰ部
童謡と国語教育

序　章　研究の意義と目的

　童謡と唱歌はどこがどのように違うのでしょうか。畑中圭一（1997）は「童謡は大人の詩人が子どもに向けて書いた『歌われる詩』である。」[1]と主張しています。矢崎節夫（1995）は「詩は自分の中の自分で書き、童謡は自分の中のみんなで書く」と、まど・みちおから伺ったことをもとに「詩は自分の発見や感動を自分の言葉で書き、童謡は自分の発見や感動をだれでもがわかる言葉で書くということである。童謡は詩の一つのかたちである。」[2]と述べ、童謡を「詩の一つのかたち」としています。畑中も童謡を「歌われる詩」、つまり「歌われるための詩」と捉えているのです。このことから、童謡はもともとは詩であり、それに曲がつけられたものと考えらます。畑中や矢崎のように童謡の「詩」の側面に着目していくことにより、国語科の学習においても取り組んでいくことは可能ではないかと考えます。換言しますと、音と語が結びついた童謡は音楽科だけでなく、国語科においても活用できるのではないかということです。しかし、現行の国語科・音楽科の教科書で教材の配置を調べてみると童謡教材が使用されている割合は国語科・音楽科とも極めて低く、童謡はどちらの教科からも顧みられず、国語科や音楽科の狭間で埋もれている状況であると言えるのではないでしょうか。国語科において童謡を活用できないものでしょうか。
　今までの先行研究である藤田圭雄（1971）[3]『日本童謡史Ⅰ』『日本童謡史

---

1 ）畑中圭一（1997）『文芸としての童謡』世界思想社　p.1
2 ）矢崎節夫（1995）「あとがき」、『金子みすゞ童謡詩集あした』教育出版　p.76
3 ）藤田圭雄は1971年に『日本童謡史Ⅰ』を、1984年には『日本童謡史Ⅱ』をあかね書房より刊行する。

Ⅱ』や畑中圭一[4]『童謡論の系譜』『文芸としての童謡』などで調べてみましたが、これらの文献は童謡論の歴史をまとめたものであり、童謡論の系譜を跡づけたものでした。童謡を教育の立場から実践を踏まえて論じた研究は皆無といってよいでしょう。従って、本研究においては、教育の立場から童謡を取り上げ、国語科の学習として童謡を活用する意義を明らかにし、授業研究を通して教育的立場から論じることとします。

そこで、本研究では二つの点から取り組んでみることにします。伝統的な言語文化に親しむという点からと、童謡を媒介にして俳句や短歌の短詩を創作することにより豊かなイメージをもつことができるようにするという点からです。

学習指導要領[5]において、「我が国の言語文化を享受し継承・発展させる態度を育てることに重点を置いて内容の改善を図る。」と国語科改訂の趣旨が示され、「我が国の言語文化に触れて感性や情緒をはぐくむことを重視する。」と改善の方針が出されました。

このことからも、国語科教育は我が国の言語文化を継承・発展させていく大きな使命をもつものであると言えるのです。これに関しては、学習指導要領「伝統的な言語文化と国語の特質に関する事項」〔第三学年及び第四学年〕において、ア「易しい文語調の短歌や俳句について、情景を思い浮かべたり、リズムを感じ取りながら音読や暗誦をしたりすること。」とあり、〔第五学年及び第六学年〕においては、ア「親しみやすい古文や漢文、近代以降の文語調の文章について、内容の大体を知り、音読をすること。」、イ「古典について解説した文章を読み、昔の人のものの見方や感じ方を知ること。」と具体的に記載されています。

童謡もこの伝統的な言語文化の一つではないかと考えます。童謡は口語中心に描かれているため、その歌詞には文語調の文章は少ないのですが、

4）畑中圭一は1990年に『童謡論の系譜』を東京書籍より刊行し、1997年には『文芸としての童謡──童謡の歩みを考える──』を世界思想社より刊行する。
5）『小学校学習指導要領解説国語編』（2008年8月）東洋館出版社　pp.3-24

童謡は当時の人々の人間模様や生活様式などが言語で伝えられた文化なのです。童謡の歌詞に見られる「蛇の目」「縁側」「背戸」などからは、この時代の生活様式やそれらを使っていた当時の人々の物の見方や思いを知ることができます。つまり、童謡の歌詞には、伝統的な言語文化として成立させる語彙が含まれていますので、童謡も広い意味での伝統的な言語文化であると考えるわけです。

　また、今回の学習指導要領での「伝統的な言語文化と国語の特質に関する事項」では、物語や詩歌などを読んだり、書き換えたり、演じたりすることを通して、言語文化に親しむことを重視するとの改善点をも示しています。[6] それを受けて、各学年の言語活動例に、物語の内容について書き加えたり、書き換えたり、続き話を書いたりするなど具体的に活動が明示されています。このように、今回の学習指導要領では、創作活動を重視していることも唱えられているのです。

　これらのことを踏まえ、童謡の歌詞に着目し、国語科として童謡を媒介にして俳句や短歌を作ることは、「我が国の言語文化を享受し継承・発展させる態度」の育成に繋がるものと考えます。この童謡を媒介にして俳句や短歌を創作することは、童謡を俳句や短歌という異質な表現に変えることです。つまり、童謡を違う形式に変えることであり、童謡を媒介にして異質なもの（定型詩）に再創造していくことなのです。そのことによって、童謡の中身を捉えることができ、解釈力や想像力が育てられるとともに、童謡の価値が俳句や短歌に生きてくるものと考えます。これは、先行研究の「リライト」に類似するものであり、その一例が「翻作法」[7] です。音と語が結びついている童謡を活用し、音と語をどのように関わらせていくとよいのか、原理的なことを説明してくれるものとして「翻作法」を借りたのです。この「翻作法」を検証していく一手だてとして用いるわけですが、「翻作法」は原作にした作品の理解を確かなものにしたり、自分自

---

6)『小学校学習指導要領解説国語編』（2008年 8 月）東洋館出版社　p.4
7) 首藤久義（2004）「翻作法」、桑原隆監修『翻作法で楽しい国語』東洋館出版社　p.8

身の表現力を高めたりすることができ、表現活動を通した精読の方法という特徴をもっています。

　本研究で、この「翻作法」の原作品となるものは「童謡」です。童謡は子どもに分かりやすい言葉を使いながら豊かな文学性をもっています。その童謡を媒介にして「翻作法」で俳句や短歌を創作することは、童謡の世界を想像させ童謡を深く味わわせることになり、豊かなイメージをもつことができると考えました。豊かなイメージをもつとは、童謡における事柄と事柄との関係を把握し、自分なりの解釈をもつことです。

　しかし、童謡には童謡詩人の豊かな発想で書かれたエネルギーがあります。それを俳句や短歌という型のあるものにしていくのはどうかと反論も出されるでしょう。なぜ、俳句や短歌なのでしょうか。それは、詩には定型詩や自由詩、文語口語詩など様々な形態があり、子どもにはその詩の概念を捉えることが難しく、詩と文の違いなどにも困惑する場合が生じることが予測されるからです。要するに、詩より定型がはっきりしている俳句や短歌の方が子どもが創作するには適すると考えたからです。確かに俳句・短歌は型のある定型詩ですが、その「五・七・五」「五・七・五・七・七」という型を借りて（使って）言葉を置き換えていくことは身近な言葉に関心をもち、適切な言葉を選び、心情や情景にふさわしい言葉を考え、言葉の力をもつけていくことが可能であり、国語科の学習としての成立を助長することになるのではないかと考えます。また、童謡には家族や自然などをモチーフにして、子どもになりきって書かれている作品が多く、子どもの心で人間や自然を見つめ、それらと関わりながら生きていこうとする作品が多く見られます。このような童謡の作品の捉え方を本研究を通して、今日の児童・生徒に追体験させていきたいのです。

　さらに、この童謡を活用した学習は童謡そのものが子どもの発想で書かれていますので、子どもの心に響き、どの子も学習に参加できるのではないかと考えました。例えば、平成21年2月に、中学3年生を対象に童謡を活用して俳句や短歌を創作する実践を行いましたが、中学生であっても〈かなりや〉〈アメフリ〉〈十五夜お月さん〉等の童謡に耳を傾けて聴き、

童謡の世界を想像しながら俳句や短歌を作っていたのです。その作品の中で、「唄えない金糸雀だけど生きている」の無季語の句が、他の生徒からも注目を集めていました。季語が無くても、この生徒は「五・七・五」の型をかりて「五・七・五」の短い詩の中に自分の思いを凝縮し、「五・七・五」のリズムを実感しながら創作する楽しさを感じていたのです。このような生徒が出てきたことは、童謡を媒介にして俳句や短歌を創作することに意味があり、取り組んでいけると実感しました。本授業研究においても、無季俳句の創作が予測されますが、俳句というものが四季を主題とし境地を詠んだ本来の俳句から、現代のように無季俳句も創作され広がりを見せているという現状がありますので、「言葉遊び的な単元」として授業研究を行い、無季俳句も含めた俳句創作に取り組ませていくこととしました。

　本研究は、唱歌と童謡を比較してその相違点を明らかにするとともに、大正期の童謡を国語科の学習と活用する意義を明らかにすることを目的とし、歌詞と曲が一緒になるところで出てくる子どもの感性にはたらきかけ、童謡を活用した国語科教育について追究していきます。

　その中で、童謡教育のどこに問題があり、沈滞化していったのかを探りながら童謡でなければできないことなどを検討し、童謡を活用した国語科授業に生かす一試みを提案します。

第1章　唱歌と童謡

　童謡興隆の契機となったのは、鈴木三重吉主宰の『赤い鳥』の創刊でした。その三重吉も唱歌には批判的な目を向けており、唱歌批判から童謡は勃興したと言えるのです。そこで本章では、唱歌と童謡の相違点や唱歌批判が生じた原因を明らかにするとともに、童謡がどのように捉えられてきたのか考察することとします。

　明治5年の学制で「唱歌」は教科科目として挙げられていますが、「下等小学教科14唱歌当分之ヲ欠ク」「下等中学教科19奏楽　当分缺ク」と但書がついており、「唱歌は教科の扱いに大変苦慮していた様子がうかがえよう。」[1]と山東功（2008）が指摘しています。つまり、学制頒布当初から音楽に関するものだけが、教科そのものから除外されていたのです。

　そのような「唱歌」を教科として取り入れようと尽力したのが伊沢修二（1851-1917）や目賀田種太郎（1853-1926）らの教育家であり、かれらの建白によって、1879年に音楽取調掛が設置されました。このことに対して、山東は次のように論述しています。[2]

　　音楽取調掛には伊沢が米国留学中に師事した音楽教育者のメイソン（1818-1896）が招聘され、西洋音楽受容の基礎が築かれていくこととなったのである。（中略）十分に楽器が行き届いていない状況で、器楽演奏を中心とした音楽教育を想定することなどは全く非現実的である。それだけに「奏楽」はきわめて困難であった。そこで当面は教師

---

1) 山東功（2008）『唱歌と国語——明治近代化の装置』講談社　p.13
2) 山東功（2008）『唱歌と国語——明治近代化の装置』講談社　pp.13-19

第Ⅰ部　童謡と国語教育

だけが楽器を弾ければよいということで、そうした楽器の問題を回避する意味からも声の音楽として成立する「歌うこと＝唱歌」が必要とされたのである。

上記のように、伊沢は西洋音楽を受容し、それを日本の「唱歌」に取り入れようとしたのです。しかし、その当時は音楽の指導に必要なオルガンやピアノ等の楽器を調達できず、輸入に頼っていた時代でした。そのような状況の中では、「奏楽」を可能にするだけの楽器数が不十分で、楽器の確保が極めて厳しかったことが分かります。そこで、楽器なしでも取り組める声の音楽、つまり「唱歌」に着手したことが「唱歌」誕生の背景にあったと言えるのです。当時、「当分之ヲ欠ク」とされていた「唱歌」を教科に導入したのは伊沢でしたが、唱歌の歌詞選定や唱歌作詞に苦慮していたことが、次のような伊沢の叙述から分かります。[3]

> 単に歌を作るといふさへ容易では無いのに、取調掛の要求では、尚又曲意に合した歌を作るといふのみならず、句数字数が合はなければ、折角作歌者がいかなる名歌を作つても何の役にも立たぬ。その最得意とする好所をも改作しなければならぬのである。そこで歌も作る曲意も解る、句数字数も自在に変化し得るという作歌者を得る必要が起つた。

これに関して、山東は次のように論じています。[4]

> 歌詞について伊沢が問題点として指摘しているのは、歌詞の句数字数といった具体的な韻律的側面への配慮であった。内容もさることながら正しく教えなければ全く話にならないからである。こうした配慮

---

3) 伊沢修二（1912）『落石自傅　教界周遊前記』伊澤修二君還暦祝賀会　p.74
4) 山東功（2008）『唱歌と国語——明治近代化の装置』講談社　pp.20-21

第 1 章　唱歌と童謡

> に呼応することができるのは、やはり言語に通暁したものでなければならなかったであろうし、唱歌が教育現場で歌われる以上、教育的配慮に目の向く人物でなければならなかった。（中略）この伊沢の要望に応じたのが稲垣千頴、加部巌夫、里見義らであるが、彼らは教育者として主に国語教育に携わっていた。しかも結果から見れば彼らの属した流れは欧化主義一辺倒の洋学派というよりも、和学に通じた国学派というべきものである。（中略）ここに唱歌作詞と国学者との関係を見出すことができるだろう。極言すれば、国語教育の中から唱歌教育は誕生したと言うこともできるのである。

と唱歌が国語教育から生まれたことを主張しているのです。また、山東は「唱歌にとって重要な要素は当然のことながら具体的に歌う内容、すなわち歌詞である。」[5]とも述べ、唱歌の歌詞を重視しています。言葉の韻律や文法などに通じている国語教師が歌詞作成に携わってきた経緯から「国語教育から生まれた唱歌」と山東は主張しているのです。

その「唱歌」の意義について、山住正巳（1967）は次のように述べています。

> 明治11（1878）年に目賀田種太郎と伊沢は「学校唱歌ニ用フベキ音楽取調掛ノ事業ニ着手スベキ見込書」で、子どもの学業における疲労をいやし、肺臓をつよくし、発音をただし、心情をたのしませることなどが唱歌の「直接の功力」であり、社会を「礼文ノ域」にすすめ「王徳ヲ頌」するようになることなどが「間接ノ功力」であるとしていた。[6]
>
> 目賀田は西洋音楽だけに関心をよせたのではない。（中略）かれは

5）山東功（2008）『唱歌と国語——明治近代化の装置』講談社　p.19
6）山住正巳（1967）『唱歌教育成立過程の研究』東京大学出版会　p.94

第Ⅰ部　童謡と国語教育

　　当時の学校教育にも疑問をもち、教師による一方的な知識の教授に終始していることを批判し、その結果、日本の子どもたちの「肺臓ノ狭小トナルハ我ラガ知レル処ナリ」としていた。かれは子どもの学校生活を「快愉」なものにし、また健康の増進にも役だつというところに、唱歌教育の意義があるとみていたのである。[7]

　この山住の論述から、当時の知識伝授の学校教育において、「唱歌」は子どもたちの学校生活を楽しくさせ、心情を育て、健康の増進にも役立つところに、その意義があったと言えます。
　ところで、唱歌教育の先駆者である伊沢が目指した唱歌教育というものはどのようなものだったのでしょうか。山東[8]が

　　目指すべきところは、東洋の音楽と西洋の音楽とを折衷することで、日本における「国楽」の創生にあるというのである。(中略) 教育は「徳育」「知育」「体育」の三点が重要であり、特に「徳育」としての徳性を養うためには、音楽が大変有効であるとしている。(中略) これは一種の徳目主義である。こうした徳目主義的な前提で唱歌教育が語られるにしても、伊沢は唱歌を修身的な教科一辺倒で考えてはいなかった。というのも、音楽の芸術的側面、いわば「雅」の側面を重視していたように思われるからである。

と述べていますように、伊沢は音楽が徳性の養成に適していると捉えていたのです。ですが、修身的な唱歌教育だけを目指したのではなく、唱歌の「雅」という面にも着目していたことが窺えます。続けて、山東[9]が

---

7) 山住正巳 (1967)『唱歌教育成立過程の研究』東京大学出版会　p.34
8) 山東功 (2008)『唱歌と国語——明治近代化の装置』講談社　pp.21-22
9) 山東功 (2008)『唱歌と国語——明治近代化の装置』講談社　p.26

第 1 章　唱歌と童謡

　　　明治の「雅」は教育の場において、その対極的な「俗」との対比を
　　鮮明にしながら、「俗」の改良として「雅」を構築していこうとした。

と指摘しています。このことから、伊沢が音楽（唱歌）によって、「俗」
から「雅」への転換を目指そうとしていたことが分かります。さらに、山
東[10]は

　　　三味線や尺八などの邦楽が「俗」とみなされていたことや、「俗」
　　が上流・下流を問わず存在するのに対し、「雅」は上流のものを目指
　　すことである。（中略）結局、伊沢の目する「国楽」とは、日本にお
　　ける「雅」の音楽に他ならなかったのである。

と述べています。伊沢は修身的な唱歌教育だけを目指したのではなく、
「国楽」としての唱歌を築きあげようとしていたと言えるのです。
　一方、山住[11]が

　　　明治14（1881）年になると、目賀田と伊沢は「直接の功力」を後退
　　させ、抽象的表現であった「間接ノ功力」に儒教道徳をもりこんで、
　　それを第一義的に重視しようとしているのである。

と論述していますように、唱歌教育の目的が徳性の涵養に変わってきたの
です。唱歌を「心情の養成」ではなく徳育の手段として利用しようとした
ところに問題があったと言えるでしょう。続けて、山住は指摘していま
す。[12]

10）山東功（2008）『唱歌と国語──明治近代化の装置』講談社　pp.26-28
11）山住正巳（1967）『唱歌教育成立過程の研究』東京大学出版会　p.94
12）山住正巳（1967）『唱歌教育成立過程の研究』東京大学出版会　p.254

当時の教育政策に合致する歌詞が期待されていたのである。(中略)修身科と唱歌科を結びつけようというところに真意があったのだ。

　この山住の指摘から、唱歌教育では徳目主義的な教訓的な歌詞が重視されてきたことが分かります。このように、歌詞は「雅」で、それを西洋歌曲で歌おうとしていた和洋折衷の唱歌は官制的で、子どもの音楽的能力に適さず、小学生には歌詞を理解する上においても難しいという批判が音楽性だけでなく歌詞の面でも生じてきたのです。

　こうして、国語教育から生まれた唱歌でしたが、難しい言葉で大人の心で作られ、功利的で教訓的な唱歌と批判が高まったのです。この唱歌批判から芸術的志向の流れが生じ、鈴木三重吉主宰の雑誌『赤い鳥』が大正7年7月に刊行され、新しい童謡が誕生しました。この『赤い鳥』創刊が童謡復興運動の契機となったのです。三重吉はその創刊に当たり、「童話と童謡を創作する最初の文学的運動」というプリント[13]を配布しています。その中で、三重吉は

　　世間の小さな人たちのために、芸術として真価ある純麗な童話と童謡を創作する、最初の運動を起こしたいと思ひまして、月刊誌『赤い鳥』を主宰発行することに致しました。

と述べ、「童話」に対する言葉として、子どものための芸術的な歌を「童謡」と名付けたのです。また、同プリントにおいて三重吉は、「現在の子供が歌つてゐる唱歌なぞも、芸術家の目から見ると、実に低俗な愚なものばかりです。」[14]と芸術性が欠如しているとして唱歌批判をしています。この『赤い鳥』を創刊するに当たっての三重吉の意図について、藤田圭雄

---

13) 藤田圭雄（1971）『日本童謡史I』あかね書房　p.12
14) 藤田圭雄（1971）『日本童謡史I』あかね書房　p.12

(1971) は次のように指摘しています。[15]

> 単に子どもたちに「純麗な読みもの」を与えるということだけでなく、「芸術的な謡と音楽」をも作って行こうという点にあった。しかもそれは、文字として読まれる詩だけではなく、音楽を伴って、うたわれるものとしての「童謡」が考えられていた。

この藤田の指摘から、三重吉が子どものための芸術的香気の高い歌われるものとしての「童謡」を考えていたこと分かります。続けて藤田は「教訓的な、そして不自然極まる大人の心で詠まれた学校唱歌に北原白秋も厳しい批判の目を向けている」[16]と言っているのです。
　その白秋は「童謡私観」[17]において

> 新しい童謡は根本を在来の童謡に置く。日本の風土、伝統、童心を忘れた小学唱歌との相違はこゝにあるのである。

と述べ、子どもの生活感情の乏しい教訓的な唱歌を否定し、「童謡は童心童語の歌謡である」[18]と主張しています。童心と伝統の欠如という視点から当時の教育や唱歌を批判しているのです。　野口雨情も「童謡作法問答」[19]において

> 唱歌は実に不自然極まる、それを歌つても読んでも少しも面白みもないやうな、理屈張つたものか、或は何の意味もない言葉を並べて

---

15) 藤田圭雄（1971）『日本童謡史Ⅰ』あかね書房　p.13
16) 藤田圭雄（1971）『日本童謡史Ⅰ』あかね書房　p.18
17) 北原白秋（1923）「童謡私観」は「詩と音楽」大正12年1月号に掲載され、『緑の触角』に所収されている。『白秋全集20詩文評論6』(1986) 岩波書店　p.38
18) 北原白秋（1923）「童謡私観」、『白秋全集20詩文評論6』　p.52
19) 野口雨情（1921）「童謡作法問答」は大正10年12月に交蘭社より発行。『定本野口雨情第7巻』(1986) 未来社　p.13

第Ⅰ部　童謡と国語教育

　　（中略）あのやうな無趣味な、子供の心持とは大変にかけ離れたもの

であるとし、子どもの心から遊離した、詩的情緒が含まれていない無趣味単調な唱歌を批判しています。西條八十においても「現代童謡講話」[20]の中で

　　従来の唱歌が、主として露骨な教訓乃至知識を授けるのを目的とした功利的歌謡で、従つて児童の生活感情には何等の交渉を持たない。

とし、やはり唱歌を否定しているのです。このように、大正期半ばの童謡運動は「子ども不在」の唱歌を乗り越えようとの意図で興り、芸術性の高い子どもの歌の創造を目指した動きでした。

　そのような唱歌と童謡ですが、その成立において当時の社会的背景が大きく影響していると考えます。唱歌は明治5年の学制頒布が行われ教育制度も大きく変わろうとしていた西洋受容の近代化の中で成立してきたのです。それに対して童謡の成立は藤田[21]が

　　『赤い鳥』の創刊によって「童謡」という言葉が普通名詞としてはじめて定着したのは確かだ。

と述べていますように、大正期半ばであると考えます。その当時は第1次世界大戦後の大正デモクラシーによる自由主義思潮が高まり、児童中心主義教育が唱えられていた時代でした。童謡運動は大正デモクラシーの風潮に乗り、広がっていったのもと推測されます。

　成立の時代背景が異なっている唱歌と童謡ですが、歌詞に着目しますと

20）西條八十（1924）「現代童謡講話」は大正13年7月15日に新潮社より発行。『西條八十全集14』（1993）国書刊行会　p.16
21）藤田圭雄（1971）『日本童謡史Ⅰ』あかね書房　p.14

「国家主導的な唱歌歌詞」に対し、「子どもの感性や感受性の育成をめざす童謡歌詞」という違いが見えてくるのです。換言しますと、唱歌の歌詞は大人が日本の自然の美しさや伝統的な文化を子どもに伝えたいという思いが強く、子どもの心から湧きあがるものではなかったと言えるのです。それに対して、子どもの心に根ざし子どもに分かりやすい歌詞で、自然や日本の風土、家族を思う心を表現し、詩的情緒が含まれているのが童謡ではないかと捉えます。

第 2 章　童謡の歴史──詩人を中心に──

　童謡の起源を明らかにするとともに、童謡普及に業績をあげ今なお歌い継がれている童謡を残した大正期の童謡詩人、野口雨情や北原白秋、三木露風、西條八十の童謡観について述べ、隆盛を極めていた大正期の童謡が沈滞化していった理由を探ることとします。
　まず、童謡の歴史的展開ですが、「童謡」という名称について、藤田（1971）[1] は次のように述べています。

　　わが国では『日本書紀』（巻24）皇極天皇 2 年の条に「戊午、蘇我臣入鹿、独り上宮の王等を廃て丶、古人大兄を立て丶天皇と為さむとすることを謀る。時に童謡有り、曰く、イハノウエニ、コサルコメヤク、コメダニモ、タゲテトホラセ、カマシシノヲヂ。」とあるのを始め、『日本書紀』に10首、『続日本紀』『日本後紀』『続日本後紀』『三代実録』にそれぞれ 1 首ずつの「童謡」があるとする。しかし、これらの謡は「謡歌」とも書き、「わざうた」と読み、時世を諷した比喩の歌であって、子どもの歌というわけではない。「童謡」という言葉が、子どもの歌の意味に使われるようになったのは江戸時代に入ってからである。

　つまり、童謡という言葉は『日本書紀』や『続日本紀』などに見られますが、時世を諷した比喩のうた「わざうた」であって子どもの歌を意味するものではなかったということです。江戸時代になって子どもの歌という

---

1 ）藤田圭雄（1971）『日本童謡史Ⅰ』あかね書房　pp.13-14

第Ⅰ部　童謡と国語教育

意味になったわけです。畑中（1990）[2] も

> 童謡という語が「子どもの歌」を意味するものとして使われるようになったのは、近世以降であると言われている。その当初は、子どもたちが集団的に生み出し継承する歌謡、即ち「わらべうた」を意味するものとして用いられ、その後明治期を経て大正期半ばまでは、もっぱらこの意味で用いられていたのである。

と指摘しています。江戸時代においては童謡という言葉が子どもの歌の意味に使われ、「わらべうた」としての童謡であったのです。さらに、藤田[3] は

> 明治に入ると、17年に音楽取調掛が編んだ『音楽取調成績申報書』の「創置処務概略」の中に、「西洋の童謡と日本の童謡とを比せば、全く相同きの想をなす。」とか「童謡の如き其結合簡短なるものにありては、」とか「童謡其他、最も簡短なる謡類を集め、西洋の童謡に比較し、」などの表現が見られる。また、25年には伊沢修二が「童謡改作」ということを始めている。伊沢はこの頃国家教育社というものを作って、教育勅語の思想を子どもの歌に盛り込もうと企画していた時代だが、かりかり渡れ／おほきな雁は／さきに／ちひさな雁は／あとに、という謡をあげ、その後に、雁は空を翔ける時も列を正しくして乱れず、よく長幼の序を過らぬものといふことに説き及ぼし、兄姉は弟妹を愛し、弟妹は兄姉を敬し、互いに睦まじくすべく、また学校友だちの中にても、長幼愛敬の道を尽くすべきことを諭し、この童謡を教ふべし。教育に関する勅語にも、「兄弟に友に」といっている。（中略）ともかく、明治から昭和初頭にかけては「童謡」という言葉

2）畑中圭一（1990）『童謡論の系譜』東京書籍　pp.10-11
3）藤田圭雄（1971）『日本童謡史Ⅰ』あかね書房　p.14

はまだ一般的でなく、子どもの歌は「唱歌」と呼ばれるほうが普通だった。(中略) 子どものための芸術的な歌としての「童謡」をはっきりと位置づけたのは鈴木三重吉による『赤い鳥』創刊が最初だと言えよう。『赤い鳥』の創刊によって、「童謡」という言葉が普通名詞としてはじめて定着したことは確かだ。

と述べています。『赤い鳥』の創刊を契機にして、芸術的香気の高い、子どものための歌という新しい意味づけをされた「童謡」が童謡運動の興隆とともに定着していったのですが、それ以前は「童謡」という語が「わらべうた」を意味するものとして使われていたのです。これに関して三重吉はどのように考えていたのかは明らかではないと藤田は述べていますが、畑中は次のように論述しています。[4]

「童話と童謡を創作する最初の文学運動」の中に「創作童謡」と「各地童謡」という語句が見られ、後者がわらべうた(伝承童謡)を意味していたことは、雑誌『赤い鳥』の「各地童謡伝説募集」の説明文及びその後の掲載内容から見て明らかであり、一方「創作童謡」という語句をわざわざ用いていることからみても、三重吉が"わらべうたとしての童謡"にある程度の配慮をしていたことがわかる。(中略) ともあれ、三重吉の提唱による新しい意味の「童謡」は、童謡運動の発展と、"わらべうたとしての童謡"という語の衰退とによって定着していったということができよう。

この畑中の指摘からは、「創作童謡」を主張する三重吉が"わらべうたとしての童謡"にも配慮をしていたことが分かり、この"わらべうたとしての童謡"という語の衰退によって、「童謡」という語句が定着していったことが窺えます。また、畑中は、「童謡」という語が単独でわらべうた

---

4) 畑中圭一(1990)『童謡論の系譜』東京書籍　p.13-14

を意味することがなくなったことを、次のように述べています。[5]

　　昭和17年、北原白秋は『日本伝承童謡集成』の編纂を開始し、彼の死後も編集が続けられて、昭和22年にその第1巻が刊行された。また、与田凖一は昭和18年刊『童謡覚書』（天佑書房）の中の論文「童謡の史的展望」において、わらべうたを「伝唱童謡」とよび、詩人の創作したものを「文学童謡」とよんでいる。その後、志田延義、浅野建二などわらべうた・民謡研究家が「伝承童謡」という語を用いはじめたこともあって、徐々にわらべうたは「伝承童謡」という語句で表現されるようになり、「童謡」という語が単独でわらべうたを意味することはなくなってしまったのである。

　このように、「伝承童謡」としてのわらべうたから「童謡」という語が独立していったと考えられます。しかし、この時期に『童謡』はもう一つの意味をもたされていた。すなわち、子どもたちが自ら創作する詩をも、当時は童謡とよんでいたのである。」[6]と畑中は指摘しているのです。

　これらの畑中の論述を通して、童謡というものは「わらべうたとしての童謡」から「創作歌謡としての童謡」、「児童詩としての童謡」へと変遷してきたことが窺えます。

　では、「童謡」という語をどのように捉えたらよいのでしょうか。童謡の概念について、畑中は、近世以降、下記の三つの概念を有していたとしています。[7]

　　①子どもたちが集団的に生み出し、伝承した歌謡（わらべうた、伝承童謡）

5）畑中圭一（1990）『童謡論の系譜』東京書籍　pp.11-12
6）畑中圭一（1990）『童謡論の系譜』東京書籍　p.15
7）畑中圭一（1990）『童謡論の系譜』東京書籍　pp.16-17

②おとなが創作した子どもの歌
③子どもたちが創作した詩・歌（児童詩、児童自由詩）
　大正期後半から昭和10年代にかけては、明らかに三つの概念の混在が見られた。その後①と③の概念がそれぞれ「伝承童謡」「児童詩」（或いは「児童自由詩」）という語によって分離・独立し、その結果「童謡」は「おとなが創作した子どもの歌」という意味で定着し、今日に至っているのである。（中略）近年、「童謡」という語は徐々に「子どもの歌」という語句に転換されつつあり、両者の概念の微妙な違いを残したまま「子どもの歌」という語が多く使われるようになってきた。

　上記のように畑中は「童謡」を「おとなが創作した子どもの歌」として捉えていますが、「童謡」という語の概念は大正期の童謡詩人によっても微妙な違いがあり簡単には定義づけられないのです。そこで、雨情や白秋らの大正期の童謡詩人の童謡観や児童観を調べることにしました。まず、雨情の童謡観についてです。

野口雨情の童謡

　雨情は「童謡教育論」[8]において

　　童謡とは童心を通してみたる事物の生活を音楽的旋律のある今日の言葉で言ひあらはされた芸文である。　　（、は野口雨情による）

と主張しています。雨情の童謡の中核は「童心」であったと言えるのです。その「童心」について、檜田良枝（1986）は「ただ単に子供の心とい

8）野口雨情（1923）「童謡教育論」は大正12年7月5日に米本書店より発行。『定本野口雨情第7巻』（1986）未来社　p.274

第Ⅰ部　童謡と国語教育

うより、詩人の純粋無垢な詩心をさすものであった」[9]と指摘し、藤田も次のように述べています。[10]

> 雨情は「童謡とは童心の芸術だ」ということを繰り返し説いているが、その雨情における「童心」とは、雨情の中にもある童心だ。一般的に、子どもの気持ちという意味の童心ではなく、雨情という詩人の持つ童心だ。それは「童心」即「詩心」といいかえても誤りではない。（中略）童心と詩心が一つになり、そこに美しい日本語のリズムが生まれる。それが雨情童謡の開花の姿である。

とすると、雨情の「童心」とは大人である詩人の純粋無垢な「詩心」をさすものであると捉えられます。藤田が言っていますように、大人である詩人の中の「童心」と「詩心」が一体となった雨情の童謡は美しい日本語のリズムが際だっていると言えるのです。また、金田啓子（2004）の指摘「大人に大人と子どもの両方の立場を求めていた雨情」[11]のように、雨情は大人の中にある「童心」を求め、それを童謡の中で表現しようとしたのではないでしょうか。その雨情は「童謡十講」[12]で「童謡という言葉こそ用いませんでしたが、最も純粋な詩として、童謡の境地が、やがて人々に唄はるべきことを予想して居ました。」と先見の明を語っています。

このように雨情は「童謡を最も純粋な詩」と捉えていたことが分かります。さらに、雨情は「童謡作法問答」[13]で

> 童謡は子供の歌であつて、非常に子供にとつて興味深いものでなけ

9）檜田良枝（1986）「解題」、『定本野口雨情第7巻』未来社　p.485
10）藤田圭雄（1971）『日本童謡史Ⅰ』あかね書房　p.397
11）金田啓子（2004）「野口雨情の童謡論における「教育」の検討──『童謡と児童の教育』を中心に──」新潟大学大学院現代社会文化研究科発行　p.23
12）野口雨情（1923）「童謡十講」は大正12年3月十日に金の星出版部より発行。『定本野口雨情第7巻』（1986）未来社　p.155
13）野口雨情（1921）「童謡作法問答」は大正10年12月に交蘭社より刊行。

ればなりません。そして又それと同時に大人にも興味があり、その童謡を聞くなり歌ふなりすると、いつか忘れられてゐた子供の頃の懐かしい心持ちが、はつきりと胸に湧いて来るべきものであることが必要であります。即ち永遠に滅びない児童性をもつてゐるものであつて、尚その上、ほんたうに尊い価値ある芸術作品であり、しかもその言葉の調子が音楽的にも優れてゐるものがまことの童謡であるのです。

と童謡について、童謡とは永遠に滅びない児童性と音楽的に優れた言葉の調子をもつ芸術作品であると定義づけているのです。そして、「すぐれたる詩は、すぐれたる言葉の音楽である」[14]と主張する雨情にとって童謡で欠かせない条件は「言葉の調子が音楽的に優れていること」であったのです。とりわけ、歌われるための童謡と考えていた雨情は、「童謡には韻律が非常に大切な役目を持って居ります。唄ふといふことと韻律とを離して考へることは出来ない」[15]と述べ、韻律を童謡創作において重視したのです。その音楽的韻律が童謡には不可欠であるとする雨情は「正風童謡」を唱え、二つ目の項目で「正風童謡とは唄ふことの出来るもの。同時に踊ることの出来るもの。」[16]と述べています。「踊ることの出来るもの」を童謡の要件としているところに、雨情の童謡観のユニークな一面が窺えます。
　ところで、前述の「今日の言葉で言ひあらはされた芸文である」ということですが、それは「芸術的の匂いの高い子供の唄であつて、(中略)自然に無理をせないで歌はれた子供の詩を童謡と名づけてある。」[17]と雨情が述べていますように、童謡の言葉は日常使用しているものの中から、最も芸術的匂いの高い言葉を選んで創作された芸術作品であるということです。

---

14) 野口雨情（1923）「童謡十講」〔第四講正風童謡論〕、『定本野口雨情第7巻』（1986）未来社　p.176
15) 野口雨情（1923）「童謡十講」〔第四講正風童謡論〕、『定本野口雨情第7巻』（1986）未来社　p.176
16) 野口雨情（1923）「童謡十講」〔第四講正風童謡論〕、『定本野口雨情第7巻』（1986）未来社　p.181
17) 野口雨情（1921）「童謡作法問答」、『定本野口雨情第7巻』（1986）未来社　p.5

第Ⅰ部　童謡と国語教育

　このように雨情は童謡創作において、音楽的韻律に富んだ子どもにも分かりやすい平易な言葉を用い、言葉の調子を第一とし、言葉の音楽を重んじたところに雨情の童謡観が見えてくるのです。このことに関しては、畑中が「表現の平易性と音楽性を雨情は終始一貫して主張していた」[18]と指摘していることからも窺えます。
　この他「童謡作法問答」には、次のような言葉が記されています。

　　清く美しい少年少女達が眼に正しく映つたものを、その儘の言葉で歌い出すのが童謡となる。それ故、童謡は子供その儘の純な感情が現はれてなくてはなりません。（中略）童謡として歌はれるべき内容は児童の眼を通して見た児童の世界に限られてゐて、実社会に於ける悩みや喜びを歌ひません。（中略）子供らしいあこがれの心を児童の日常用ひてゐる言葉の中から、芸術的の響を持つてゐる言葉を選んで、余り技巧に捕はれず素直に歌ふことが童謡の根本精神であること。又、童謡はただその儘文字をたどつて読んで味ふのではなく歌つて楽(たのし)む所に童謡の使命があるのですから、どこまでも歌ひ易いものでなければなりません。それ故、詩よりも尚一層言葉の調子が大切なのです。[19]

　　童謡に歌はれます内容は、子供の心に映つたその儘の感情を子供自身の持つてゐるやさしい言葉で、極めて自然な調子をつけて歌はれるのである。[20]

　以上の雨情の言葉には、雨情の童謡観や児童観が具体的に語られています。童謡とは芸術性の高い歌われるための子どもの詩であると主張する雨

18）畑中圭一（1990）『童謡論の系譜』東京書籍　p.22
19）野口雨情（1921）「童謡作法問答」、『定本野口雨情第7巻』（1986）未来社　p.33-34
20）野口雨情（1921）「童謡作法問答」、『定本野口雨情第7巻』（1986）未来社　p.125

情の童謡は、子どもという観点に立っており、その子どもというものを無邪気で天真爛漫で、清く美しく純真な心をもったものと捉えていることが分かります。そして、童謡創作をする時は、作者自身も童謡の中で完全にその子どもになりきって、子どもの心を子どもの言葉で表すことが重要であると説いているのです。

　この歌われることを第一の目的とした雨情の童謡が今なお歌い継がれていることに関して、平輪光三（1987）は「雨情の童謡が、人間本然の土に立脚して民族精神の世界をうたったからこそ、今日なお時代を超えてうたい続けられている作品が非常に多いのである。」[21]と述べています。阪田寛夫（1986）[22]も

　　雨情の作った童謡が、当時も、今も、圧倒的に子供や大人の心にしみこんでいる理由は、その底にある極彩色の寂びと、まず「歌詞」であるという性格によるのではなかろうか。（中略）私たちが「童謡」として頭の中に持っている原型は恐らく雨情の作品のごときものではなかろうか。新しい童謡を考える場合にも、この「原型」を無視するわけにはいかないのである。

と指摘するのです。田園的で素朴な民謡の味をもち、「平易性」と「音楽性」を重んじた雨情の童謡は、韻律にこだわり誰にでも分かる言葉で歌詞が創作されているが故に、多くの人に歌われてきたものと考えられます。その中の作品〈十五夜お月さん〉について、上笙一郎（2005）は、「〈十五夜お月さん〉の表現には音律を合わせる必要のためか、「貰られて」「も一度」など正当でない舌足らずの言葉づかいも見られる。」[23]と述べていますが、そうであっても今日まで歌い継がれてきたのは、童謡の中で子ども

---

21) 平輪光三（1987）『野口雨情』、吉田精一監修『近代作家研究叢書58』日本図書センター　p.176
22) 阪田寛夫（1986）『童謡でてこい』河出書房新社　p.65
23) 上笙一郎（2005）『日本童謡事典』東京堂出版　p.193

になりきって、子どもの心を子どもの言葉で、子どもの心で表現した雨情の根本精神が表れているからではないかと考えます。

北原白秋の童謡

　白秋は「童謡私観」において、「新しい日本の童謡は根本を在来の日本の童謡に置く。」[24]と主張しています。白秋は伝承童謡すなわち「わらべうた」を童謡制作の根底にすえていたのです。「わらべうた」を童謡制作の根底にすえながら「童心童語の歌謡」を目指したと言うことです。また、「童謡私抄」で白秋は次のように述べています。[25]

　　今の小学校に於て音を表現する一々の文字の形は教へるけれども、音そのものの感覚的本質については何の教へるところも無い。知らず気もつかぬからである。然し音の連鎖たる言葉の種々相が人間感情の唯一の象徴的表現である限り、音の一々はその根本を為すものである事を真に尊しとせねばならない。此の音の一つより詩も生るるのである。（中略）小学校に於て文字を教へる事は一年の後でよい。音を先づ教へ言葉を教へ歌う事を誘発すべきではないか。（中略）その感覚感情の表現がそのまま児童の詩的天才によつて洗練され、さながらの純真と無邪とがその音とその言葉とに流露し行くのである。詩が成る。

　この論述には、「わらべうた」を尊重した白秋の童謡制作の主張が窺えます。その「わらべうた」については、金田一春彦（1978）が「わらべうたに多く用いられる技法に、擬声語・擬態語の頻用がある。」[26]と述べて

---

24) 北原白秋（1923）「童謡私観」、『白秋全集20詩文評論6』p.38
25) 北原白秋（1923）「童謡私抄」は大正12年に「詩と音楽」に掲載。藤田圭雄（1971）『日本童謡史Ⅰ』あかね書房　p.79
26) 金田一春彦（1978）『童謡・唱歌の世界』主婦の友社　p.136

います。
　白秋の童謡に擬声語や擬態語が使われている童謡が多く見られるのも、「わらべうた」を童謡制作の根底にすえていたからであると考えます。白秋の童心主義については、「童謡私観」において次のように述べられています。[27]

> 　私の童謡は幼年時代の私自身の体験から得たものが多い。あゝ、郷愁！郷愁こそは人間本来の最も純真な霊の愛着である。（中略）児童は成人の父であると曰ふ。いかなる成人たりとも畢竟は本性としての童心を失い得るものではない。（中略）私はよく童心に還れと云つた。しかし、その意味はたゞ児童の無智をよしとする謂ではない。ことさらに児童を模し、児童に阿る謂ではない。真の無邪気の境涯にまでその童心を通して徹せよと云ふのである。真の自然と渾融せよと云ふのである。

　白秋は自らの幼少期の過去を追慕しながら、郷愁に生きようとしていたと言えるのではないでしょうか。白秋にとっての過去は、今なお自分の中に生きている過去であったと考えられるのです。このことについて、畑中は指摘しています。[28]

> 　白秋の童心主義の大事な要素として「郷愁」と、それに伴う感傷主義があげられる。しかし、白秋の「郷愁」にはただ単に過去を懐かしむという退行的な影はなかった。「霊の愛着」という表現には追憶への逃避といった姿勢は感じられない。むしろ、積極的に現在の精神生活を充実しようとする愛着ととるべきであろう。

---

27) 北原白秋（1923）「童謡私観」、『白秋全集20詩文評論6』　pp.38-40
28) 畑中圭一（1990）『童謡論の系譜』東京書籍　pp.97-98

この畑中の指摘は、藤田（1971）が「白秋の詩には、寂しさを基底にして作られたものも多い。しかし、その寂しさが白秋の中では、豊かな、明るいイメージに変貌して行く。」[29]と述べている点と重なるところです。
　また、藤田は「白秋のいう「童心」は、白秋自身の童心であって、今日の子どもの童心とは違う。それは白秋だけではない。八十にも雨情にも、その他の童謡詩人すべてにいえることだ。」[30]と指摘しています。白秋にとって「童心」は創造活動の原動力であり、「童心」によって、雨や花、小鳥や木、子どもなどを歌おうとしていたと言えるのです。
　では、「童心主義」を唱える白秋は子どもたちをどのように捉えていたのでしょうか。白秋は現実の子どもたちをしっかりと見つめ、子どもの現実の姿を正しく捉えて、子どもを美化した捉え方はしていないのです。そのことは、「童謡復興」[31]から窺えます。

　　彼等は全く好奇心に富んでゐる。残虐をも敢えてする。（中略）彼等の遊び相手たる生物共を愛する、飽きる、殺す。而して愈々彼等は太る。（中略）欲心が丸出しだ。それでいいのだ。たまらなくいいのだ。

　以上のように、白秋は本来子どもというものは生き物を殺すなどの残虐性をもっているものであり、大人同様の欲望やいろいろな感情を有していると捉えているのです。その「白秋の童謡観に変化が見られたのは大正11年の「叡智と感覚」と、大正12年の「童謡私観」においてである」[32]と、畑中は指摘しています。

---

29) 藤田圭雄（1971）『日本童謡史Ⅰ』あかね書房　p.135
30) 藤田圭雄（1971）『日本童謡史Ⅰ』あかね書房　p.134
31) 北原白秋（1923）「童謡復興」は「詩と音楽」大正12年1月号に掲載され、『緑の触角』に所収されている。『白秋全集20詩文評論6』（1986）岩波書店　pp.8-13
32) 畑中圭一（1990）『童謡論の系譜』東京書籍　p.117

「叡智と感覚」[33]において、白秋は「感覚だけでは如何に雋鋭であつても、尊くある筈はない。要はその感覚の奥に潜む叡智の光度如何である。」と述べ、感覚の奥にある叡智が光っていなければ、感覚や機知があっても真実に迫ることはできないと言っているのです。この頃から、白秋は「芸術自由教育」を主張し、科学的真実にもこだわり、さらに児童自由詩への傾向も見られるようになってきました。そして、白秋は「児童自由詩鑑賞」[34]で、表にして童謡を大別して述べています。

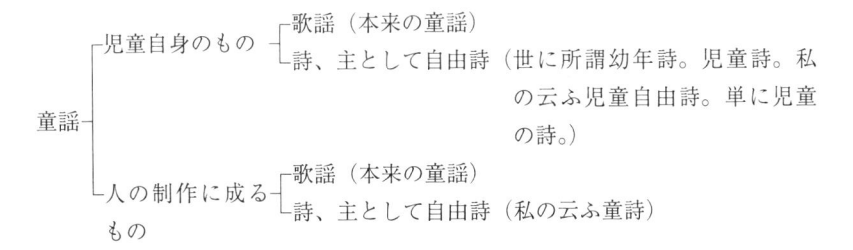

```
        ┌児童自身のもの┬歌謡（本来の童謡）
        │              └詩、主として自由詩（世に所謂幼年詩。児童詩。私
        │                                  の云ふ児童自由詩。単に児童
童謡─┤                                  の詩。）
        │
        └人の制作に成る┬歌謡（本来の童謡）
         もの          └詩、主として自由詩（私の云ふ童詩）
```

さうして何れもが童心童語の歌謡であり、詩でなければなりません。厳密に云へば、それらの歌謡体のものが本来の童謡であります。

　この表から分かりますように、白秋は児童自由詩や童詩をも童謡としていたのですが、やはり本来の童謡というものは歌謡であるということを述べています。伝承童謡すなわち「わらべうた」を童謡制作の根底に置き、伝統を重んじた白秋の童謡観が窺えるのです。さらに、「童謡は童心童語の歌謡である。而もまた純粋なる芸術価値をその価値するところに、初めて真の香気と生彩とが保たれるであろう。童謡も詩の一つの道である。」[35]

---

33) 北原白秋（1922）「叡智と感覚」は、「大観」大正11年1月号に掲載され、『緑の触角』に所収。『白秋全集20詩文評論6』（1986）岩波書店　p.60
34) 北原白秋（1925）「児童自由詩鑑賞」は、「文芸講座」大正14年に掲載され、『緑の触角』に所収。『白秋全集20詩文評論6』（1986）岩波書店　p.91
35) 北原白秋（1925）「日本童謡集」第1巻序文に記載されている。大正14年6月に『緑の触角』で発表。『白秋全集20詩文評論6』（1986）岩波書店　p.72

第Ⅰ部　童謡と国語教育

と白秋は主張しています。これらのことから童謡というものは本来歌謡ではあるが、詩の一つの道であると捉えられます。

三木露風の童謡

　露風も唱歌には批判的な態度をとり、唱歌の多くが子どもたちのみずみずしい感覚と想像を欠く形式的なものとして批判しているのです。その露風は「真珠島」[36]の序で、

> 　童謡にはやはり自分が表はれます。自分が表はれなければ善い童謡ではありません。創作態度としては童謡をつくることも自分をうたふことだと思つてゐます。私の作品の中には象徴的なものもありますが、それは難かしい言葉でうたつてあるのではなく、易しい言葉になつてゐますから子供でも感得します。童謡には要点が二つあります。その一つは謡へるものであること、一つは感得するものであることです。(中略)大人は、大人自身の中に子供を有つてをります。誰も懐かしい揺籃時代の追想を有たない者はありません。(中略)童謡は乃ち、天性のみづみづしい感覚と想像とを、易しい言葉でうたふ詩です。易しい子供の言葉で－それはほんたうの詩と異らないものを易しい言葉で、といふ意味です。童謡は詩です。

　露風は、童謡は易しいことばで歌う詩であると述べ、童謡は詩であると主張しているのです。この主張について、森田実歳（1999）は次のように述べています。[37]

> 　露風の童謡は追憶に始まるとともに、いつも象徴的だ。(中略)芸

---

36)　三木露風（1921）「真珠島序」、『三木露風全集第3巻』三木露風全集刊行会　p.607
37)　森田実歳（1999）『三木露風研究——象徴と宗教——』明治書院　pp.294-299

第 2 章　童謡の歴史

術の根に遊びがあることを考えると、詩人でなければ僧侶を選ぶとかつて答えた生まじめな露風に対して感官に乱舞した豊麗な白秋の詩風に趣味を覚える人の多いことも首肯されぬではない。「自分をうたふ」と「子供に還れ」に露・白の童謡の出発の違いがあった。前者を真に即し後者を楽天的とみるとき、露には「遊び」を知らぬ狭さ、白に逆の広さを覚える。が、「わかりやすい子どもの言葉」は両者に共通の主張である。

　露風は「童謡には自分が表はれます」と述べ、童謡は詩人の自己表現であると主張し、子どもにも分かりやすい言葉で表現する歌う詩であると説いているのです。また、童謡の作り方について、露風は「童謡は童心と、易しい言葉と、好い調子とを以て作るべきである。而も童心は清いほど善く、言葉は洗練され選ばれてゐる程善く、調子は童心を交へて音楽的である程善い。」[38]と述べています。
　この「好い調子」については、安部宙之介（1978）によれば、「好い調子ということは、謡う事のできるという意味で、音楽的である。」[39]と言うことになります。換言しますと、露風の童謡の特徴は童心と易しい言葉と好い調子を重んじたことであり、言葉の「好い調子」つまり、詩の音楽性も露風の童謡には主要な要素であったと言えるのです。その露風の童心主義については、「真珠島」序文で

　　子供は大人よりも遙かに天真です。それゆゑ子供は大人よりも詩人だと言へます。子供の魂は汚れてをりません。信、望、愛等の諸徳は汚れなき魂の外には宿らないもので、従つて子供は信、望、愛を一番

38）三木露風（1926）「小鳥の友」の序に記載。「小鳥の友」は大正15年に新潮社より発行され、『童謡詩人叢書第 3 巻』に所収。『日本児童文学体系第17巻』（1978）ほるぷ出版　p.66
39）安部宙之介（1978）「三木露風解説」、『日本児童文学大系第17巻』ほるぷ出版　p.408

第Ⅰ部　童謡と国語教育

> 表します。子供が神の子とされ、天使の象徴となつてゐるのも謂れの
> あることです。

と述べていますが、この論述からは露風が子どもを天真爛漫で純粋無垢であると捉えていると考えられます。これは、雨情の児童観と重なるところです。露風の童謡については、藤田圭雄が露風の〈きりぎりす〉という童謡を取り上げて次のように述べています。[40]

> ごくおだやかな語句の中に、「蝋燭の／あかりがもえる／錫の皿」
> といった象徴的な、暗示的な部分を生かした、露風独特の童謡である。

このような象徴的な露風の童謡。その中でも、〈赤蜻蛉〉が今なお歌い継がれ愛唱されていますが、それは母を慕った遠い日の思い出を母という語を一語も使わずに追憶し、古風に表現しているからなのでしょうか。

西條八十の童謡

　藤田圭雄は、西條八十著「現代童謡講話」[41]を大正期の多くの童謡理論書の中で、多くの外国の童謡を例示しながら童謡の理論付けをしている数少ない名著であると評しています。[42]
　八十によって童謡についての理論付けがされる以前、童謡運動を推進した童謡詩人たちは、芸術的な香気の高い子どもの歌としての童謡、つまり「芸術」的な童謡の創造を目指していましたが、「芸術」とは何か、「芸術としての子どもの歌」とは何かについて共通理解しないままに童謡運動を

---

40) 藤田圭雄 (1971)『日本童謡史Ⅰ』あかね書房　p.441
41) 西條八十 (1924)「現代童謡講話」は大正13年7月15日に新潮社より刊行。
42) 藤田圭雄 (1978)「解説」『日本児童文学大系第8巻』ほるぷ出版　p.350

進めていたのです。その中で、八十は「詩」としての童謡の本質を追究しようとしました。その八十[43]は「童謡の条件として、第一の条件はその謡が芸術作品であること。第二はその謡が子供に与へて歌はしめるに適していること。」を挙げていますが、これについて、畑中[44]は

　　詩としての童謡の条件として、八十が第一に挙げたのはいわゆる芸術の無償性ということであった。あらゆる目的を達成する「手段としての歌謡」ではなく、"それ自身以外の目的をもたない"という無償性、あるいは純粋さを、詩の重要な条件としたのである。

と述べています。これは「現代童謡講話」における「芸術なるものの目的は一口に云つて、人間の観照であるとよんで差支えあるまい。人間の観照とは、吾々人間が諸々の弛緩した雑念を去り、緊張した、真剣な心になつて人生の第一義を念うことである。(中略)芸術と名のついた作品には、その作者が人生を観た時の真実な、ぬきさしならぬ感動があらはれていなければならない。」[45]とする八十の主張からきているのです。また、八十は「童謡には作者自身の真剣な感動が盛り込まれてゐて、これを児童が歌つて喜ぶばかりでなく、作者自身もこれを書くことによつて創作の喜びを多大に味わつてゐる。(中略)謡に作者のこの人生に対する真剣な感動が盛り込まれてゐる場合、その謡は芸術的価値のあるものとなる。即ち芸術作品となるのである。」[46]と作者の感動を尊重し、「芸術」としての童謡の本質に迫ろうとしたのです。つまり、八十は芸術作品としての童謡制作をめざし、童謡としての詩に作者の感動が盛り込まれてこそ、芸術作品にな

---

43) 西條八十((1924)「現代童謡講話」、『西條八十全集14童謡・歌謡・民謡論』(1993)
　　国書刊行会　p.17
44) 畑中圭一(1990)『童謡論の系譜』東京書籍　p.55
45) 西條八十(1924)「現代童謡講話」、『西條八十全集14童謡・歌謡・民謡論』(1993)
　　国書刊行会　p.27
46) 西條八十(1924)「現代童謡講話」、『西條八十全集14童謡・歌謡・民謡論』(1993)
　　国書刊行会　pp.26-27

るのであると主張しているのです。続けて、八十は詩と童謡について次のように論述しています。[47]

> 童謡と詩とは内容に於て全く同一のものである。而してただ違ふ点は、前者は後者に比し児童らにも分かり易い平易な言葉で書かれてあるのを条件とすることだと説いた。(中略) 若し仮に詩人が童謡製作の際、これは児童に与へる謡だからと云つて意識的にその表現を平易にするならば、是又厳正な意味で第一次の芸術の資格を失ふことになる。即ち換言すれば、児童に与へる目的の下に製作された一切の童謡は純粋な芸術品では無いわけである。

この論述からは、分かり易い平易な言葉で書くという条件つきで児童に与えるという目的をもった童謡は、芸術の無償性を失い純粋な芸術作品とは言えなくなるという八十の主張が窺えます。この童謡を純粋な芸術作品にするために八十[48]は

> 第一種の童謡の如く児童に興味を感ぜしめ、然も同時に第二種の童謡の如くその製作者自身に芸術的快感を感ぜしめる童謡と云ふものは無いであらうか？又、若しもさうした童謡があつたとしたらば、それはどんな姿をとつて顕るべきであらうか？この答えとして「第三種の童謡」を挙げたいと思ふ。茲に私が第三種の童謡として説きたいのは、童謡の境地がその作者の精神生活の或る象徴となつてゐる作品である。

とし、自作の「あしのうら」及び「かなりや」を例として推しています。

---

47) 西條八十 (1924)「現代童謡講話」、『西條八十全集14童謡・歌謡・民謡論』(1993) 国書刊行会　p.31
48) 西條八十 (1924)「現代童謡講話」、『西條八十全集14童謡・歌謡・民謡論』(1993) 国書刊行会　p.77

そして、八十は童謡をその価値により3段階に区別し、次の③の童謡が芸術的であり価値が高いとして、③の童謡を八十は目指したのです。[49]

①お伽唄としての童謡は、児童を喜ばせ又教化するところ最も多大であるが、芸術性に乏しい。
②追憶詩としての童謡は、純然たる詩である場合が多いが、①と反対の意味において童謡の資格を欠く。
③象徴詩としての童謡は、一面芸術品であつて、且一面児童のためのものであるべき童謡の要求に、最も適したものであると云ふのである。

　最も優れたる童謡とは、単に児童が誦して興味があるばかりでなく、その父親たる成人(おとな)が誦して見ても、どこか或深き啓示を受くるが如き作品を意味するのである。一方、作者の側から云へば、その謡は単に児童を欣ばしめるのみならず、どこまでも作者の箇性がはつきりと印象されたものでなければ、而して作者の芸術的道念を満足させるものでなくてはならぬ。これを要すると、童謡は遂に詩でなければならぬ。

と主張し、「童謡は詩である」という立場を明確にしているのです。この八十の童謡観について、前川知賢（1985）は次のように説明しています。[50]

　お伽唄としての童謡とは昔噺を童謡化したもの、実話を童謡化したもの、童話詩としての童話、遊戯唄としての童謡、知識を授ける童謡および教訓を含む童謡であり、これらは価値的には定位にあり、追憶としての童謡がその上にあり、しかしこれも前者とは反対の意味で童

---

49) 西條八十（1924）「現代童謡講話」、『西條八十全集14童謡・歌謡・民謡論』（1993）国書刊行会　pp.114-115
50) 前川知賢（1985）『西條八十論』彌生書房　p.98

第Ⅰ部　童謡と国語教育

謡たるの資格を欠き、象徴的段階に至って完全であるという。しからば象徴的とはどういうことか。(中略)「作者自身の複雑な感動を単純化したもの」(『現代童謡講話』p.101)というところから、いわゆる観念的象徴といわれる境地をさすものであろう。

　このように、八十は大人の心で幼年時代に取材した詩を象徴的に書くことによって③「象徴詩としての童謡」をうちたて、「子どもにも大人にも通用するただ一つの詩」[51]としての童謡を創作し、子どものために書くのか、作者の自己表現なのか、という問題を統合し一元化しようとしたのです。
　では、八十の児童観は如何なるものであったのでしょうか。『鸚鵡と時計』で八十[52]は、

　　童謡詩人としての私の使命は、静かな情緒の謡(うた)によって、高貴なる幻想、即ち叡智想像(インテレクチュアル・イマヂネイション)を世の児童等の胸に植えつけることである。

と述べ、子どもたちが童謡の詩の世界で自由に、のびのびと想像することのできる詩の創造を目指していたのです。しかし、藤田(1971)は「八十の童謡の中には、生きた子どもの姿もなければ、子ども自身の声もない。」[53]と指摘し、畑中(1990)も「西條八十はあえて童心主義ということを標榜せず、それ故に子どもの現実をかなり醒めた目で見ていたということができる。」[54]と言い、さらに畑中は「八十は読み手としての子どもをあまり意識することなく、詩人の自己表現としての童謡を強く志向し、そ

---

51) 前川知賢(1985)『西條八十論』彌生書房　p.112
52) 西條八十(1921)『鸚鵡と時計』は大正10年1月31日に、八十の第一童謡集として赤い鳥社より刊行。
53) 藤田圭雄(1971)『日本童謡史Ⅰ』あかね書房　p.167
54) 畑中圭一(1990)『童謡論の系譜』東京書籍　pp.260-261

第 2 章　童謡の歴史

こに彼の童謡論の特徴もあったのである。」[55]と述べているのです。これらのことから、八十は童心にこだわるのではなく、詩人の感動表現を尊重したと言うことができるのです。ここに、童謡は詩人の真摯な自己表現であるべきであるとした八十の童謡観が窺えます。詩人の感動が表現されている代表的な童謡として、〈かなりや〉や〈あしのうら〉などが挙げられ、その童謡には詩人である八十の感動がよく表現されています。特に、〈あしのうら〉は、「赤いカンナ」とか「白く小さな指」という色彩を表す言葉が特徴的です。藤田も「八十の童謡には擬音的なものは非常に少ない。(中略) 八十の童謡はそのほとんどが、色彩的イメージによって組み立てられているといってもよい。」[56]と述べていますように、色彩感が表れていることも八十の童謡の特徴なのです。

　以上、大正期に業績を残した童謡詩人の童謡観や児童観を述べてきましたが、本来「童謡」とは子どもに歌われるための歌謡であり、そこから出発したと言えるのです。しかし、「童謡」の定義づけにおいて、共通点が見られる場合もありますが、童謡詩人によって微妙に異なっているまま「童謡は詩である」との主張が出され、「童謡は詩なのか、歌なのか」の問題が今日まで引きずっているのです。

　このことが童謡の沈滞化に関与しているのかもしれませんが、要は「童謡」や「唱歌」の本質的な取り組み方が関係していると考えます。つまり、童謡はその時代の子どもの心と結びついた子どもの詩であり、文学性が強く、子どもの心を重視しているものです。それに対して、唱歌は「教訓的すぎる」等の文学者たちからの批判が生じるほど、その時代の子どもの心よりも、教育として教え残しておきたいものとして取り組んできたので、時代が変わり子どもたちの心が変わったとしても残ったのではないでしょうか。換言しますと、その時代の子どもの心より教育的な面に重きを置いた唱歌は時代が変わり子どもが変わっても、残ることができたという

---

55) 畑中圭一 (1990)『童謡論の系譜』東京書籍　p.73
56) 藤田圭雄 (1971)『日本童謡史Ⅰ』あかね書房　p.159

ことです。逆に、その時代の子どもの心を重視した童謡は、時代が変わり子どもの心が変わってしまうと沈滞化していくことになったという解釈ができるものと考えます。しかし、時代を超えて子どもの心に響く普遍的な面をもった童謡が無いわけではありません。童謡には普遍性をもった文学作品が残っていますので、この童謡の文学性に着目したいのです。

では、このような童謡をどのように捉えたらよいのでしょうか。様々な捉え方がありますが、ここで童謡について言えることは、童謡が「子ども」という言葉を外せないものであり、子どもの観点に立っているものであるということです。そこで、本論においては、童謡を「大人が子どもに向けて書いた歌われるための詩」として捉えていくこととします。

以上、「唱歌と童謡」「童謡の歴史——詩人を中心に——」を述べてきましたが、まとめてみますと次のようになります。

大正初期に教訓的で大人目線で作られた唱歌を厳しく批判する詩人たちから童謡は生まれてきたのです。子どもの生活感情を重視し、子どもにも分かりやすい言葉で表現された文学性を有するものが童謡なのです。しかし、この童謡の概念については、大正期の童謡を興隆した童謡詩人の間でも微妙に違っています。童謡詩人によって童謡観や児童観が微妙に異なっているのです。野口雨情は、童謡とは芸術性の高い歌われるための子どもの詩であると主張しています。その雨情の童謡は子どもの眼を通して子どもの生活を歌ったものであり、しかも音楽的韻律に富んだ日常的な言葉で歌いあげたものであったと言えるのです。また、雨情は童謡創作に際して作者自身もその子どもになりきって、子どもの心を子どもの言葉で表すことを重視していたのです。その雨情の児童観ですが、子どもを無邪気で天真爛漫で清く美しい純真な心をもったものと捉えています。

北原白秋は、わらべうたを根底にすえながら「童心童語の歌謡」を目指したのです。畑中圭一（1990）[57]が、「北原白秋の場合は「童心」のとらえ方が個性的であり、その童心主義には他の詩人たちには見られない奥行き

57）畑中圭一（1990）『童謡論の系譜』東京書籍　p.97

の深さがあったと言える。」と述べていますように、白秋の童心については奥が深くて明記できませんが、白秋自身の幼少期の過去を追慕し郷愁に生きようとする心情にも関わりがあるのではないかと考えます。白秋にとっては、その童心が創造力の原動力になっているのです。その白秋の児童観ですが、白秋は子どもを美化しておらず、子どもは本来残虐性をもっているものであり、大人同様の欲望や感情をもっているものであると捉えており、この点は雨情と異なっています。三木露風は、「童謡は天性のみづみづしい感性と想像とを、易しい言葉で歌う詩です。」、「童謡は童心と易しい言葉と好い調子とを以て作るべきである。」と主張しており、「易しい言葉」と言葉の「好い調子」つまり、詩の音楽性を重んじたところに特徴があります。これは韻律にこだわり誰にでも分かる言葉で創作し、「平易性」と「音楽性」を重んじた雨情の主張と類似しているところです。露風は童謡には自分が表れると考え、童謡は詩人の自己表現であるとも主張しているのです。この点は、西條八十の「童謡は作者の自己表現」とする主張と重なるところであります。その露風の児童観ですが、露風も雨情と同じように、子どもを天真爛漫で純粋無垢であると捉えているのです。

　西條八十は、大人の心で幼年時代に取材した詩を象徴的に書くという象徴詩としての童謡をうちたて、詩人の感動をもとに詩人の自己表現としての童謡を強く志向したのです。つまり、八十は童心にこだわるのではなく、「童謡は詩人の真摯な自己表現であるべき」と主張したのです。そのような八十の児童観ですが、童心主義を標榜せず、子どもの現実を醒めた目で見ていることから、読み手としての子どものことをあまり意識していなかったようです。この点が、雨情や白秋の児童観とは異なっているところです。即ち、「白秋や雨情は子どもに対していわば「過干渉」であったのに比べて、八十は自己表現としての詩の創造にもっぱら心を傾けていたと言うことができよう。」と[58]畑中が指摘していますように、八十は子どもへの関心が薄かったと言えるのです。

---

58) 畑中圭一（1990）『童謡論の系譜』東京書籍　p.75

第 3 章　童謡の今日的な意義

　本章においては、「春」をテーマにした大正期の「唱歌」と「童謡」の作品比較を通して、両者の特色を考察し、童謡の今日的な意義について述べます。唱歌では〈春が来た〉〈春の小川〉、童謡では〈春よ来い〉〈靴が鳴る〉の作品を取り上げて比較していますが、その際に『日本童謡事典』や『日本唱歌集』、『日本童謡集』を参考にしました。

第 1 節　唱歌作品について

〈春が来た〉　高野辰之／詞　岡野貞一／曲
　1903（明治36）年刊の『尋常小学読本』巻5の散文教材「のあそび」のなかに子どもたちの合唱している歌として引用されているのが詩の初出ですが、繰返し部分の語順が異なり、「山に来た。野に来た。里に来た」となっています。1910年『尋常小学読本唱歌』で曲が施されました。（『日本童謡事典』[1]）

> （一）春が来た　春が来た　どこに来た。
> 　　　　　　　　　山に来た　里に来た、
> 　　　　　　　　　　　　　野にも来た。
> （二）花がさく　花がさく　どこにさく。
> 　　　　　　　　　山にさく　里にさく、
> 　　　　　　　　　　　　　野にもさく。
> （三）鳥がなく　鳥がなく　どこでなく。

1）上笙一郎編（2005）『日本童謡事典』東京堂出版　p.33

第Ⅰ部　童謡と国語教育

> 　　　　　山で鳴く　里で鳴く、
> 　　　　　　　野でも鳴く。
> 　　　　　　　　　　　　　（尋常小学読本巻五所載）
> 　　　　　　　　　——『尋常小学読本唱歌』明治43・7

（『日本童謡事典』[2]）

　花が咲き、鳥が鳴き、春の気配にあふれ、春が動き出している里や野山の風景が目に浮かんできます。春の気配に満ちあふれ、のどかで美しい春の野山の様子が表現され、長く歌われてきた歌でもあります。しかし、歌詞の中に「子ども」に関する言葉が無く、子どもの姿が見られないため、だれが春のおとずれを喜び、愛でているのか曖昧になっています。人間や子どもの姿が歌詞の奥に潜んでいると思われますが、〈春が来た〉という唱歌は春が来たこと、つまり、春が来たという事象に重きが置かれているように感じられます。

〈春の小川〉　高野辰之／詞　岡野貞一／曲

　1912（大正元）年出版の文部省編の教科書『尋常小学唱歌』の第4学年用に、学年最初の教材として発表された唱歌です。（『日本童謡事典』[3]）

> （一）春の小川は　さらさら流る。
> 　　　岸のすみれや　れんげの花に、
> 　　　においめでたく　色うつくしく
> 　　　咲けよ咲けよと　ささやく如く。
>
> （二）春の小川は　さらさら流る。
> 　　　蝦やめだかや　小鮒の群に、
> 　　　今日も一日　ひなたで出でて
> 　　　遊べ遊べと　ささやく如く。
>
> 　　　（三）春の小川は　さらさら流る。
> 　　　　　　歌の上手よ　いとしき子ども、
> 　　　　　　声をそろえて　小川の歌を
> 　　　　　　うたえうたえと　ささやく如く。
> 　　　　　　　　　　——『尋常小学唱歌（四）』大正元・12

2）上笙一郎編（2005）『日本童謡事典』東京堂出版　p.33
3）上笙一郎編（2005）『日本童謡事典』東京堂出版　p.332

第3章　童謡の今日的な意義

> ※のちの『初等科音楽（一）』（昭和17・3刊）に収録の際、国民学校の初等科3年では口語体でなくてはならないというので、「さらさら流る」を「さらさらいくよ」、「ささやく如く」を「ささやきながら」に修正した。

(『日本唱歌集』[4])

　初版は歌詞が文語体で三番までありましたが、昭和17年に、第4学年用から『初等科音楽（一）』国民学校初等科第3学年用に掲載され、歌詞は三番が削られ、口語体に改作されました。3年生には文語体はふさわしくないとの理由から歌詞の一部が改変されたのです。しかし、池田小百合（2003）は「削除された三番は、この歌のテーマであり、高野が一番書きたかった部分である」[5]と述べています。とは言え、この歌は日本の春の風景として長く歌い継がれてきた歌なのです。春になるとめだかやこぶなが泳ぎ、岸辺にはレンゲやすみれが咲き、日本の春の美しさが村里流れる小川を通して表現されています。その春の小川が「咲よ咲けよと」「ささやきながら」流れていく様子は擬人化された表現でありますが、誰が「咲よ咲けよ」と命令的な口調で言っているのでしょうか。子どもらしい感覚で作られているというより、むしろ大人目線で作られていると考えます。春の小川が流れているという事象が重視されているように思われます。

第2節　唱歌作品についての考察

　唱歌には風物を表現している歌が多く、風物を受け止めている作者の感情に重きがあり、季節を如何に適切に捉えて、外側の事象を如何に表現するかを重視していると考えます。また、唱歌は大人目線で書かれた文語調の言葉による歌詞もありますが、自然や風景の描写が美しい作品が多くあります。しかし、唱歌には子どもの姿が見えず、歌詞に文語調の表現もあ

4）堀内敬三・井上武士編（1958）『日本唱歌集』岩波書店　p.190
5）池田小百合（2005）『子どもたちに伝えたい日本の童謡　東京編』実業之日本社
　　p.31

第3節　童謡作品について

〈春よ来い〉　相馬御風／詞　弘田龍太郎／曲

　従来、多くの文献が初出を雑誌「こかげ」あるいは単行本『銀の鈴』であるとされていましたが、『日本童謡事典』[6] では仏教童話雑誌「金の鳥」の1923（大正12）年3月号の頭に詩と曲譜が同時に発表されたと記しています。また、読売新聞文化部編『唱歌・童謡ものがたり』[7] においても、「古い1枚の写真がある。（中略）裏に記された文字は「大12年2月20日　第2回誕生記念」。相馬文子が満2歳になった、その翌月号の童謡誌「金の鳥」に相馬御風の作詞による新しい歌が発表された。『春よ来い』だ。」との記述が見られます。ここでは、明確な初出について述べることは避けることにします。

> （一）春よ来い　早く来い
> 　　　あるきはじめた　みいちゃんが
> 　　　赤い鼻緒の　じょじょはいて
> 　　　おんもへ出たいと　待っている
>
> （二）春よ来い　早く来い
> 　　　おうちのまえの　桃の木の
> 　　　蕾もみんな　ふくらんで
> 　　　はよ咲きたいよと　待っている
> 　　　　　　　──『銀の鈴』大正12・4

（『日本童謡集』[8]）

　作詞者の相馬御風は1916年に郷里の新潟県糸魚川市に戻り、良寛の研究に没頭したと言われています。この歌は、大正10（1921）年に誕生した長女が1923年春に歩き始めの時期を迎えていることから、長女の文子の姿をモデルとして作詩されたとの説もあります。幼女が赤い鼻緒の草履をはいて「おんもへ出たいと待っている」という第一連からは、おんもへ出たく

6）上笙一郎編（2005）『日本童謡事典』東京堂出版　p.12
7）読売新聞文化部編（1999）『唱歌・童謡ものがたり』岩波書店　p.8
8）与田凖一編（1957）『日本童謡集』岩波書店　p.105

ても雪深い所なのですぐに外へ出ないで「待っている」と推察されます。第二連では桃の木に視点が当てられています。「蕾もみんなふくらんで」で、桃の木が花を咲かせる準備を整えている様子を描き、「はよ咲きたいよと待っている」で、「おんもへ出たい」幼女と「はよ咲きたい」桃の木とを対応させているのです。また、この歌では「じょじょ（草履）」、「おんも（家の外）」、「はよ（早く）」など当時としては珍しく幼児語が使われていることや、主人公の幼女を「みいちゃん」と名付けて登場させていることが、幼児の心に近づくことができたのではないでしょうか。雪深い新潟の遅い春を待つ幼女の心が伝わってくるのは、御風自身が子どもになりきって書いているからであると思われます。

　このように〈春よ来い〉には、主人公の幼女が主観的に捉えている春の喜びや、幼女の春を迎えようとしている心情が表現されています。幼女は客観的な事象より、主観的に春の喜びを捉えようとしているわけです。言い換えますと、この歌は子どもの心が春を迎える喜びと子どもの感動に重きがあると捉えることができるということです。

〈靴が鳴る〉　清水かつら／詞　弘田龍太郎／曲
　少女雑誌「少女号」（小学新報社）の1919年（大正8年）11月号に詩が発表され、同年弘田龍太郎によって作曲されました。（『日本童謡事典』[9]）

| （一）お手つないで　野道を行けば
みんな可愛い　小鳥になって
唄をうたえば　靴が鳴る
晴れたみ空に　靴が鳴る | （二）花をつんでは　お頭にさせば
みんな可愛い　うさぎになって
はねて踊れば　靴が鳴る
晴れたみ空に　靴が鳴る
——「少女号」大正8・11 |

（『日本童謡集』[10]）

9）上笙一郎編（2005）『日本童謡事典』東京堂出版　p.126
10）与田凖一編（1957）『日本童謡集』岩波書店　p.39

第Ⅰ部　童謡と国語教育

> 　初出このかた二連の歌詩でうたわれてきたが、詩作者の清水は、1937（昭和12）年に日本蓄音器商会から出た『日本童謡全集』において、第一連と第二連の間に次のような一連を書き加えて、全三連の童謡としている。
> 　　　　　　〈新作の二番〉
> 　（二）風のそよ風　足なみかるく
> 　　　　みんな可愛い　蝶ちょになって
> 　　　　丘を越えれば　靴が鳴る
> 　　　　晴れたみ空に　靴が鳴る

(『日本童謡事典』[11])

　この〈靴が鳴る〉からは、革靴をはいた子どもたちが春の野原を弾むように歩いたり遊だりする光景が浮かんできます。当時は、子どもの履き物といえば下駄や草履でした。そういう革靴を履く子は珍しかった時代に、下駄に着物・三尺帯という軽装ではなく、革靴や洋服を着用した子どもたちを登場させているこの歌は、「靴が鳴る」という題名からして斬新な童謡であり、子どもたちが春の野原で歩き遊ぶという楽しさを歌っているのです。

　『唱歌・童謡ものがたり』[12]において、「この歌の挿絵は大抵、靴を履いた子どもらが仲良く弾むように歩く、という絵柄。歌の内容からして当然である。しかし、この歌を聞くと母親と手をつなぎながら歌った幼い日を思い出す人が意外と多いようだ。どうしてであろう。昭和12年、清水かつら自身が子どもに向けて書いた文章（日本蓄音器商「日本童謡全集③」所収）にヒントがある。（中略）『皆さんのお母さんもきっと、お小さい時に、おうたひになったことでありませう』とし、母から子へ長く歌い継がれていくと予測した。実際その通りになった。」と記述されていますので、母と子が手をつないで歩いていることも考えられます。さらに、この歌には「おてて」「おつむ」などの幼児語が多く使われていることや、詩

---

11)　上笙一郎編（2005）『日本童謡事典』東京堂出版　p.126
12)　読売新聞文化部編（1999）『唱歌・童謡ものがたり』岩波書店　p.8

想全体から低年齢の子どもに相応しい童謡として歌われてきました。
　このような童謡〈靴が鳴る〉からは、革靴をはいて春の野原を子どもたちが、或いは母と子が手をつないで歩いたり遊んだりしている弾むような気持ちが伝わってきます。

第4節　童謡作品についての考察

　童謡は、歌われている客観的な事象より主人公の心情に重きをおいて作られているのではないかと考えます。また、童謡には子どもの心で書かれた作品や子どもの心に近づいた作品が多く、童心で作っている傾向が見られます。さらに、童謡には家族や自然をモチーフにした作品も多く、母と子との関わり合い、或いは、子どもと自然との関わり合い、子ども同士の関わり合いなどが表現されているのです。

第5節　唱歌と童謡の作品比較を通して

　唱歌と童謡の作品比較を通して言えることは、自然や人物を見る時の視点が異なり、ウェイトの置き方が違うということです。唱歌は大人の視点から作られ、事象に重きがあり、童謡は子どもの視点に立ち、心情や感動にウェイトがあると考えられます。

　以上の「童謡作品についての考察」を受けて、童謡でどのような見方ができるのか考えますと、次の二つの童謡作品の見方が挙げられます。
①童謡は子どもやその物になりきって書かれています。なりきって書くためには、その子がどのように思っているのか、どのように物事を見ているのか等、その子どもの気持ちを思いやり、考えることが必要です。童謡には子どもや人間、動植物の心を表現しているものが多数あります。
②童謡には人間と人間、人間と自然との関わり合いを大切にし、人間や動植物などの生き物や自然と関わって生きていこうとする作品が多く見ら

第Ⅰ部　童謡と国語教育

れます。

　では、そのような大正期の童謡を活用する今日的な意義についてですが、上記の二つの童謡作品の見方に関連があります。童謡作品の見方①②で述べた通り、童謡で人の気持ちを考えさせ、人と人との関わり合いや人と自然との関わり合いの大切さを捉えさせていくことができるのではないかと考えます。

　今日のIT社会で生きている今の子どもたちにとって必要とされていることは、相手の持ちを考え思いやることができ、人間や自然との関わり合いを深めることではないでしょうか。相手の気持ちを考え、人間と人間との関わり合いや自然との触れあいを童謡を通し、今の子どもたちに追体験させていくことに童謡活用の今日的意義があると考えるのです。

　さらに、童謡を通して、大正期の人々の物の見方や考え方、生活の様子などを知ることができ、子どもたちの物の見方が広められるということが今日的な意義として挙げられます。

第4章　国語科における童謡の活用

　童謡は子どもに歌われるための詩であると捉え、童謡の「詩」という面に着目し、国語科の学習として童謡を活用する意義を明らかにすることを本章の目的とします。

　童謡を子どもに歌われるための詩であると捉えますと「童謡は詩（文学）なのか、歌（音楽）なのか」という問題が大正期の童謡から今日まで続いているのです。この問題を踏まえながら、童謡の教育的要素を整理します。

第1節　童謡の国語教育的意義

　「近代童謡がその誕生の時点において、"子どもに歌われる詩"を意味していたということは、それが当時の唱歌との対決の中から生まれたという事実だけを見ても明らかなことである。童謡は単なる詩ではなく、作曲され、歌われること、口ずさまれることを前提として書かれる詩であったのである。それは、今も変わらぬ童謡の原点である。」[1]と、畑中は言っていますが、歌われることを前提とせず純粋な詩を童謡と捉えている詩人もいるはずです。一体、童謡は詩（文学）なのでしょうか、歌（音楽）なのでしょうか。この問題について、畑中[2]は

　　　童謡は"子どもに歌われる詩"であるという共通理解があったかの

1）畑中圭一（1990）『童謡論の系譜』東京書籍　p.253
2）畑中圭一（1990）『童謡論の系譜』東京書籍　pp.254-258

ように見える童謡勃興期においても、すでに音楽性を強く主張する立場と、詩を重んじる立場とがあった。前者を代表するのが野口雨情、葛原しげるであり、三木露風にも音楽性を強調した発言がある。それに対して詩を重んじる立場としては西條八十がいた。(中略)童謡勃興期のほとんどの詩人はそれぞれの方法で音律を中心とした音楽性を追究していたのであるが、(中略)白秋が児童自由詩にのめり込んで子どもたちの直感的・感覚的なスケッチを賞揚したこともあって、大正期から昭和初期にかけて簡潔な印象詩的表現が童謡界に広まっていった。(中略)特に巽聖歌、与田準一、藤井樹郎などの作品に顕著に現れている。これらの詩人たちの作品に音楽性あるいは律動性といったものが全くないということではない。また、彼らが音楽性を無視していたということでもない。むしろ、巽聖歌や藤井樹郎は音楽性を強く主張したのである。例えば、藤井樹郎は詩の本質が音楽にあって絵画ではないことを強調し、「現今の童謡の如き音律性を忘れて印象性を偏重した作品の如く断じて童謡ではない…。」とまで言っている。

(中略)しかしながら、詩としてのリズムだけでは童謡としての音楽的律動は生まれない。彼らの作品の多くは、その主張とは異なって、子どもたちの心に直接うったえかける躍動感が乏しかった。彼らの志向は詩としての自己完結性にあり、それを彼らは文学性の追求であるとして、その方向に深く沈潜していった。その結果、彼らの作品の多くは現実の子どもから遊離し、「子どもの歌」としての童謡から離反していくものになったのである。

戦後になって、この「詩か、うたか」という問題は主として幼児向け童謡の中でクリアーされてきたように思われる。それは、まど・みちおや佐藤義美、小林純一、香山美子といったすぐれた個性に負うところが大であるが、それとともに対象が幼児であるということから、文学性と歌謡性が作品の中で一体化されやすい―というよりも一体化せざるを得ないということによるものであろう。しかし、この問題は

第4章　国語科における童謡の活用

「うたではなく、詩を書くのだ」という主張がいまだに詩人の側からしばしば投げかけられるというかたちで、今日なお引きずっている問題である。

　要約しますと、「童謡は詩なのか、歌なのか」という問題が幼児向けの童謡の中で一元化されクリアーされてきましたが、詩人の中からは「歌ではなく、詩を書くのだ」という主張が出され、いまだに引きずっている問題であると言うことです。このような問題がある中で、詩を重んじる立場の八十について、筒井清忠（2008）は次のように論述しています。[3]

　　八十自身『砂金』[4]刊行に比較的近い大正10年に、「横瀬夜雨、伊良子清白、野口雨情、蒲原有明等の詩を愛好す。雨情作『朝花夜花』を耽読せり。その影響今日の童謡に現る。」と書き、その影響を自認していた。「西洋詩風」といわれた『かなりや』の歌の中の「背戸の小藪に埋けましょか」に出てくる「背戸」という表現についても、「裏」でなく方言「背戸」が使われているのは、この語を使った野口雨情の影響であることを古茂田信男が指摘している。一見「西洋菓子」のように見えて、『砂金』の中には民俗的浪漫派の「隠し味」が十分に含まれていたのである。

　言葉の調子や言葉の音楽性を重んじた雨情の影響を受けながらも、「童謡は詩である」と強調した八十は、昭和22年に『詩のつくりかた』を著しています。その中で、八十は「要するに、黙つて読んでゐても、眼ばかりでなく耳に訴へるうつくしい音楽を持つてゐるところに、本来の詩があると私は考へる。（中略）だから、うつくしい韻律を出すように心掛けねば

3）筒井清忠（2008）『西條八十』中央公論新社　p.90
4）西條八十（1919）『砂金』は八十の第一詩集であり、40篇の詩、9篇の童謡（『かなりや』を含む）、3篇の散文詩から構成されている。

ならぬ。」5)と説き、さらに八十は「わたしは詩に二つの要素が必要だといひ、その一を感動、その二を言葉の音楽である」6)と述べています。このことから、後になって八十は、詩における言葉の音楽性をも重視してきたと思われます。これに関して、前川知賢（1985）は指摘しています。7)

> 詩に欠くべからざる要素として、一に思想、二に言葉の音楽性を挙げており、これによってもいかに八十が音楽性を重視したかは想像に難くない。

このように言葉の音楽性を重視した後年の八十には、雨情の詩風の影響が強く見られようになったと考えられます。このことは筒井の指摘からも窺えます。8)

> 八十の中にも雨情的部分が強く残っていたのである。八十はいわば自分の引き出したものによって、自分にとって最も本質的なものを見出すことになっていった。

この八十の音楽性への傾斜は、雨情の説く言葉の調子、言葉の音楽性への回帰であったのかもしれません。八十は長い廻り道をへて、言葉の音楽性へ回帰したのではないでしょうか。

以上、童謡というものは子どもに歌われる詩であり、歌われるが故に、言葉の調子や言葉の音楽性が重要になってくるわけです。ですが、童謡が歌われる「詩」であるからといって、詩のリズムだけを重視しても音楽的律動が生まれず、子どもの心にうったえかける躍動感は乏しくなってくるのです。ましてや、作者の自己表現としての文学性を追究するとなります

---

5) 西條八十（1947）『詩のつくり方』雄鶏社　pp.151-152
6) 西條八十（1947）『詩のつくり方』雄鶏社　p.190
7) 前川知賢（1985）『西條八十論』彌生書房　p.136
8) 筒井清忠（2008）『西條八十』中央公論新社　p.92

と、さらに子どもから離れてしまうわけです。としますと、やはり子どもの心に根ざした童謡は子どもの心に響くものでなければ、その本領を発揮することが難しくなってきます。本領を発揮していくには、子どもの心にうったえる躍動感が必要であり、その躍動感というものは音楽性から生まれてくるものであると言えるのです。

　このように考えますと、童謡は詩（文学性）と歌（音楽性）の両方が同じウェイトで機能してこそ、童謡としの本領を発揮できるのではないかと考えます。正に車の両輪の如く両方とも必要な教育的要素なのです。童謡においては、詩も歌も共に重要な教育的要素と考えます。

　その「童謡における詩と歌」について、童謡〈赤蜻蛉〉（三木露風）をもとに、もう少し具体的に述べたいと思います。東京では、赤とんぼというと、「アキアカネ」がよく見られるので、「アキアカネ」を連想することでしょう。それ故に、東京方面の人がこの童謡を聞くと、「アキアカネ」を思い浮かべる人が多いのではないでしょうか。しかし、作者の露風は兵庫県の龍野出身であり、この地方ではかつて「ギンヤンマ」が多く飛んでいたそうです。それが日に照らされると赤く染まって見えてくるのです。露風は、その赤く染まった「ギンヤンマ」が印象的で、この童謡を書いたのでしょうが、この童謡を聞いた東京の方面の人は「ギンヤンマ」でなく「アキアカネ」を思い浮かべてしまいます。それは、兵庫県の龍野と東京との自然や風土の違いから生まてくるものではないかと考えます。

　このように、露風が「ギンヤンマ」で書いていても、自分だけの表現にとどまるのではなく、だれもが共有できるものになっています。つまり、だれでもが共有できるものとして、みんなの詩として書くのが童謡の詩であると考えます。同様のことを、序章にも述べていますが、まど・みちおが「詩は自分の中の自分で書き、童謡は自分の中のみんなで書く。」と言っていることと重なるところです。

　では、どのような詩が歌になりやすいのでしょうか。〈椰子の実〉や〈初恋〉など、島崎藤村の詩は七音五音と五音七音で書かれていますので

歌になりやすいようです。しかし、音数を強くしますとリズムがなくなってしまいます。また、自分の詩であるほど曲にしにくいとも言われています。

　以上のことを考えますと、童謡としての詩と歌は、作者自身だけの詩ではなく、その時代のみんなの気持ちを読み取った詩をみんなの歌にしているものであると言えるのではないでしょうか。換言しますと、童謡というものは詩と曲から成立しているものであり、童謡から曲を取りますと詩が残りますが、この詩は作者の個人的な思いの強い詩ではなく、みんなが分かる、みんなが共有できる詩であるということです。

　このことを踏まえ、「童謡でできること」や「童謡でなければできないこと」について考えてみたいと思います。詩と曲から成り立っている童謡は、曲がなくて言葉の意味指導だけを行っても面白さや楽しさが子どもたちには伝わらないのではないでしょうか。言葉と曲をセットにして、面白さや楽しさをみんなで実感し、みんなに伝えていくことができるのです。そこに、童謡の大衆性があるわけです。童謡の大衆性とは、まど・みちおの「詩は自分の中の自分で書き、童謡は自分の中のみんなで書く」という言葉を使いますと、この言葉の中の「みんな」に該当します。

　また、童謡を国語科の学習として活用していく場合、絵本を指導する場合と共通点があるのではないかと考えます。

　言葉と絵から成り立っている絵本の場合、言葉だけでなく絵が中心ですから本を読む楽しさや面白さが増していくわけです。同様に、童謡の場合も曲があるからこそ、面白さや楽しさが増し、みんなでその面白さや楽しさを実感できるのです。換言しますと、詩と曲をセットにして活用することが楽しさを増すと共に、童謡の詩の世界をみんなで共有し、童謡の曲をみんなで楽しむことができるということです。つまり、童謡には大衆性があり、詩と曲をセットにして活用することによって、その大衆性を楽しむことができるということなのです。

　そのことと、歌詞と曲が一緒になるところで出てくる子どもの感性には

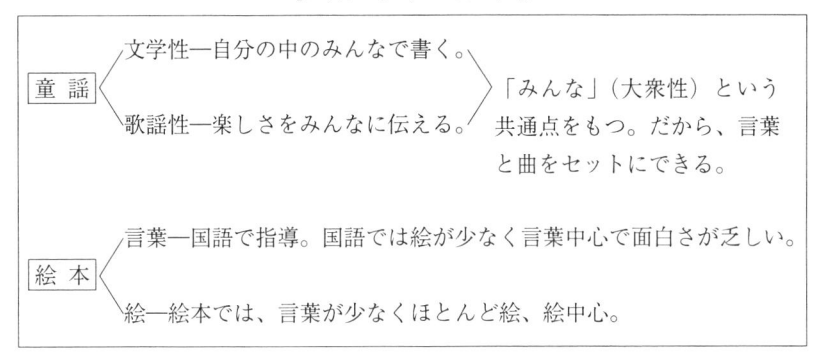

第4章　国語科における童謡の活用

【童謡と絵本の類似点】

```
童　謡 ─┬─ 文学性─自分の中のみんなで書く。     ┐
        └─ 歌謡性─楽しさをみんなに伝える。     ├─「みんな」（大衆性）という
                                                │　共通点をもつ。だから、言葉
                                                │　と曲をセットにできる。
絵　本 ─┬─ 言葉─国語で指導。国語では絵が少なく言葉中心で面白さが乏しい。
        └─ 絵─絵本では、言葉が少なくほとんど絵、絵中心。
```

たらきかけることができることが、童謡でなければできないことであると考えます。

第2節　「リライト」、「翻作法」で童謡の活用

　第Ⅱ部の実践編における国語科授業で「リライト」、「翻作法」を用いています。そこで、童謡を活用した国語科授業において「リライト」の一例である「翻作法」を使う意義について述べ、さらに「翻作法」を用いて童謡作品を俳句や短歌という異質な定型詩に再創造していくこと等について論じることにします。

　「リライト」については、「「(特に執筆者以外の者が)元の文章を書き直して読みやすくすること」と広辞苑に記載されていますが、ある文章を再度書き直すことが「リライト」であり、「書き換え」のことであると捉えます。この「書き換え」については、高木まさき（2004）が次のように述べています。[9]

9）府川源一郎・高木まさき（2004）『認識力を育てる「書き換え」学習』東洋館出版社　p.1

第Ⅰ部　童謡と国語教育

　「書き換え」とは、一般的には「すでに存在する文章を、ある目的などに従って、書き改めること」を意味します。こうした「書き換え」は、これまでも教材文の読みを深めたり認識したりする目的で、しばしば国語の学習にも取り入れられてきました。たとえば登場人物の心情をより深く書き表してみたり、続き話を書いてみたり、物語を脚本にしてみたり、あるいは物語や説明文をあらすじや要約文にまとめてみたりすることなどがそれに当たるでしょう。

読みを深めたり認識したりするという目的をもち、文章に手を加えて書き改めることが「書き換え」であると言えますが、その「書き換え学習」について府川源一郎[10]は論じています。

　「書き換え学習」とは何なのか。簡単に言えば、一度書かれた文章を別の文体や別の立場からもう一度「書き換え」る学習活動をすること、だといっていいだろう。（中略）本来「純粋な創作」という行為自体も、広い意味でいえば、過去の作品に対する「書き換え」である。まったくの無から文章は生まれては来ない。「創作」という概念も、書き手が意識しているかどうかは別にして、それまでに読んだ文章から何らかの影響を受けている。その意味で、「書き換え」という文章作成の営みは、すぐれて創造的で個性的な文章作成作業だということもできるだろう。
　文章を書き換える手つき、発想、文体のなかにこそ、書き手である「私」の顔が表れるのだ。国語教育の最終的な目的は、それぞれが「自分の言葉で話し、自分の言葉で書」けるようになるである。それは、何も自分だけが理解できる用語や概念を作り出すことではない。むしろ対象となる話しことばや書きことばを、自分なりに編集した

---

10) 府川源一郎・髙木まさき（2004）『認識力を育てる「書き換え』学習』東洋館出版社　pp.121-128

第4章　国語科における童謡の活用

り、「書き換え」たりするその接点に「自分のことば」が出現するのである。(中略) さらに、書き換え活動それ自体の面白さや発想の進伸を目指して、「実際に学習者が書き換える学習」が考えられる。例えば語り口調を変換する（共通語を方言に・男ことばを女ことばに・幼児語を成人のことばに、など）、ジャンルを変換する（物語を詩や短歌・俳句に、説明文や評論を文学的に、物語をシナリオに、など）、翻訳活動（古典を訳す、はなもげら語の創作、絵文字づくり、新漢字づくり、など）が考えられるだろう。

　その際には、立場を変える、視点を変える、場面や状況を変える、時代を移す、人物を変える、語り手を変えるなどの様々な手法が使われることになる。こうした学習は、小学校においては基本的に「言葉遊び」の学習になるかもしれない。

このように、「書き換え」は単なる推敲活動ではなく、何のために「書き換え」をするのか、明確な目的をもって行われるものです。そして、「書き換え」をする書き手の発想や文体などの中に、書き手の「顔」が表れ、「自分のことば」が出現するようになっていくのが「書き換え」なのです。この「書き換え」にはジャンルを変換する手法など、様々な手法があり、その一例が「翻作法」であると言えます。「翻作法」については、首藤久義（2004）が次のように述べています。[11]

　　何らかの原作をもとに、それをなぞったり変えたりして表現することを、私が「翻作表現」あるいは「翻作」と呼ぶようになったのは、20年ほど前のことです。「翻作」という語は、「翻訳」の「翻」と「創作」の「作」を組み合わせた造語です。私が言う「翻作」とは、まったくオリジナルな「創作」ではなく、何らかの作品をもとにして表現

11）首藤久義（2004）「翻作法」、桑原隆監修『翻作法で楽しい国語』東洋館出版社
　pp.9-11

第Ⅰ部　童謡と国語教育

することです。（中略）翻作法とは、翻作表現活動をすることを通した学習の方法です。翻作法では、作品の本文をそのままなぞったり、作りかえしたりして、絵本や紙芝居やカセットブックを作ったり、劇にして上演したりして表現することを通して、作品を繰り返し読み、作品の内容・形式の両方になじみを深めることができます。翻作法では、翻作すること自体が表現の学習になりますが、翻作するために原作を繰り返し読むうちに内容理解が、より確かなものになります。そういう意味で、これは表現活動を通して精読する（精細に読む）方法になります。（中略）言語活動の４領域（話す・聞く・書く・読む）という面から見ると、翻作活動には、言語を通して表現する活動（話す・書く）と、言語を通して理解する活動（聞く・読む）との両方が含まれています。翻作法は表現と理解の総合的学習法なのです。が、それだけではありません。翻作の過程ではまた、言語の要素とその結合法についての学習、つまり言語事項の学習もなされます。（中略）翻作法による授業では、従来の読解授業とは違って、解釈のために作品を読まされるのではなく、表現のために作品を利用するという、より能動的な態度を引き出すことが可能になるのです。翻作法を取り入れた授業で子どもが生き生きと活動するようになるのは、そのためです。これも、翻作法の見逃せない利点の一つです。

　この「翻作法」は表現するために読むことであり、表現することと読むことが深く関わり合っているのです。それだけでなく、言語事項の学習をも含み、正に表現と理解と言語事項との総合学習でもあるわけです。翻作をするために原作を何度も読み、読んでいるうちに内容の理解が確かなものになるという「翻作法」は原作を何度も読むことが必要とされてきます。つまり、読む必然性が生じ、子どもたちが積極的に取り組むことができるようになると考えます。
　本書では、童謡を俳句や短歌という異質なものに変換していく実践を多く掲載していますが、その目的は俳句や短歌を創作することによって、童

謡における事柄と事柄の関係を把握し、自分なりの解釈をもつことができるようにすることです。そのことが、「書き換え」つまり、「リライト」を使って童謡を活用する意義です。その「リライト」の一例である「翻作法」を童謡作品の教材化の一視点として使っているのです。そのような意義をもつ「リライト」を活用して短歌や俳句の創作だけでなく、童謡の世界を絵と物語で表現する、童謡の替え歌を作る、童謡の続き話を書くなど様々な実践を通して、書くことの学習の成立を試み、紹介しています。

第3節　童謡で俳句や短歌の創作

「翻作法」を使って、童謡を俳句や短歌に変換していく実践ですが、俳句や短歌には、それぞれ特質をもっています。

（1）俳句の特質

俳句といえば、松尾芭蕉の句を思い浮かべる人が多いのではないでしょうか。第Ⅱ部第4章第1節の授業研究「童謡の世界を想像して創作活動をしよう」での児童実態調査においても、俳句とは「松尾芭蕉の書いた五・七・五の文で景色を文にする」と答えている児童が見られました。[12] しかし、松尾芭蕉は江戸時代に登場した俳諧に高い文芸性を賦与した俳人であります。では、俳諧や俳句とはどういうものなのでしょうか。「古池や蛙とびこむ水の音」という句は俳句ではないと主張する小西甚一（1995）は、俳諧や俳句について次のように述べています。[13]

　　「それ（古池や蛙とびこむ水の音）は俳句ではありません」。わたくしは「それは俳諧の発句ですよ」と申し上げるつもりです。俳諧は、

---

12) 本書第Ⅱ部第4章第1節「童謡を活用した授業」における児童実態調査結果に記載。
13) 小西甚一（1995）『俳句の世界——発生から現代まで——』講談社学術文庫 pp.19-22

詳しくは俳諧連歌で、正式の連歌に対して、ずっと砕けたおもむきのもの。百句とか三十六句とかつらねてゆくので、通称を「連句」とも申します。その第一句だけをとりだして「発句」と名づける。(中略)そもそも、正式連歌の時代から俳諧連歌にいたるまで、共通の特色が二つある。その第一は、作る者と享受する者とが同じグループの人たちであること、第二は、それを制作ないし享受するため特殊の訓練が要ることにほかならない。平安時代以来、作る者と享受する者とがはっきり別である種類のわざは芸術にあらずとする意識が根づよく存在した。もちろん、その反対は芸術なのである。(中略)和歌も芸術であった。和歌を作る者が、同時に和歌を享受する人だからである。しかし、物語（小説）は、芸術ではない。なぜなら、自分で物語を作る者だけが物語を享受できるとは決まっていないからである。その意味において、俳諧は芸術であることができた。俳諧は作者兼享受者である人たちによって構成されたからである。次に、俳諧を享受するためには、特別な心得が要る。二段切れとか大廻しとかの「切れ字」用法もあれば、句趣の「さび」とか「かるみ」とかもあり、もっと根本的には「この句のどこがおもしろいか」を感じとる感じ方まで、ちゃんとした筋道があり、それを体得するのでなければ、正しい理解が難しい。そのためには師匠からの伝授が必要であって、自分勝手な理解のしかたは無益でもあり有害でもあるとされる。そこには、特殊な享受のしかたを訓練された人たちだけで構成する世界ができるわけで、その世界に身を置かないと、俳諧を享受できない。だから、俳諧は、ひとつの「閉鎖された世界」であり「自給自足の世界」であって、どこからでもおいでなさいの自由貿易国ではない、その点は書でも和歌でも、同じことである。

　ところが、俳句になると、すっかり逆である。俳句とは、正岡子規による革新以後のものをさすのだが、それは、必ずしも作者イコール享受者であることを要求しない。俳句づくりだけを職業としても、世間は芸術家だと認めてくれる。俳句を作らない俳句評論家が出ても、

俳壇から蹴り出される心配はない。(中略) 原則としては、けっして作者イコール享受者を主張しない。そこに、俳諧との明確な差がある。また、俳句を享受するために、特別な訓練を要求する必要もない。普通にものごとを理解できる人なら、誰でも享受してくださいである。(中略) 要するに、俳句は「開放された世界」なのである。それが子規による革新のいちばん重要な眼目でもあった。

この論説からは、「俳諧」は作者イコール享受者という「閉鎖された世界」であり、「俳句」は作者イコール享受者を主張しない「開放された世界」であるという両者の本質的な違いが見えてきます。さらに、「俳諧」と「俳句」について、続けて小西は述べているのです。[14]

『源氏物語』や新古今時代の名歌や、宗祇の連歌などは、みな雅の芸術である。(中略) 次に、無限なるものにあこがれる行きかたは、どこまでも新しいものにたち向かってゆく。それは停まることを知らない。「これまで無かったもの」が限りなく追求されてゆくのである。その結果、みがきあげる暇がない。だから、しばしば粗雑でもあり、不安定でもあり、ときには下品でもある。これを、わたくしは「俗」と名づける。(中略) 俳諧とは、その雅と俗とにまたがった表現である。学会では、俳諧を俗だけで割りきる意見が普通だけれど、わたくしは賛成できない。俳諧とは、片足を雅に、片足を俗にかけた表現なのである。もし、どちらかの足をぬいてしまったら、俳諧でなくなる。江戸期の俳諧は、その根底に、かならず連歌—もしくは和歌—の表現を意識した。それが雅である。そして、その雅からふみだした世界—つまり俗なるもの—との対照に、俳諧味を感じた。雅と対照された俗だから俳諧味があるので、雅との対照を意識しない俗は、

---

14) 小西甚一 (1995)『俳句の世界——発生から現代まで——』講談社学術文庫 pp.23-24

第Ⅰ部　童謡と国語教育

もはや俳諧ではない。しかるに、子規の革新によって、俳句は、いっぽんだちの文芸となった。それ以後、俳句は、連歌や和歌との距離をたえず意識しなくともよいことになった。つまり、俗いっぽんであり、雅からは足をぬいてしまったのである。だから、俳句は俳諧と同じではない。

　ここにおいても、俳諧と俳句の違いを論じているのです。俳諧は根底に連歌もしくは和歌を意識し、雅と俗にまたがった表現であり、それに対して、俳句は雅を意識しない俗の表現であると解釈します。それならば、俳諧と俳句は別ものかと考えられますが、小西は別ものではないと主張しているのです。[15]

俳諧と俳句は別ものか。いや、別ものでもありません。両者の間には、切っても切れない血縁がある。血縁とは何か。「定型」と「季」がそれであります。定型とは「五・七・五」の形式をさす。「メイゲツヤ・イケヲメグリテ・ヨモスガラ」。たしかに、「五・七・五」ですね。短歌の上半分が独立したのと同じ形であります。しかし、短歌の上半分とは、表現の性質がまるきり違っています。なぜなら、短歌の上半分は、下半分の「七・七」を予想し、それにむかって流れようとする勢がある。この「流れ」こそ短歌表現の特質であります。ところが、俳句の「五・七・五」は、そこで表現の流れをずかりと切断するはたらきがある。しかも、切断を確かにするために、とくに「切れた感じ」のつよい語、「白露をこぼさぬ萩のうねりかな」「雨蛙(あまがはづ)芭蕉にのりて戦(そよ)ぎけり」「鉢たたき来ぬ夜となれば朧なり」における「かな」「けり」「なり」の類を使った句が多い。これを「切れ字」と称する。「名月や池をめぐりて夜もすがら」における「や」も切れ字で、

---

15) 小西甚一（1995）『俳句の世界──発生から現代まで──』講談社学術文庫 pp.25-27

こんなふうに切れ字が句の中途に在ると、句そのものが内部で切断され、表現の流れが複雑になる。また、特別な切れ字が無い句でも、「梅一輪一輪ほどの暖かさ」「禅寺の門を出づれば星月夜(ほしづくよ)」などのごとく、定型「五・七・五」のちからで、ちゃんと切れた感じがある。この「切れ」こそ俳諧発句および俳句の根本的な特質であります。次に、これらの句が、それぞれ季節に結びついた「語」を含むことも重要である。「朧」「梅」が春、また「雨蛙」が夏、それから「萩」「名月」「星月夜」が秋。これを「季語」と称する。(中略)「叙述しない表現」「無言の表現」、それが俳諧および俳句の中心理念なのであります。(中略)そこで、句のなかに、たいへん豊かな映像を浮かびあがらせる語があってほしい。それによって叙述の不足を補充し、おつりまで来るならば、叙述の切断など、すこしも心配する必要がない。そのはたらきをひき受けるのが、季語なのである。「梅」とあれば、早春の麗らかさや浄らかな美しさなど、また「時雨(きさめ)」とあれば、ほのぐらい初冬の光やわびしげなうすら寒さなどが、日本人であれば誰でも眼の底に浮かんでくる。二十行や三十行の文は、たちどころに節約できる。それが季語のはたらきである。

　つまり、小西は俳諧と俳句が別ものではなく、切っても切れない縁があるとし、両者の共通的な特質を述べているのです。それは、「五・七・五」の「定型」と「季」であるとし、そのはたらきについても論じています。この小西の論述から、俳句がいつ頃、どのようにして誕生し、どのような特質をもつものなのか等について知ることができます。要するに、俳句とは室町時代の連歌の遊戯性や庶民性を高めた俳諧から生まれた近代文芸であり、表現の不足を補う役割を季語が担うようになったものであると言えるのです。この俳諧を志す松尾芭蕉がその芸術性を高め、後世の俳句の源流となっていくわけです。明治時代になると、正岡子規が形式化した月並俳諧を批判して俳句革新を行い、事物をありのままに写す写生俳句を唱えました。その近代俳句の変化を含め、いろいろな俳句観が共存してい

る俳句が所謂今日の現代俳句でなのです。

　また、石寒太(2003)は「俳句の約束としての季語が、それを強く守ることによって、季題趣味におちいり、詩としての俳句を陳腐なものにしている。そのような考えから、無季俳句の運動も提唱されるようになったのである。季題無用論が主要課題となったのは、明治・大正にかけての新傾向俳句運動、昭和初期からの新興俳句運動、そして戦後の前衛俳句運動の三つである。新傾向俳句では明治43年に河東碧梧桐が無中心論、大正２年には荻原井泉水が「層雲」に季題無用論を掲載している。新興俳句では昭和９年の吉岡禅寺洞の無季容認にはじまる、日野草城・篠原鳳作らによる実作面での推進運動があった。戦後の金子兜太・高柳重信らに代表される前衛俳句運動は、季語は詩語の一つとして、新しい現代詩としての視野の中で、俳句を見つめようとしたものである」[16]と述べています。

　このように、明治大正時代から、河東碧梧桐や荻原井泉水らによる季語や五・七・五の音数にとらわれない自由律俳句が主張されていましたが、今日、再び季題はなくても一句の中に季節感があれば、それを季節として受けとめられるという主張がクローズアップされてきているようです。さらに、今日、俳句は海外においても広く受容され創作されており、この俳句国際化について、石寒太は次のように述べています。[17]

　　いまや俳句も国際化時代です。平成元年12月16日には、国際俳句交流協会が設立されました。(中略)俳句は世界で最も短い詩です。五・七・五の定型韻律をもち、季語・切字などの独特の約束ごとがあり、どれひとつをとっても外国の詩にはない独自のものです。だから、外国人が外国語でハイク、またＨＡＩＫＵをつくること……、それが俳句かどうか、日本人とすればははなはだ理解しにくいことも多くありま

---

16) 石寒太(2003)『これだけは知っておきたい現代俳句の基礎用語』平凡社　pp.16-17
17) 石寒太(2003)『これだけは知っておきたい現代俳句の基礎用語』平凡社　pp.165

す。今、世界でもっともＨＡＩＫＵが盛んな国はアメリカです。他にイギリス、カナダ、ドイツ、イタリア、ベルギー、オランダなどの国には、ハイク・クラブまででき、会員制のハイク雑誌やニューズレターが発行されています。

　以上のことをふまえ、俳句の特質をまとめてみますと、①「五・七・五」の十七音からなる世界で最も短い定型詩である、②連歌の発句の形式を継承したもの、③たいてい季語が入る、④句の中に「切れ」がある、等が特質として挙げられます。

（２）短歌の特質

　短歌については、『大辞林』[18]によると「和歌の一体で最も普通の歌体。五・七・五・七・七の五句三十一音を原則とする。起源はよくわからず、諸説あるが、万葉時代には既に確立し、長歌・旋頭歌などのすたれた平安時代以降は、和歌といえば短歌をさすに至った。みじかうた。みそひともじ。」と定義され、『日本国語大辞典』[19]では「和歌の一体。長歌に対して、五・七・五・七・七の五句から成るもの。みそひともじ。みじかうた。」と定義づけられています。どちらも、短歌は和歌の一体であるとされていますが、では和歌とはどのようなものなのでしょうか。『大辞林』では、「漢詩に対して奈良時代までに発生した日本固有の詩歌の称。長歌・短歌・旋頭歌・片歌などの総称。後世、他の形式がすたれたので、もっぱら短歌をさすようになった。やまとうた。」とされ、『日本国語大辞典』においては「漢詩に対して日本の歌。長歌・短歌・旋頭歌・片歌など五・七音を基調とした定型詩であるが、歌体の消長に伴って短歌が和歌を意味するようになった。」と定義されています。従って、短歌は和歌の一体であり、五・七・五・七・七の五句から成る定型詩であると捉えます。

---

18)『大辞林』（1990）三省堂　p.1515
19)『日本国語大辞典第二版　第十巻』（2001）小学館　p.1192

第Ⅰ部　童謡と国語教育

その和歌は長歌・短歌・旋頭歌・片歌などの総称であり、長歌や旋頭歌、片歌の歌体が廃れて和歌といえば短歌をさすようになったと言うわけです。

　このように、和歌の一歌体であった短歌ではありますが、明治時代になるとその和歌の改良を志す人々によって近代短歌が開かれたのです。これに関して、木俣修（1973）は次のように論じています。[20]

　　旧派を克服した新しい傾向を新派と呼んだのであるが、克服しなくてはならなかったのは何であったのか。その最たるものは題によって詠ずるという文学的態度であったといってよいであろう。新派の和歌運動は旧派が特定の階層のものの風流韻事としてもてあそんでいた和歌を誰でも自由に制作することのできる文学として解放し、そして、文学的態度としては、題詠主義を自由主義に切り替えるべきであることを主眼としたものである。他から与えられた題による観念的な制作から実景実情によって発したみずからの感動によって制作すべしとしたのである。そこに、おのずから花鳥風月的な美意識からの解放がもたらされたわけであって、はじめて文学としての本然の道に出る起点に立つことを得たことになる。

　つまり、貴族階級など特定階層のものの和歌でしたが、その和歌の詠題による作風や花鳥風月的な美意識を批判して自由と個性を求める近代短歌が生まれてきたと言うことです。続けて、木俣は述べています。[21]

　　真の近代短歌の進発はあさ香をくぐってき「明星」の運動の中において遂げられるということになるのである。落合直文のあさ香社には

---

20) 木俣修（1973）「近代短歌集解説」、『日本近代文学大系第55巻近代短歌集』（1973）
　　角川書店　p.11
21) 木俣修（1973）「近代短歌集解説」、『日本近代文学大系第55巻近代短歌集』（1973）
　　角川書店　p.12-14

与謝野鉄幹・服部薫園・尾上紫舟らが集まった。その中で最も激しく新派和歌運動に挺身したのは鉄幹であった。(中略)鉄幹はやがて明治32年、あさ香社の分社として東京新詩社を結び、翌33年4月、その機関雑誌として「明星」を創刊した。その抱負を示した「新詩社清規」の一項に「われらは互いに自我の詩を発揮せんとす。われらの詩は古人の詩を模倣するにあらず。われらの詩なり否われら一人一人の発明した詩なり」とある。「自我の詩」とは自我を確立した尊厳の自覚に立った詩ということにとってよいであろう。そして、古人の詩を模倣するのではないということは古典臭、和歌的美意識を脱却して、それぞれが独自の「詩」を発明するのであるという主張とみなされる。(中略)「明星」は与謝野晶子を中核として、その浪漫歌風を高揚させ、歌壇に覇を制するに至ったのである。(中略)しかし、この「明星」の全盛期を過ぎると晶子にも鉄幹にも浪漫的心情の枯渇が目立つようになり、粉飾の多い譬喩歌が氾濫しはじめた。(中略)新詩社「明星」の生んだ作家たちは多彩絢爛であるが、歌人として早く窪田空穂・山川登美子・茅野雅子らが出、中期から後期にかけては平野万里・石川啄木・吉井勇・北原白秋・岡本かの子らが出た。

　この論述から分かりますように、あさ香社が結成され、和歌の形式主義を批判し、主観に重きをおいた浪漫的な短歌を提唱した与謝野鉄幹らが輩出したのです。ここで注目したいことは、和歌を「詩」と呼んでいたことです。とすると、和歌のことを短歌と言わず、短詩と言っていたのではないかと考えられます。つまり、明星派の作家にとって和歌は短歌でなく、短詩であったのではないかと捉えられるのです。それ故に、一概に和歌が短歌を意味し、和歌＝短歌であるとは受け止められないのです。
　一方、この新詩社と対立して、短歌革新運動をもっとも激しく展開したものが正岡子規でした。その子規の短歌革新運動について、木俣は論じて

第Ⅰ部　童謡と国語教育

いいます。[22]

　　　子規は短歌革新を志し、明治31年新聞「日本」に「歌よみに与ふる書」を連載した。旧派の典範としてきた『古今集』を難じ、紀貫之や香川景樹を罵倒して『万葉集』『金槐集』を賞揚し、俳句革新において身につけた写実的手法を短歌にも導入して、リアリズムに立脚した作歌実践についたのである。鉄幹が革新の拠点を西欧詩の詩精神において浪漫主義立場に立ったのに対して、彼は専ら短歌の伝統の反省の上に立って『万葉集』を典範としたのである。

　このように、子規は「明星」と対立し『万葉集』の写実性を重んじ、写生による短歌を提唱したのです。そして、根岸短歌会を起こし、ここから伊藤左千夫・長塚節らが育てられました。
　このことに関して、木俣は「子規の起こした根岸短歌会では機関雑誌として「馬酔木」を創刊した。伊藤左千夫を中心としたもので、『万葉集』を宗とした写実主義をその立場とした。（中略）明治41年に「馬酔木」は廃刊となって、複雑な経緯を経た後、左千夫は「アララギ」を創刊した。この「馬酔木」時代から「アララギ」にかけて斎藤茂吉・島木赤彦・中村憲吉・古泉千樫・土屋文明らが輩出するのである。」[23]と述べています。この「アララギ」は大正期の歌壇の主流として発展をとげていくわけです。
　明治後期から大正時代になりますと、若山牧水の自然派や、自然主義思潮を身につけて人間と社会のつながりを考えようとする方向に向かった土岐哀果や石川啄木らの生活派の生誕、北原白秋や吉井修を中心とする耽美派が登場しました。大正末期から昭和時代には木下利玄や太田瑞穂らによ

---

22) 木俣修（1973）「近代短歌集解説」、『日本近代文学大系第55巻近代短歌集』（1973）
　　角川書店　p.16
23) 木俣修（1973）「近代短歌集解説」、『日本近代文学大系第55巻近代短歌集』（1973）
　　角川書店　pp.17-18

る反アララギ派が活動し、昭和戦前の歌壇においては、短歌の定型打破や、口語を用いようとする新傾向やプロレタリア短歌の運動が興ったのです。戦後になりますと宮柊二や近藤芳美を中核とした「新歌人集団」が結成され、戦後短歌の新しい興隆の力となりました。昭和30年代には、前衛短歌運動が起こりました。

　現代短歌はこの前衛短歌から始まったとも言われていますが、塚本邦雄や寺山修二を中心にして歌壇全体に影響を及ぼしたのです。前衛短歌には比喩の導入、句またがりといった技法が多く見られますが、作品の主人公と作者が異なる、虚構を詠っている点が大きな特徴です。昭和40年以後は、現代短歌が模索されてきました。近年では、口語表現や外来語・音楽などの記号を用いた短歌も出現し、加藤治郎や俵万智らが活躍し、新しいブームを作り出したのです。

　以上が歌壇の概要ですが、時代の流れに伴って短歌も変遷してきたと言えるのです。その短歌の特質として、①「五・七・五・七・七」の三十一音からなる短い定型詩である、②和歌の一歌体である、③短歌の上半分は下半分の「七・七」を予想し、それに向って流れようとする勢があり、この「流れ」が短歌表現の特質の一つである、④短歌では対象の捉え方によって、叙景歌（自然の風景等を詠んだ歌）、叙事歌（事実をありのままに述べた歌）、抒情歌（感情、感動を述べ表した歌）に分けられる、等が挙げられます。

第4節　なぜ、俳句や短歌の創作か

　前節で述べてきましたように、俳句と短歌では特質が異なっています。にもかかわらず、その質の違うものをなぜ共に使うのか、という疑問も出てくることでしょう。前節でも触れていますが、明治大正期から自由律俳句はあったのです。それは、五・七・五の音律にとらわれず、季語にもしばられず、心の動きをそのまま自由に、自然に表現しようとする主張でし

第Ⅰ部　童謡と国語教育

た。つまり、季語も五・七・五も自由とする俳句なのです。とすると、短歌とはどこが違ってくるのでしょうか。それは、長さが違うだけです。どちらも短い形式の詩ではありますが、俳句は最も短い詩なのです。しかも、実際に、子規も虚子も質の異なる俳句や短歌を作っていたのです。

　これらのことから、近代俳句と近代短歌は近いものであり、接近しているものと考えられます。また、前節で和歌と短歌とは同じものではないと述べていますように、本研究では和歌の創作ではなく短歌の創作ですので、「俳句や短歌の創作」としても、そう問題はないと考えたのです。さらに、もう一つの疑問が出てくることでしょう。童謡は自由なエネルギーをもっているものですが、それを型のある俳句や短歌に変換していくのはなぜかという疑問です。特に、「季語」や「切れ」を必要とする形式的な俳句に表していくことに対する反論が出てくるものと思われます。実際に俳句を作る時、まず即興的に五・七・五にしてみることから始めるのではないかと思います。即興的に作ったあとで読んでみて、別のものを作り、さらに、そのあと読んでみて別のものを作っていくという過程を経て、作品を仕上げるのではないでしょうか。つまり、俳句は即興的に作ることができ、一度に何度も何度も推敲することができるということです。推敲して作品にしていくのです。しかし、短歌は即興的に作れません。なぜなら、短歌には物語性がつき、難しいからです。即興性があり、最も短い詩である俳句にも、子どもたちは取り組むことができるのではないかと考えたのです。それが、俳句に変換させていく理由の一つです。もう一つの理由は、子どもたちにとっては「短歌」より「俳句」の方が馴染みがあることです。そのことは、第Ⅱ部第4章第1節授業研究の児童実態調査からも分かります。俳句の「五・七・五」という子どもにとって馴染みのある形式を使うことが意欲的な取り組みを可能にするのではないかと考えたからです。

　以上のことから、童謡を一番短い詩である俳句や短歌に、つまり、定型詩への変換によって解釈力や想像力、書く力を養いたいと考えました。その考えを実践化したものが第Ⅱ部です。

終　章　第Ⅰ部のまとめと今後の課題

　第Ⅰ部は、大正期の童謡を踏まえ、国語科の学習として童謡を活用する意義を明らかにすることを目的とし、童謡の「詩」の側面に着目して、音と語が結びついた童謡を活用した国語科教育について論じたものです。

　第1章で唱歌と童謡について述べ、第2章において唱歌批判から興隆した童謡の歴史的展開を野口雨情や北原白秋、西條八十、三木露風の童謡論・児童論を中心にして調べ、なぜ沈滞化していったのか、その原因を探りました。

　第3章は、大正期の童謡を活用する今日的意義の考察です。大正期の童謡は子どもの視点に立ち、子どもの心情や感動に重きがあり、家族や自然に関わる作品が多く見られます。そのような童謡を活用していくことは童謡で子どもや人の気持ちを考えさせ、人と人との関わり合いや人と自然との関わり合いの大切さを捉えさせていく上で適するものであると考えます。今日のＩＴ社会で生きている子どもたちにとって必要とされていることは、相手の気持ちを考え思いやることができ、人や自然との関わり合いを深めることではないでしょうか。つまり、相手の気持ちを考え、人と人との関わり合いや自然との触れあいを童謡を通して、今日の子どもたちに追体験させていくことに童謡活用の意義があると考えたのです。

　第4章では、童謡は子どもに歌われるための詩であると捉え、童謡の「詩」という面に着目しながら国語科として童謡を活用する意義を明らかにし、「童謡は詩（文学）なのか、歌（音楽）なのか」という問題をふまえながら童謡の教育的要素を整理しました。童謡というものは子どもに歌われる詩であり、歌われるが故に、言葉の調子や言葉の音楽性が重要になってくるのです。ですが、童謡が歌われる「詩」であるからといって、詩の

第Ⅰ部　童謡と国語教育

リズムだけを重視しても音楽的律動が生まれず、むしろ子どもの心にうったえかける躍動感は乏しくなってくるのです。ましてや、作者の自己表現としての文学性を追究するとなると、さらに子どもから離れてしまうことが予測されます。とすると、やはり子どもの心に根ざした童謡は子どもの心に響くものでなければ、その本領を発揮できないものであると考えます。つまり、子どもの心にうったえる躍動感が必要になってくるのです。その躍動感は音楽性から生まれてくるものなのです。

　このように考えますと、童謡は詩（文学性）と歌（音楽性）の両方が同じウェイトで機能してこそ、童謡としての本領が発揮できるものであると言えるのです。正に車の両輪の如く両方とも必要な教育的要素なのです。

　その童謡でできること・童謡でなくてはできないことは何かということになりますと、それは童謡のもつ大衆性を生かすことであると考えます。詩と曲から成り立っている童謡は、曲がなく言葉の意味指導だけではおもしろさも楽しさも子どもたちには伝わらないでしょう。言葉と曲をセットにして、おもしろさや楽しさをみんなで実感し、それをみんなに伝えていくところに、童謡の大衆性があるのです。つまり、詩と曲をセットにして活用すれば、童謡の詩の世界をみんなで共有することができ、童謡の曲をみんなで楽しむことができるということです。そのことと、歌詞と曲が一緒になるところで出てくる子どもの感性にはたらきかけることができるということが、童謡でなければできないことであると考えます。

　さらに、第4章において、童謡を教材化していくために、童謡を媒介にして「リライト」の一例である「翻作法」を借りて、俳句や短歌という異質な定型詩に再創造していく意義について述べています。授業研究を通して童謡を俳句や短歌という異質なものに変換していくわけですが、その目的は俳句や短歌を創作することによって、童謡における事柄と事柄の関係を把握し、自分なりの解釈をもつことができるようにすることです。それが「リライト」の一例である「翻作法」を使って童謡を活用する意義であります。また、童謡から短詩である俳句や短歌の創作、つまり定型詩への変換によって、解釈力や想像力を養うことに教育効果があると考え、近代

俳句や近代短歌についても述べています。俳句や短歌という定型詩へ変換する理由については、音数も季語も自由とする自由律俳句が明治大正時代から現在でも継続して作られている現実があることも考慮しました。

このような俳句創作の現状が見られる中で、俳句と短歌の違いを考えますと長さが違うだけと言えるのです。どちらも短い形式の詩であり、正岡子規も高浜虚子も俳句と短歌を作っていたことから、近代俳句と近代短歌は接近しているものであると捉えました。ましてや、和歌でなく短歌なので「俳句や短歌の創作」としても、そう問題はないと考えたわけです。特に、俳句は短歌よりも即興性があり、子どもにとっては馴染みがあるので、俳句に力点を置いて取り組むことができると判断しました。

本研究の目的は国語科の学習として大正期の童謡を活用する意義を明らかにすることでした。その意義とは、童謡で相手の気持ちを考えさせ、人と人との関わり合いや自然との関わり合いの大切さを追体験させることであり、童謡を通して豊かなイメージをもつことができるようにすることです。

このように、童謡を通して豊かなイメージをもたせ、言葉を通して子どもの心を育てられるのが童謡であると考えています。しかも、童謡は子どもの心を育て豊かにするだけでなく、その言葉の意味や内容を深く考えることによって、物の見方を広げることもできるのです。

国語科において、童謡の歌詞の言葉から、当時の人々の物の見方や考え方を知り、様々な言葉の意味を知り、語彙を豊かにし、その言葉から心情や情景を想像することにより、豊かな心や感性、情緒が育てられていくのです。

そのような童謡を国語科で活用する意義や目的は、第Ⅱ部の授業研究や授業実践において、ほぼ達成されました。しかし、「唱歌」についての理論的研究が不十分であったことが課題として残りました。文語調の伝統的な言語文化である「唱歌」について、その良さを活かし、「唱歌」を国語科の教材・学習材として活用していく、その在り方について追究することが今後の課題です。

第Ⅱ部
童謡を活用した国語教育の実際

序　章　童謡の魅力

　大正期に興隆した童謡ですが、今日まで歌い継がれている童謡がたくさんあります。魅力があるから歌い継がれてきているわけです。その童謡の魅力とは何なのでしょうか。
　童謡というのは詩と曲から成立しているものであり、童謡から曲をとったら詩が残りますが、その詩は作者の個人的な思いの強い詩ではなく、みんなが分かる、みんなが共有できる詩であるということになります。このことが童謡の特徴であり、童謡の魅力なのです。
　第Ⅱ部第4章第1節に5学年での授業研究を記載していますが、その実践からは童謡を聴いて書くことの学習を行うと童謡の事柄と事柄を関連づけながら自分なりに解釈をし、豊かなイメージをもつことができるようになることが実証されました。
　このことは、今後の童謡実践を深めていく上で大きな成果となりました。これまでの長年の実践において、童謡の効果を実感できたものの、どのような効果があるのか検証することが不十分でした。そのことが課題として残っていましたが、その童謡の効果について実証できたことは成果の一つとしてあげられます。
　また、童謡を教材化し、「リライト」という方法を借りて飛び込み授業を小・中学校で展開しましたが、どの学校でも児童生徒は書くことの学習に熱心に取り組むことができました。それは、詩に曲がついている童謡を聴かせて取り組むと、児童生徒の意欲が喚起され、書くことの学習意欲が高まったからではないかと考えます。童謡を使って、何をどのように書いたらよいのか、書くことを明瞭にしたこともその一因と考えられます。
　なぜ、このような「リライト」という方法を用いたのかと申しますと、

第Ⅱ部　童謡を活用した国語教育の実際

　第Ⅰ部第4章第2節で述べていますように、「リライト」には様々なバリエーションがあり、発想の面白さを実感でき、自分の言葉で書くことの学習を積極的なものにすると考えたからです。「リライト」を使い、童謡をもとに想像したことを絵に表して物語を作るという小学2年生の実践を第Ⅱ部第2章に紹介していますが、絵をかくと色々な言葉が出てくるのです。その利点を生かして、その絵から物語を作らせてみました。低学年の児童たちが物語作りに積極的に取り組み、その子なりに童謡を受け止めたことを表現していたのです。さらに、童謡をもとにして「続き話」を書くという小学3年生の実践においても、児童たちは童謡の世界を想像しながらスラスラと書き進めることができたのです。それは書くことの面白さや楽しさを実感していたからではないでしょうか。「続き話」を書いたり、物語を作ったりすることによって、自分の言葉で表現し、書き手である自分の思いが表れるようになったのです。

　このように、様々な方法がある「リライト」を思いつきで使ったのではなく、手応えを可能にするものがあると捉えたから、「リライト」という方法を用いたわけです。この「リライト」という方法を使って童謡を教材化していくと、小・中学生でも効果的に取り組むことができ、書くことの学習を積極的なものにすると分かったことが第二の成果です。以下に、各中学校で実践をさせていただいた時の生徒の感想を紹介します。

　○童謡もこんな風に学習してみると、今まで見えなかったものが見えてきたりと、楽しかったです。表面しか見てなかったけど、奥にひそんでいる温かさや思いを見つけることができました。（桃山中学校1年）
　○童謡っていうのは、奥が深くて、たくさんの意味がつまっていてビックリした。詞がかっこよかった。童謡が好きになったかもしれない。題名がすごく考えられていて感心した。　　　　　（北部中学校1年）
　○今まで童謡について詳しく考えたことはなかったけれど、この授業で改めて童謡について学ぶことで、日本の文化について深く学ぶことができてよかったし、とてもおもしろかった。一つの物事に対して、たくさんの視点から見ることが大切ということが分かった。

序章　童謡の魅力

（大原中学校3年）

　卒業を控えた大原中学校3年生4学級において展開しましたが、生徒たちが童謡に耳を傾けて聴き、俳句や短歌を真剣に作っている姿に感銘をうけました。

　この中学生の感想からも窺えますように、童謡を使って物の見方を広げることができたと思います。「蛇の目」や「背戸」等の童謡の歌詞の言葉から、この時代の生活様式やそれらを使っていた当時の人々の物の見方や考え方を知ることができたのです。つまり、童謡で物の見方を広めることができるということです。それが、童謡を活用する今日的な意義なのです。

　このように、童謡の歌詞の言葉に着目して言葉の意味を捉えさせ、伝統的な言語文化に触れさせていくことによって、当時の人々の思いや生き方、物の見方、生活の様子を知ることができ、児童生徒が物の見方を広げることができたこと。それが、第三の成果です。

　さらに、詩と曲がセットになり深い文学性を有する童謡を教材化して活用することにより、感性や情緒が育てられ、児童生徒の表情や心が柔らかくなってきたことが第四の成果としてあげられます。言動が粗野で多動傾向の見られる子、特別に支援を要する子、他国籍の子、心が満たされず沈みがちな子等、どんな子であっても童謡を聴かせると耳を傾けて聴いていたのです。やはり、子どものために作られた童謡は子どもの心に響くようです。

　以上のような効果をあげられたのは、ワークシートの工夫も関与しているものと考えます。曲という一過性の童謡で書く力をつけていくには、ワークシートの工夫が必要になってきます。

　そこで、本書では様々なワークシートを活用しています。その中でも、「童謡視写ワークシート」は注目に値するでしょう。このワークシート一枚で、歌詞を視写する、感想を書く、歌の意味を書くことができるようになっています。その上、このワークシートに童謡を聴いて、どのような色を思い浮かべたのか、その色を塗らせています。大人でしたら童謡というとセピア色を思い浮かべる人が多いのではないでしょうか。それに対して

第Ⅱ部　童謡を活用した国語教育の実際

　子どもたちは、童謡を聴いてどのような色を思い浮かべるのでしょうか。そのことを知りたくて色を塗らせていますが、それだけでなく、その色を思い浮かべた理由についても記入させています。この理由からは、子どもたちが童謡をどのように感じ取り、受け止めているのか、把握することができるからです。たった一枚のワークシートですが、機能的なワークシートになっているのです。このようなワークシートを使ったのは初めてでしたが、童謡から色を思い浮かべ、その色を塗っている子どもたちは嬉々として取り組んでいました。機能的なワークシートに色を想像して塗るという楽しさが加味され、書くことの学習を積極的なものにしたという効果が見られましたので、これからの実践で活用していくつもりです。

　以上、童謡を教材化した場合の利点的なことを列挙しましたが、課題もいくつかあげられます。本書では、童謡で書くことの力を育てるために「リライト」が中心になってしまいましたが、「リライト」以外の方法をも模索して実践を広げていくことができたらと考えています。また、童謡を使った実践を「書くこと」の領域だけでなく「話すこと・聞くこと」の領域においても展開できるように、童謡の活用の仕方を追究していくことが課題としてあげられます。

　時代が変わり目まぐるしく社会が変化している今日ですが、そういう時代だからこそ、今の子どもたちに伝え残していきたいものの一つとして童謡を取り上げ、実践を深めていく覚悟です。

第1章　童謡に親しもう

　童謡に親しんでいく方法や童謡を選ぶ観点について紹介します。上学年になり年齢が大きくなるほど、童謡を聴かせ、童謡に親しませることが難しくなってきますので、上学年の子どもたちでも童謡に興味・関心がもてるような工夫が必要になってきます。どのような童謡を選んで、どのように親しませていくのか、その工夫点を紹介します。

《童謡を選ぶ観点》
　　◎子どもの実態に応じたもの
　　◎子どもが馴染めそうなもの
　　◎季節感のあるもの
　　◎歌詞に気づかせたい事柄や表現のあるもの

《童謡を選ぶポイント》
・低学年の子どもたちに、いきなり『赤い靴』のようなスタンダードな大正期の童謡を聴かせますと馴染めない子もいると思われます。『とんでったバナナ』や『アイアイ』、『早起き時計』など、テンポの速い明るい感じの童謡を選んで聴かせることから始めるとよいでしょう。

・童謡を聴かせて、「題名を当てよう」「登場人物や主人公を探そう」等、クイズ的に童謡を聴かせますと、高学年の子どもたちでも興味・関心をもって聴くようになります。それらのクイズができそうな童謡を選ぶことが大事です。

第Ⅱ部　童謡を活用した国語教育の実際

|童謡に親しもう10の工夫|

工夫①　歌の題名を当てましょう。その理由も書きましょう。歌詞をよく聴きましょう。

　例『かわいい魚やさん』
　例『ブカブカパジャマ』

工夫②　歌に登場する人物や、動植物を探しましょう。メモを取りながら聴いてもいいですよ。

　例『青い眼の人形』
　例『アメフリ』
　例『証城寺の狸囃子』

工夫③　歌の主人公は誰（何）でしょう。

　例『かなりや』
　例『赤い靴』
　例『七つの子』

工夫④　題名が似ている歌を聴き、好きな歌はどれでしょう。その理由も書きましょう。

　例『かわいい魚やさん』・『かわいいかくれんぼ』
　例『キンタロウ』・『浦島太郎』・『桃太郎』
　例『汽車ぽっぽ』・『汽車ポッポ』

工夫⑤　歌に出てくる地名（地方）を探しましょう。

　例『お猿のかごや』（小田原）
　例『証城寺の狸囃子』（千葉県木更津）
　例『鞠と殿さま』（紀州）

第1章　童謡に親しもう

| 工夫⑥ | 3つの歌を聴いて、その中で好きな歌はどれでしょう。その理由を書きましょう。 |

- 例 『はなさかじじい』・『うさぎとかめ』・『一寸法師』
- 例 『紅葉』・『朧月夜』・『故郷』

| 工夫⑦ | 3つの歌の共通点は何でしょう。その理由も書きましょう。 |

- 例 『オウマ』・『ぞうさん』・『七つの子』→動物の親子
- 例 『アメフリ』・『肩たたき』・『十五夜お月さん』→母と子
- 例 『春の小川』・『めだかの学校』・『春が来た』→季節が春
- 例 『夕焼小焼』・『赤蜻蛉』・『夕日』→夕焼け

| 工夫⑧ | 歌の主人公は男（雄）？女（雌）？　どっちでしょう。 |

- 例 『おつかいありさん』
- 例 『肩たたき』

| 工夫⑨ | 歌のひみつを探しましょう。 |

- 例 『しゃぼん玉』
- 例 『サッちゃん』

| 工夫⑩ | 歌を聴いて、心に残ったところや気に入ったところを絵にかいてみましょう。 |

- 例 『めだか学校』→「めだかの学校って、どんな学校でしょう。想像して絵にかいてみましょう。」
- 例 『春の小川』→「どのような川を想像しましたか。絵にかいてみましょう。」

第Ⅱ部　童謡を活用した国語教育の実際

> 童謡に親しませるためには、継続して聴かせていくことが大切です。総合の時間やゆとりの時間などを利用して歌ったり聴いたりします。国語では、小単元と小単元との間に特設ミニ単元として取り組むこともできます。
> 　わずか5〜6分のショートタイムでいいのです。短い時間でも、継続して取り組むことが大事です。継続的な取り組みを通して、感性や情緒をも育むことができるのです。

「童謡に親しもう」実践例1 《共通点を探そう》

T：「このような歌をきいたことかありますか。」（ＣＤで『肩たたき』の曲をかける。）
C：（『肩たたき』の曲を聴いている。）
T：「この歌の題名（曲名）は何でしょうか。当ててみましょう。」
C：…………………………
T：「では、もう一度、聴いてみましょう。メモをしながら聴いてもいいですよ。」
T：「想像した題名をワークシートに書いてください。さあ、題名は何でしょうか。」
C：「母さんの肩たたき」、「肩たたきましょう」、「肩たたき」
T：「いろいろ出ましたね。この中に当っている題名があります。」
T：「それは、『肩たたき』です。」
T：「この歌『肩たたき』に登場する人物は誰でしょう。」
C：「お母さん」、「子ども」
T：「この登場人物の中で、主人公は誰だと思いますか。」
C：「お母さんと子ども」、「子ども」
T：「どうして、子どもだと思いましたか。」
C：「肩たたきという題名で、肩をたたいているのが子どもだからです。」
T：「主人公の子どもは、女の子だと思いますか。それとも、男の子だと思いますか。」

第1章　童謡に親しもう

C：「女の子」
T：「どうして〈女の子〉だと思いましたか。」
C：「お母さんとおしゃべりしながら肩たたきをする女の子を想像したからです。」
C：「〈お肩をたたきましょ〉のように、〈～しましょ〉というのは女の子っぽい言葉だから。」
C：「罌粟の花の様子をよく見ているし、男の子より女の子の方が花に興味をもちゃすいから。」
T：「この歌の主人公は女の子ではないかと言われています。」
T：「この歌の中で意味の分からない言葉や難しい言葉はありませんか。」
C：「お縁側」、「罌粟」
T：「辞書で調べてみましょう。」（時間的に余裕のある場合は児童に調べさせる。）
T：「お縁側とは、日本風の家で畳のある部屋（座敷）の外側に沿ってある細長い板の廊下のことです。昔の家にはよく見られました。」（縁側の写真を見せる。）
T：「罌粟とは罌粟の花のことです。5月〜6月頃、真っ赤や真っ白な花を咲かせます。今の時代では栽培が禁止されていますが、ポピーに似ている花です。」（写真を見せる。）
T：「二つ目の歌はこれです。題名を当てましょう。」（ＣＤで『アメフリ』の曲をかける。）
　　（同様にして『アメフリ』の題名を想像させ、ワークシートに書かせる。）
T：「さあ、題名は何でしょうか。」
C：「あめあめふれふれ」、「あめふり」
T：「この歌の題名は『アメフリ』です。」
T：「この歌に出てくる〈ジャノメ〉って何だと思いますか。」
C：「蛇！」
T：「大蛇という言葉がありますね。〈じゃ〉は蛇ですが、〈じゃの目でおむかい〉ということは〈蛇の目でお迎え〉になりますが、蛇の目を持ってお迎えされて嬉しいかな？」
C：「嬉しくない」「気持ち悪い！」
T：「実は、〈じゃのめ〉というのはこれです。」（実物の蛇の目傘を見せたり、触らせたりする。）

第Ⅱ部　童謡を活用した国語教育の実際

C:「雨傘だ」、「つるつるだ」、「紙でできている」

T:「昔の雨傘のことです。紙に蝋や柿の渋を塗っているので、水がはじかれて傘の中に雨が漏ってきたりはしません。内側の骨組みは竹ひごで作られています。」

T:「この蛇の目傘を持ってお迎えに来てくれたのは誰ですか。」

C:「お母さん」、「母さん」

T:「母さんでしたね。この男の子は雨降りにお母さんが迎えきに来てくれてどんな気持ちだったのかな？」

C:「嬉しい。」

T:「母さんが蛇の目を持ってお迎えに来てくれてたのが嬉しかったのですね。でも、このボクは柳の根かたで泣いている子に蛇の目傘を貸してあげましたね。何と言って貸しましたか。」

C:「キミキミ　コノカサ　サシタマエ」

T:「今だったら、どんなふうに言うでしょうか。」

C:「君、君、この傘をさしていいよ。」

C:「君、君、この傘をさしなさい。」

T:「今はこのような言葉遣いはしないけれど、昔は〈～たまえ〉と言っていたんですね。」

T:「三つ目の歌です。題名を当ててみましょう。」（ＣＤで『十五夜お月さん』の曲をかける。）

　（同様にして『十五夜お月さん』の題名を想像させ、ワークシートに書かせる。）

T:「さあ、題名は何でしょうか。」

C:「お月さん」、「十五夜お月さん」

T:「この歌は『十五夜お月さん』です。」

T:「どうして『十五夜お月さん』だと思いましたか。」

C:「〈十五夜お月さん〉という言葉が何回も出てくるからです。」

T:「同じ言葉が繰り返し出ていますね。」

T:「この歌には誰が登場していますか。」

C:「ばあや」、「いもうと」、「わたし」、「かかさん」

第1章　童謡に親しもう

T：「〈かかさん〉って何でしょうか。」
C：「母さん」、「お母さん」
T：「昔は、お母さんのことを〈かかさん〉って言っていました。」
T：「〈ばあや〉とは、どんな人なんでしょうか。」
C：「おばあちゃん」、「おばあさん」
T：「〈ばあや〉とは、おばあさんと孫という関係の人ではなく、雇われてその家の仕事のお手伝いをする年配の女性のことを言います。」
T：「この歌で意味の分からない言葉はありませんか。」
C：「もられて」
C：「お暇(いとま)」　　　（時間的に余裕のある場合は児童に調べさせる。）
T：「〈もられて〉というのは、〈もらわれて（貰われて）〉の意味です。養子にいったという意味です。〈おいとま〉というのは、自分から仕事をやめたい時に使う言葉で、〈おいとまを取る〉で自分から仕事をやめるという意味です。」
T：「では、この登場人物の中で主人公は誰だと思いますか。なぜ、そう思いましたか。」
C：「〈わたし〉です。わけは、〈も一度わたしはあいたいな〉と、一番最後に〈わたし〉」とう言葉が出ているからです。」
C：「一度だけでいいから、お母さんにわたしはあいたいという気持ちを歌っている歌だから。」
T：「〈わたし〉が主人公です。ばあやも妹も家を去ってしまい、〈わたし〉一人が残り、孤独で寂しい気持ちやお母さんに逢いたいという切ない気持ちを歌っていますね。」

T：「では、この三つの歌の共通点は何でしょうか。」（下線に着目）
　①昔の言葉や昔のことが分かる言葉がある。
　②同じ言葉の繰り返しがある。
　③母と子が登場している。
　④主人公がいる。
T：「三つの歌で好きな歌はどれですか。1つ選んで、その理由もワークシートに書きましょう。」

第Ⅱ部　童謡を活用した国語教育の実際

　　　　　　「童謡に親しもう」実践例2《題名（曲名）を当てよう》

T：「この歌、きいたことありますか。知っていたら、一緒に歌ってみましょう。」（CDで『ブカブカパジャマ』の曲をかける。）
C：（歌ったり聴いたりしている。）
T：「この歌の題名（曲名）を当ててみましょう。では、もう一度、聴いてみましょう。」
C：（真剣に聴いている。）
T：「さあ、題名は何でしょうか。」
C：「パパのパジャマ」、「パパのブカブカパジャマ」、「ブカブカパジャマ」
T：「いくつか出ましたが、なぜ、このような題名だと思ったのですか。」
C：「〈ブカブカパジャマ〉とか〈パパのブカブカパジャマ〉という言葉が何回も出てくるから。」
T：「同じ言葉の繰り返しがあることに気づくとは、よく聴いていましたね。」
T：「実は、この中に当たっている題名（曲名）があります。」
C：（「えっー！」と驚いている。）

○「題名当て」や「共通点探し」「主人公探し」などを行っていくと、真剣に聴くという態度が見られるようになります。真剣に聴いているからこそ、童謡の特徴であるリフレイン（同じ言葉の繰り返し）にも気づくことができるのです。
○「童謡」や「唱歌」という言葉は子どもたちにとっては難しいと思います。慣れるまで「童謡」や「唱歌」という言葉を使わずに「歌」という言葉を使うと馴染みやすくなります。

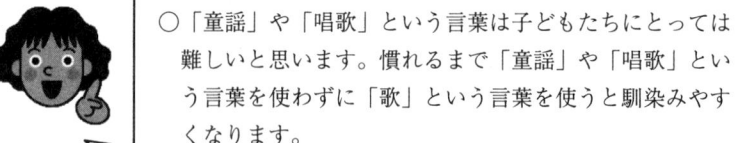

★本書で掲載している童謡・唱歌の歌詞は次の参考文献によります。
・与田凖一編（1957）『日本童謡集』岩波書店
・堀内敬三・井上武士編（1958）『日本唱歌集』岩波書店

第2章　小学校低学年での実践

　低学年においては、いろいろな歌を聴いたり歌ったりして童謡に興味・関心をもたせ、楽しませていきます。この時期に童謡の楽しさを実感させることは感性を育てるとともに、そのことが作文力アップの第一歩になるからです。本章では「作文ギャラリィー〈歌の世界を絵と物語に〉」と「童謡の主人公とお話をしよう」を紹介します。

第1節　作文ギャラリィー「童謡の世界を絵と物語に」
　　　　──小学2年生──

　「作文ギャラリィー」とは、童謡を数曲聴かせ、気に入った歌を各自に選ばせ、その中で心に残った場面や気に入ったところを絵に表し、その絵から想像したことや思いついたことを文章にして、物語を創作するのです。つまり、童謡の世界を絵に表して、それをもとにして物語を創作し、再び童謡の世界へ戻していくという書くことの学習なのです。出来上がった作品は絵と文が見えるように教室内に掲示し、互いに作品を見合い、感想を発表し合います。これが「作文ギャラリィー」です。また、絵はクレヨンや色鉛筆、絵の具で描きますが、色紙を適当な形、大きさに切って貼っていくという貼り絵で表すこともできます。貼り絵とクレヨンの併用も可能です。その表現手段を子どもたち自身に選択させると、さらに楽しく取り組むことができるでしょう。

　このように、絵を文章に表現するという学習はよく見かけますが、他人が描いた絵ではなく、自分のかいた絵をもとにして文を書き、再度童謡に戻していくことには、どのような意味があるのかと申しますと、自分の思

第Ⅱ部　童謡を活用した国語教育の実際

いを絵に表したものには愛着が湧き、その絵からは色々な言葉が出てくるということです。子どもたちは自分のかいた絵の中で主人公になりきって書くことができ、いつのまにか熱中して物語を創作しているのです。教師は、その創作作品から子どもたちが童謡をどのように受けとめたのか、把握することができます。

では、どのような童謡を聴かせたらよいのでしょうか。低学年では現在歌われている馴染みのある童謡やテンポの速い明るい感じの童謡から明治大正期の童謡までと様々な歌を聴かせます。しかも、難しい言葉がなく聴いただけで内容が捉えやすいものを選びます。中・高学年では、明治大正期の童謡を多く聴かせ、伝統的な言語文化に触れる機会にしていきます。

ここでの低学年の単元「童謡の世界を絵と物語に」では、子どもたちの日常生活に関わりのある童謡を選びました。身近な生活をモチーフにした歌には馴染みがあり、想像しやすく書きやすくなるからです。多くの子どもたちが身近な生活の中で、しゃぼん玉を見たりしゃぼん玉で遊んだりしたことがあるのではないでしょうか。

そこで、童謡『しゃぼん玉』を選びました。もう2曲は、現在も歌われている馴染みのある童謡『ふしぎなポケット』と、童話でイソップ物語の一つである『うさぎとかめ』を選びました。低学年の子どもたちは絵本や童話など様々な本を読んでいる子が多いようですので、イソップ物語という世界（外国）の童話に関わりのある童謡にも親しむことができると考えたからです。

このように、童謡を選ぶ時、子どもたちの発達段階や実態を考慮して選択することは効果的です。書くことの学習が積極的になり、活性化が図れるからです。

1　単元の目標
　○童謡を楽しみ、想像を広げて書く。
　○言葉の響きやリズムを感じ取り、歌詞の言葉からその当時の人々の生活や思いに触れる。

2　単元の趣旨

　童謡の世界の楽しさや面白さを味わいながら書くことの学習を展開します。歌詞の言葉や言葉の響き、リズムを感じ取り、想像を広げながら書くことがねらいです。そのために、童謡を聴く、歌う、歌詞を音読する、歌詞を視写する学習活動を行います。また、歌詞の言葉に着目して、今では馴染みのない言葉や聞き慣れない言葉の意味を知らせることによって、その当時の人々の生活や思いに触れさせていくこともねらいとしています。その際、教師の補足も大事な手だてとなりますので、分かりやすく補足していくことが必要です。

3　単元の流れ［全6時間］

1・2時	○『しゃぼん玉』『ふしぎなポケット』『うさぎとかめ』を聴く、歌う、音読する、視写をする活動を通して、好きな歌を選ぶ。
3・4時	○クレヨンや色鉛筆、貼り絵などから表現手段を各自で選び、童謡を聴いて印象的なところや気に入ったところを絵に表す。（図工）
5時	○自分の絵を見て、絵から想像を広げて書く。
6時	○お互いの作品を見合い、感想を発表し合う。

4　授業の実際
［第1・2時］の授業

目標	・童謡を聴いたり歌ったり、音読をしたりして、言葉の響きやリズムを感じ取る。 ・音読や視写を通して言葉に着目し、歌の世界を想像して、その当時の人々の生活や思いに触れる。
学習活動と内容	○留意点　★評価
1　学習のめあてを知る。	○好きな歌を選んで絵に表し、絵から想像を広げてお話を書くというめあてを知らせる。
2　童謡の世界を想像する。 　①『しゃぼん玉』の世界を想像す	○歌詞が印刷された歌詞カードの音読

第Ⅱ部 童謡を活用した国語教育の実際

学習活動と内容	○留意点 ★評価
る。 ・聴いたり歌ったりして、歌の感想を発表し合う。 ・歌詞の音読 ・歌詞の視写 ・登場人物や意味の分からない言葉を出し合う。 ・言葉の意味を知る。 ・歌の意味を知る。	と視写により、登場人物に気づかせたり意味の分からない言葉に着目させたりすると共に、言葉の響きやリズムを実感させるようにする。 ○教師による補足を通して、言葉の意味や歌の意味をつかませ、当時の人々の生活や思いに触れさせる。 ○ 歌の意味 風が吹くという順調でない時でも、しゃぼん玉を飛ばして遊びたいと思うような子どもらしい感情をもってほしい。
② 『ふしぎなポケット』も同様に展開	○ 歌の意味 叩けば叩くほどビスケットが増えるポケットが心の底からほしいと願う子どもたちにお腹いっぱい食べさせてやりたい。
③ 『うさぎとかめ』も同様に展開	○ 歌の意味 兎と亀との追いかけっこのように、油断しないで粘り強く努力することが大切である。 ★歌詞の言葉に着目して、歌の世界を想像している。 ★当時の人々の生活や思いを感じ取っている。
3 好きな歌を選び、その理由を書く。	○再度童謡を聴かせて好きな歌を選ばせ、その理由を童謡カードに書かせる。 ★理由を書いて、好きな童謡を選んでいる。

[第5時] の授業

目標	・童謡をモチーフにして作成した絵から想像を広げて物語を書く。

学習活動と内容	○留意点 ★評価
1 童謡を聴いたり歌ったりして楽しみ、お話（物語）を書いていくことをつかむ。	○各自で作成した絵から想像したことや思いついたことをもとに、物語を作らせる。
2 ヒントを参考にして、書く事柄を	○書く事柄を大まかではあるが考えさ

第２章　小学校低学年での実践

考える。 ヒント ・何が絵に登場しているかな？ ・登場人物は何をしているかな？ ・登場人物は、どんなことを言っているかな？ 3　自分の絵を見ながらお話をワークシートに書く。 　・『しゃぼん玉』 　・『ふしぎなポケット』 　・『うさぎとかめ』	せる。 ○書き詰まっている児童がいたら童謡の内容を想起させ、自分の絵を見た瞬間にどんなことが浮かんできたか等、個別に支援する。 ★絵をもとにして、想像を広げて物語を書いている。

5　資料

【童謡カード】

　『しゃぼん玉』『ふしぎなポケット』『うさぎとかめ』の中で、どの歌が好きですか。その理由も書きましょう。

　　★好きな歌　[　　　　　　]

　　　その理由　[　　　　　　　　　　　　　　　　]

　本時では使用しませんでしたが、次のような「視写ワークシート」も効果的です。

第Ⅱ部　童謡を活用した国語教育の実際

【『しゃぼん玉』野口雨情／詞　視写ワークシート】

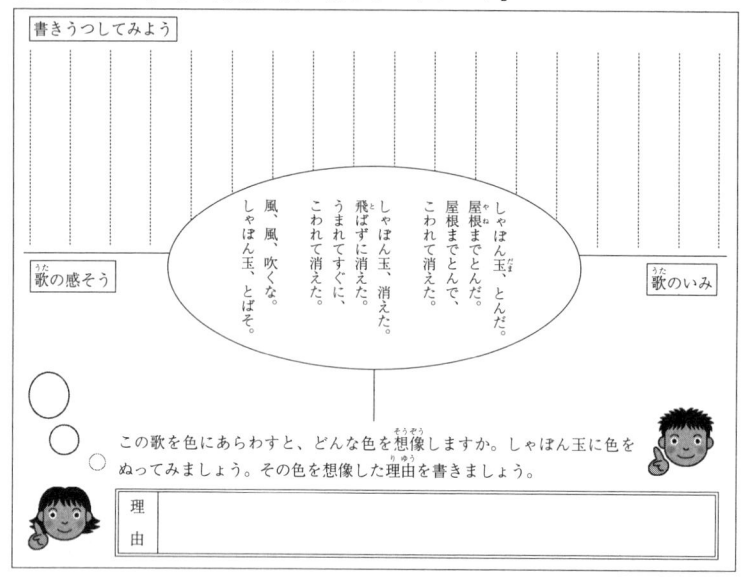

書きうつしてみよう

しゃぼん玉、とんだ。
屋根までとんだ。
屋根までとんで、
こわれて消えた。

しゃぼん玉、消えた。
飛ばずに消えた。
うまれてすぐに、
こわれて消えた。

風、風、吹くな。
しゃぼん玉、とばそ。

歌の感そう

歌のいみ

この歌を色にあらわすと、どんな色を想像しますか。しゃぼん玉に色をぬってみましょう。その色を想像した理由を書きましょう。

理由

歌詞：『日本童謡集』岩波書店 1957 p.97

【『ふしぎなポケット』まど・みちお／詞　視写ワークシート】

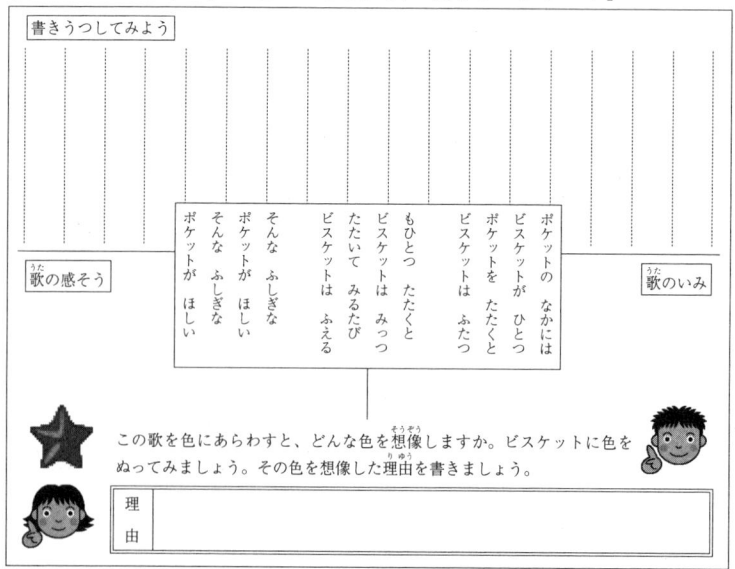

書きうつしてみよう

ポケットの　なかには
ビスケットが　ひとつ
ポケットを　たたくと
ビスケットは　ふたつ

もひとつ　たたくと
ビスケットは　みっつ
たたいて　みるたび
ビスケットは　ふえる

そんな　ふしぎな
ポケットが　ほしい
そんな　ふしぎな
ポケットが　ほしい

歌の感そう

歌のいみ

この歌を色にあらわすと、どんな色を想像しますか。ビスケットに色をぬってみましょう。その色を想像した理由を書きましょう。

理由

歌詞：『まど・みちお詩集』角川春樹事務所 1998 p.152〜153

第2章 小学校低学年での実践

【『うさぎとかめ』石原和三郎／詞　視写ワークシート】

すきな場めん（連）を書きうつしてみよう

「もしもし、かめよ、かめさんよ、
せかいのうちに、おまえほど、
あゆみの、のろい、ものはない、
どうして、そんなに、のろいのか。」

「なんと、おっしゃる、うさぎさん、
そんなら、おまえと、かけくらべ、
むこうの小山の、ふもとまで、
どちらが、さきに、かけつくか。」

「どんなに、かめが、いそいでも、
どうせ、ばんまで、かかるだろ、
ここらで、ちょっと一ねむり、
グー〈〈〈、グー〈〈。」

「これはねすぎた、しくじった、
ピョン〈〈〈、ピョン〈〈、
あんまりおそい、うさぎさん、
さっきのじまんはどうしたの。」

歌の感そう　　　　　　　　　　　　　　　歌の意味

この歌を色に表わすと、どんな色を想像しますか。うさぎに色をぬってみましょう。その色を想像した理由を書きましょう。

| 理由 | |

歌詞：『日本唱歌集』岩波書店 1958 p.106

【物語作りワークシート】

『うさぎとかめ』の物語を書いてみましょう。

★登場するものに名前をつけてみましょう。
・うさぎ　□
・かめ　　□

第Ⅱ部　童謡を活用した国語教育の実際

【児童作品】

『うさぎとかめ』

　ミミコせんしゅはさすがに走るスピードがすごいです。つづいてカメキチせんしゅです。やはり、カメキチせんしゅよりとうぜんミミコせんしゅがゆうりです。な、な、なんとミミコせんしゅ、レースのはじっこにねているではないですか！　カメキチせんしゅ「チャンス」です。
　まだミミコせんしゅはねて……な、なんと見てください。カメキチせんしゅがぬかしましたよ！ミミコせんしゅがこのままねていれば、はたをとれるかのうせいが高いです。
　でも、カメキチせんしゅはつかれています。そこに、ミミコせんしゅがおきてしまいました。「いそげガンバレ、カメキチせんしゅ。」
　かったのは、どっちでしょうか？　なんと、カメキチせんしゅがはたをもっています。その十びょうご、ミミコせんしゅはカンをけりながらないて、ゴールにやっとついたのでした。
　ミミコせんしゅは大なきしました。（R子）

第2章　小学校低学年での実践

【児童作品】

『ふしぎなポケット』

女の子のポケットは、かわいいと大にんきでした。それも、みんなが「ほしい！」と、毎日、毎日、言うほどなのです。

ある日、女の子が学校から帰ってきて、お母さんが「しゅくだいをしなさい」と、言ったのに、だまってあそびに行こうとしたので、お母さんが「こら！どこへ行くの！しゅくだいはおわったの！」「おわってない。」「なら、どうしてしゅくだいしないの！」「だって、友だちとあそぶやくそくしちゃったんだもん。」「じゃあ、電話でことわりなさい！」「はあい。」そして、ことわりおわったら、女の子は、なんとなくポケットをたたいたらポケットの中で、「シャリッ。」と音がなった。で、ポケットの中をのぞいてみたら、なんと、ビスケットが一つはいっていたので、もう一どたたいてみたら、ビスケットが二つになっていました。女の子はふしぎに思いました。

（K子）

『しゃぼん玉』

外で、女の子がしゃぼん玉であそんでいます。
いろんな色で、ふじさんがびっくりして、手をばんざいしてわらっています。
お花もにこにこしてあそんでいます。
いえにかえるので、ふじさんに「さよなら」して、かえったとこです。
女の子は、「また、しゃぼん玉やふじさんとあそびたいな。」と思ったよ。

（Y子）

97

6　単元を終えて

　童謡を聴く、歌う、音読や視写をする、という学習活動で歌詞の言葉に馴染ませ、言葉に着目させて内容をつかませることができました。そのことが、絵をかく時に生かされたようです。絵をかくことが苦手な児童も童謡のイメージをつかむことができ、絵をかくことへの取り掛かりがはやくなり、熱心に取り組みました。このことは、表現手段を自分で選び、絵をかきながら自分の選んだ童謡の主人公や登場人物になりきっていたからではないかと考えます。そのせいか、絵から物語をかく時には、スムーズに書き進めることができました。普段、なかなか書き進められない児童も自分の絵を見ているうちに書くことが浮かんできて、おっくうがらずに書くことができたのです。絵をかくと、色々な言葉が出やすくなってくることが実証できました。

　本実践では「視写ワークシート」の検討中でしたので、別の用紙で感想を書いたり視写をしたり口頭で発表し合ったりして展開しましたが、どの子も熱中して取り組んでいました。5　資料で紹介している「視写ワークシート」では、歌のイメージを色で例えると、どんな色になるかを想像させています。そのことによって子どもたちは歌の世界を再度振り返ることになります。そして、その色を想像した理由を書かせることで、どの子も自分の言葉で書くことができ、童謡に対してどのようなイメージを抱いたのかが明瞭になってくるのです。さらに、子どもたちは想像した色を塗ることの楽しさを味わえるのではないかと考え、6年生「なりきり作文で童謡を味わう」の実践において「視写ワークシート」の活用を試みました。6年生の子どもたちは童謡の世界を振り返り、理由欄に自分の言葉で童謡を受け止めたことを書き、色を塗る楽しさを実感することができたようです。そのような効果が見られましたので、ここでも「視写ワークシート」を紹介しています。

第2章　小学校低学年での実践

> ミニ解説

『しゃぼん玉』　作詞／野口雨情　作曲／中山晋平

『しゃぼん玉』は1922〈大正11〉年、児童雑誌『金の塔』に発表されました。

　風が吹かないでほしいことを願いながら、しゃぼん玉を飛ばして遊びたいという子どもたちの願いが伝わってきます。〈風、風、吹くな〉には、もう一つの願いが込められているのです。その当時は、貧困や病気で多くの幼い子どもが亡くなっている時代でもありました。このような時代に、「子どもたちを苦しめ困らせる風よ、吹かないでおくれ」という大人や親の願いや祈りも込められているのです。

　この童謡が作られた頃は貧困で生活が厳しく苦しい時代であり、間引きされて死んでいった嬰児のことを歌った悲しい歌であるとか、雨情が生後8日目で亡くなった長女みどりと2歳で死去した次女を悼み、しゃぼん玉のはかなさにたとえて作られたものであるとか、幼い子どもを失った雨情の悲しい記憶がこの童謡を作らせたとか、様々な俗説がありますが、俗説にとらわれずに、童謡作品の文学性を味わっていきましょう。
　なお、「雨情」という雅号は支那古文の「雲根雨情」という詞からとり、「春降る雨」という非常に趣があることを意味しています。

> 歌の意味

　しゃぼん玉を飛ばそうと思っても、すぐに壊れて消えてしまうという予定通りにいかないことが子どもの世界にもあるものです。そういう時でも、〈風、風、吹くな。しゃぼん玉、とばそ〉のように、風が吹かないでほしいことを願いながら、「風なんかに負けないでしゃぼん玉を飛ばして遊びたい。」というように、遊ぶことが大好きな子どもらしい感情を、無邪気にしゃぼん玉遊びをする子どもの姿を通して歌っているのです。

> 言葉・語句

《シャボン》
　「シャボン」とは石鹸を意味するポルトガル語で、江戸時代に日本に入ってきた言葉です。このシャボンを、雨情は平仮名で「しゃぼん」と書いていますが、中山晋平の楽譜には片仮名で「シャボン」と記されています。それは、雨情と晋平の受け取り方の相違からのようです。江戸時代から伝わるシャボン玉遊びを雨情は日本的なものとして受け取り、晋平は外国から伝わってきたものと受け取ったからではないかと言われています。

第Ⅱ部　童謡を活用した国語教育の実際

ミニ解説

『ふしぎなポケット』　作詞／まど・みちお　作曲／渡辺茂

　1954（昭和29）年、保育士のための「保育ノート」9月号（国民図書刊行会）に発表され、その後曲が付された童謡です。

> ポケットを叩くと限りなくビスケットが出てくるという発想には、食料が乏しかった戦後の時代的な背景が窺えます。その当時は食料難でお腹いっぱい食べることができなかった時代でした。せめて、ポケットを叩くと子どもたちの好物のビスケットが次々と増え、子どもたちにお腹いっぱい食べさせてやりたいと願って作られたようです。お腹いっぱい食べられなかった当時の子どもの心を思いやる優しさが伝わってくる童謡です。

> ポケットに一つ入っていたビスケットを叩いたら、二つに増えたという不思議な話が始まり、ポケットを叩けば叩くほどビスケットが出てくるという空想的な世界が描かれています。

> 韻を踏んでいる〈ポケット〉と〈ビスケット〉が一つの連の中で反覆され、リズム感が生まれています。他にも〈ひとつ〉〈ふたつ〉〈みっつ〉と韻を踏んでいる言葉や、〈たたくと〉のように繰り返し反覆されている言葉で表現されており、リズミカルな童謡です。

歌の意味

> 叩けば叩くほどビスケットが出てくる不思議なポケットが心底ほしいと願う子どもの心情を歌っています。

言葉・語句

《ポケット》

　ポケットは洋服についている小さな物を入れる袋ですが、現在では珍しいものではありません。そのポケットつきの洋服が着用されたのは、大正後期から昭和初期の頃で、当時は目新しく思われたポケットでした。この童謡は洋服についている「ポケット」をテーマにして、戦後作られましたが、そのポケットとは衣嚢のことであり、隠すという意味も含まれています。洋服の隠れた所などに付いているポケットですが、その中は薄暗くて見えにくいという感じがします。

　そのようなポケットの中で、現実では起こりえない不思議なことが起こっているのかもしれない、起こってほしいと願い、ポケットに魔法をかけているかのような童謡です。子どもたちの身近にあるポケットが夢のある「ポケット」になっています。

第2章　小学校低学年での実践

> ミニ解説

『うさぎとかめ』　作詞／石原和三郎　作曲／納所弁次郎

　『はなさかじじい』や『キンタロウ』を手がけた石原和三郎による作詞で、作曲は『モモタロウ』で知られる納所弁次郎です。初出は、納所弁次郎と田村虎蔵が編集した教科書『幼年唱歌　二編上巻』（明治34年）です。

　この『うさぎとかめ』は『イソップ物語』の中の一つです。日本には16世紀後半にポルトガルから伝わり、江戸時代の初期以降に、『伊曽保物語』として広まりました。歌詞には、「どうして」「そんなに」「そんなら」「どうせ」「ここらで」など、各連に口語体の言葉で書かれています。それは、難しい文語調の歌詞では子どもたちには理解し難いであろうという意図があったからです。この当時、言文一致運動が起こり、その影響が見受けられます。

　「グー」や「ピョン」の擬音語や擬態語が面白く、兎と亀が対話する形で展開されています。兎は歩みの遅い亀を嘲り笑い、嘲られた亀は実際にかけっこで勝負しようとスタートします。途中で兎は油断して熟睡するという怠慢さを見せ、慌てて亀を追いますが、間に合わずゴールした亀から戒めの言葉を受けるはめになるという逆転劇が描かれています。

> 歌の意味

　兎は歩きが遅い亀を侮って失敗してしまい、それに対して亀は競走で勝負しようとする強い意志をもち、最後まで根気よくやりぬきます。油断しないで、根気強く努力することは大切なことです。

> 言葉・語句

《せかいのうちに》
　初出の歌詞では「せかいのうちに」でした。それが、大正15年4月3日発行の田村虎蔵編『検定唱歌集　尋常科用』（松邑三松堂）で、「せかいのうちで」と改められました。同年4月28日には再版が発行され、そこには田村虎蔵が「〈せかいのうちに〉は〈せかいのうちで〉に改めた方が宜しい」と書いていますが、この田村虎蔵の改訂は浸透しなかったようです。
　「に」も「で」も場所を示す格助詞ですが、なぜ、ここで「せかい」なのでしょうか。「すべての動物たち」とか「日本中の動物たち」が適切と思われますが、「せかい」という語が出てくるのは不自然なような気もします。しかし、この歌が作られた頃は日清戦争が終わり、数年後に日露戦争が始まるという時代で、世界を相手に戦争をしていた時代でしたので、世界に目を向け、「せかい」という語が書かれたものと思われます。

《しくじる》
　「しくじる」とは失敗する、やりそこなうという意味の動詞です。語源や当てはまる漢字も不明瞭ですが、江戸時代から使われている言葉のようです。

101

第Ⅱ部　童謡を活用した国語教育の実際

第2節　童謡の主人公とお話をしよう——小学2年生——

1　単元の目標
○童謡を聴く、歌う、音読することを通して、歌詞の言葉に馴染み、主人公の気持ちや情景を想像する。
○童謡の主人公に自問自答することを通して、想像をはたらかせて書くことができる。

2　単元の趣旨
　『証城寺の狸囃子』は軽快な曲で歌詞もリズミカルなので、児童たちはこの童謡が大好きでした。この童謡を聴くと、児童はいつのまにか身振り手振りをつけて歌っているのです。また、この『証城寺の狸囃子』は児童の住む千葉県に伝わる伝説をもとにして作られた童謡ですので、児童に地元の童謡を知ってほしいという思いで、本単元では『証城寺の狸囃子』を取り上げました。
　童謡の主人公に、疑問に思うことや知りたいことを聞き、それに対して自分で答えるという自問自答を文章化する学習ですが、自問自答という言葉は2年生にとって難しい言葉です。「会話」という言葉が適すると思いますが、やはり2年生には難しいと考え、児童に分かりやすいように「お話をしよう」としました。童謡の主人公に知りたいことを聞き、自分が童謡の主人公だったら、こんなふうに答えるかなと想像しながら書いていく面白さを味わうことをねらいとします。

3　単元の流れ［全2時間］

1時	○『証城寺の狸囃子』を聴く、歌う、音読するなどの学習活動により、歌詞の言葉に馴染み、主人公の気持ちや情景を想像する。
2時	○童謡の主人公に知りたいことなどを聞き、自分でその答えを想像しながら書いていく面白さを味わう。

★他に、『おうま』でも取り組めます。

4 授業の実際
[第1時] の授業

| 目標 | ・『証城寺の狸囃子』を聴く、歌う、音読する、補足を聞くなどして、歌詞の言葉に馴染み、主人公の気持ちや情景を想像する。 |

学習活動と内容	○留意点　★評価
1　童謡の主人公と自分とのお話を書いていく学習をすることを知る。	○『証城寺の狸囃子』の歌の世界を想像して主人公と自分とのお話を書くというめあてをつかませる。
2　『証城寺の狸囃子』を想像する。 ・曲を聴く。 ・歌の感想の発表 ・歌詞の音読 ・歌の意味を知る。	○聴いたり歌ったりして、感想を発表させる。 ○歌詞の音読を通して歌詞に馴染ませる。 ○「萩」などの語句を教師による補足を通して捉えさせ、歌の意味を知らせる。 ○ 歌の意味 月夜の山のお寺で、狸たちが腹鼓を打ちながら楽しそうに踊るのを見て、和尚さんも一緒に踊り出したという伝説をもとに作られた歌です。月の光は人間や狸の分けへだてなく照らしているのです。
3　歌からイメージされる場面を絵にかいたり色をぬったりする。	○曲を聴かせながら絵をかかせ、その理由も発表させるようにする。 ★主人公の気持ちや様子、情景を想像している。

第Ⅱ部　童謡を活用した国語教育の実際

[第2時]の授業

目標　・童謡の主人公に聞きたいことなどを書き、自分でその答えを想像しながら書いていく面白さを味わう。	
学習活動と内容	○留意点　★評価
1　『証城寺の狸囃子』を聴いて、登場人物と主人公を探す。 　・狸　　　　　・月 　・和尚さん　　・萩	○登場人物を発表させ、その中から主人公を探させるようにする。
2　ワークシートに、聞きたいことなどを書き、その答えを想像しながら書く。	○童謡に関する写真や前時にかいた絵なども参考にさせ、「　」を使って、知りたいことや不思議に思うことなどを書かせる。 ★聞きたいこと、不思議に思うことなどを書き、自分でその答えを想像しながら書いている。
3　友だちの作品を聞き合う。	○発表したい児童の作品を聞かせて、面白さを実感させるようにする。
4　『証城寺の狸囃子』を歌う。	○童謡の世界を思い浮かべながら歌うことができるようにする。

5　資料

【児童作品】

（F男）　　　　　　　（S子）　　　　　　　（E子）

◆『しょうじょうじのたぬきばやし』
● おしょうさんやたぬきさんたちと、おはなしをしてみましょう。

♪しょう、しょう、しょうじょうじ
　しょうじょうじのにわは
　ツ、ツ、月よだ
　みんなでてこい、こい、こい
　おいらのともだちァ
　ぽんぽこぽんのぽん

♪まけるな、まけるな
　おしょうさんにまけるな
　こい、こい、こいこいこい
　みんなでて、こいこいこい

♪しょう、しょう、しょうじょうじ
　しょうじょうじのはぎは
　ツ、ツ、月よにはなざかり
　おいらはうかれて
　ぽんぽこぽんのぽん

「たぬきはなんびきいるの？ねぇ、たぬきさんは、なんびきいるの？友だちはたぬきのほかにいるの？」
「もちろん、十人いるよ。きつねさんや犬さんやさるさんだよ。」
「なにをまけるなといってるの？」
「おなかをたたいているんですねぇ。」
「おしょうさんにまけるなといってるの。みんなおうえんしているよ。」
「どこでやっているの？」
「おてらでやってるみたいですねぇ。」

（T男）

「たぬきさん、どうしてずーとおどってるの？」
「おどりがすきだからかなぁ。」
「ねぇ、たぬきさん、ずーとなんでおなかをたたくの？」
「たぬきさん、どっちがかったの？おしょうさんがかったの？たぬきさん、どうやっておすもうしたの？」
「えっとね、おなかたたいておすもうしたの。」
「ねぇ、しょうじょうじってどういいみ？」
「えっとね、おてらの名まえなんだ。まん月がよくみえるところなんだ。」

（N男）

第Ⅱ部　童謡を活用した国語教育の実際

『しょうじょうじのたぬきばやし』
おしょうさんやたぬきさんたちとおはなしをしてみましょう。

♪
しょう、しょう、しょうじょうじ
しょうじょうじのにわは
ツ、ツ、月夜だ
みんなで来い来い来い
おいらの友達ァ
ぽんぽこぽんのぽん

♪
しょう、しょう、しょうじょうじ
しょうじょうじのはぎは
ツ、ツ、月夜に花ざかり
ぼくはうかれて
ぽんぽこぽんのぽん

♪
負けるな、負けるな
おしょうさんに負けるな
来い、来い、来い来い
みんなで、来い来い来い

「たぬきさんどっちがかったの？
おしょうさんどうやっておすもうしたの？えっ　ねえ　かったたぬきさんおすもうしたの。」

「ねえ、しょうじょうじってどういうみ？えっ　ねえ　おてらのなまえなんだ　まん月がよくみえるところなんだよ」

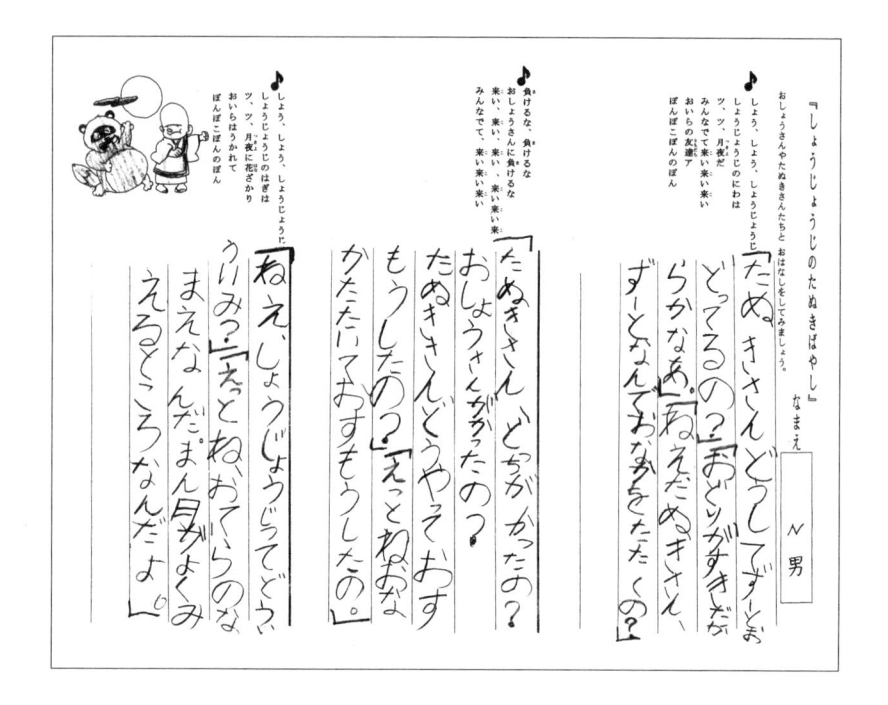

6　単元を終えて

　この童謡の歌詞の中には一回も「たぬき」という言葉が出てきていませんが、どの子も「たぬき」の登場を思い浮かべて書いていました。その「たぬき」に聞く時は、「～なの？」という文末表現が多く見られ、答える時は「～よ。」「～なんだ。」「～の。」等、自然に話し言葉の文末表現で書いていたのに驚きました。「　」を使わせたことも関係していると思われますが、主人公に親しみを感じ、主人公を身近にいる存在として受けとめていたからではないでしょうか。

　しかし、児童の中には、自問自答でお話をすることが難しかった子もいましたので、「童謡の主人公にインタビューしよう」の方が取り組みやすかったと考えます。また、第1時でかいた大半の絵からは、楽しそうな雰囲気がうかがえました。狸さんや和尚さんだけでなく、お月さんも笑顔になっているのです。きっと、子どもたちは狸さんと和尚さんの腹鼓競争を

お月さんが夜空から微笑みながら見守っていると感じ取ったのでしょう。
　その子どもたちの絵には、「いつ（月夜）・どこで（草木の茂る庭）・だれが（狸と和尚さん）・何をしてたか（腹鼓競争）」が表されているものが多く、自分のかいた絵を見て、自問自答するヒントを得た児童もみられました。
　本実践で、特に、嬉しく思ったことは、学力が遅れぎみで文字を書き写すことも苦手なM児も、夢中になって取り組み、ワークシートいっぱいに文字を書き詰めていたことです。童謡というものは、子どもたちの心に響き、心を揺さぶり、意欲を喚起させる力を持っていることを実感しました。

第Ⅱ部　童謡を活用した国語教育の実際

> ミニ解説

『証城寺の狸囃子』　作詞／野口雨情　作曲／中山晋平

　この童謡の原詩は1923（大正13）年『金の星』12月号に発表されました。翌年の『金の星』1月号で、作曲の都合上改作されて、リズミカルな詩になりました。

　「原作の詩は、読む詩という感じが強かった。」と、阪田寛夫が『童謡でてこい』の中で言っていますが「歌われる詩」というより「読む詩」であったようです。それはこの原詩が五七調や七五調という日本詩歌の安定したものではなく、不安定な詩になっているからであると言えるでしょう。原詩では狸の腹鼓の音が「どんどこどん」と濁音で重々しく響いてきます。それを、中山晋平が作曲をする上で「ぽんぽこぽんのぽん」とリズミカルな言葉に改めたのです。同様に原詩の「証城寺の庭は」を「証、証、証城寺／証城寺の庭は」に、「月夜だ、月夜だ」も頭韻を重ねて「ツ、ツ、月夜だ」に、さらに「友達来い」を「皆出て、来い来い来い」に改作して、弾みのある軽快な詩にしています。

　当時、童謡論などの講演をして全国を回っていた雨情がこの地を訪れた時に、木更津の狸伝説─「寺の境内で百匹の狸と和尚が三日三晩腹鼓合戦をしたが、四日目の朝、囃仲間の隊長の大狸が哀れにも腹の皮が裂けたまま死んでいたのです。」─をもとにして書いたのです。その当時、證誠寺の住職は「坊さんが月に浮かれて狸と一緒になって踊ったなどとんでもない。うちの寺にはそのような不謹慎な和尚は昔から一人も居らぬ。清浄な寺の法燈を汚すような子供歌を作るなど怪しからぬ。」と立腹されたようです。しかし、現在では木更津の證誠寺の境内に、この大狸を供養したという狸塚や「狸ばやし童謡碑」が建てられてあります。

> 歌の意味

　月夜にお寺で狸等が腹鼓を打ち楽しそうに踊っているのを見て、和尚さんも一緒に踊り出したのです。月の光は人間や狸の分け隔てなく照らしています。人間も狸も一緒なのです。

> 言葉・語句

《己等の友達ア》
　己等とは大狸を指し、大狸から見た仲間の狸が「己等の友達」と解釈できます。「己等の友達」を和尚さんから見て、大狸とその仲間の狸とも受け取られるかもしれませんが、第二連も三連も大狸が言ってる言葉なので、「己等の友達」を大狸の仲間と考えるのが妥当と考えます。
《負けるな　負けるな》
　「負けるな　負けるな　和尚さんに負けるな」と声援を送っている雨情は、動物である狸を擬人化して狸に親近感を抱いているものと思われます。雨情は狸を人間並みに考え、人間と同格な存在と捉えて作詩したのではないでしょうか。「狸」という語を登場させてしまうと、狸を動物として受け止めてしまうので、「狸」を詩の中に一度も登場させなかったのではないかと考えます。雨情には「狸」を人間並みに扱いたかったという意図があったのかもしれません。擬人化によって、狸に人間と同じような感情をもたせている雨情の童謡観が見えてきます。

108

第2章　小学校低学年での実践

ミニ解説

『おうま』　作詞／林柳波　作曲／松島彝（つね）

　この『おうま』は昭和16年発行の国民学校初等科第1学年音楽教科書『ウタノホン（上）』に掲載されました。

　この歌は曲名も歌詞もカタカナで書かれていましたが、「みながら」が「見ナガラ」と漢字片仮名混じりで書かれているところもあります。その他はすべてカタカナで表記されています。本書では、平仮名を覚えたばかりの1年生がカタカナの歌詞を読んだり書き写したりすることは困難であろうと考え、曲名も歌詞も平仮名表記にしています。

　今の時代では馬を身近に見ることが少なくなりましたが、戦前までは馬が田畑を耕したり、物資を運搬したりする様子をよく見ることができ、子どもたちにとって馬は馴染みのある動物でした。この『おうま』は、そのような馬をテーマにして作られた歌なのです。

　親子の馬が仲良く歩いている情景が描かれていますが、その親子の親は父さん馬ではなく、母さん馬なのです。やはり、幼い子馬が母親を慕うのは人間と同様のようです。子馬が母馬を慕い、母馬が子馬を慈しむ母子の姿に敬意と親愛の気持ちを表し、「お」をつけて「おうま」にしたものと思われますが、この歌が作られた年に第2次世界大戦が始まり、馬は軍馬として　貴重な存在でしたので、馬に敬意をこめて「お」をつけ、「おうま」にしたのかもしれません。

歌の意味

　子馬が優しい母さん馬を慕い、母さん馬が子馬を優しく見守りながら歩く母馬と子馬のほのぼのとした情景を歌っています。

言葉・語句

《なかよし　こよし》
　漢字で書くと〈仲良し　小良し〉となりますが、この〈小良し〉は〈夕焼け小焼け〉の〈小焼け〉と同じで、歌の調子を整える言葉であり、仲の良さを強調する言葉でもあります。馬の親子がどこを歩いているのか、歩くだけで他に何かをしているのか、何も書かれていませんが、この歌を聴いていると、馬の親子が緑の草原で仲良く草を食べている情景が目に浮かんできます。馬という言葉から「草原で草を食べる」というイメージが想像されるからなのでしょうか。

《ぽっくり　ぽっくり》
　〈ぽっくり　ぽっくり〉からは、少女や舞妓が履く木履がイメージされます。木履は楕円形の台の底をえぐり、後方を丸くし、前方を前のめりにして作った女児用の下駄で、側面が黒または朱の漆を塗ったものが多く、形が馬のひづめに似ていることから駒下駄とも言われています。そのことも関係しているのでしょうか、馬の親子が歩く様子が〈ぽっくり　ぽっくり〉と表現され、しかも、ゆっくり、ゆっくりと歩いている様子が窺えます。この〈ぽっくり　ぽっくり〉には、とても可愛らしい感じを受けるとともに、楽しい感じがする音の響きも感じられます。

109

第3章　小学校中学年での実践

　幼さから脱皮して、自己を出しながら興味をもってまとまりのあることが書けるようになるのが中学年です。この時期に、童謡の世界をカルタに表す、童謡の続き話を書く等の表現活動に取り組ませ、童謡に親しませていきます。親しむことが書くことの学習を積極的にさせるからです。そのためには、まず、童謡の言葉の意味や内容を知らなければなりません。
　そこで、童謡を聴く、歌う、音読する、視写する等の活動で言葉に着目させ、歌の世界を想像させ、言葉や歌の意味を捉えさせます。そして、当時の人々の生活や思いにも気づかせていくのです。童謡を素材にしてカルタを作ったり、続き話を創作したりすることにより、言葉の力と書く力を育んでいきます。

第1節　童謡カルタで遊ぼう──小学3年生──

1　単元の目標
　○童謡の面白さや楽しさを味わい、想像したことをカルタの読み札に書く。
　○童謡の言葉に着目し、その当時の人々の生活や思いを知る。

2　単元の趣旨
　童謡の世界をカルタに表し、カルタ取りをするという遊びの中で童謡に親しませていきます。読み札や取り札を作りますので、歌を聴いて登場人物と主人公の様子や情景が浮かんできやすい童謡を選びます。ここでは、『夕焼小焼』『七つの子』『めだかの学校』『コイノボリ』『サッちゃん』の

第Ⅱ部　童謡を活用した国語教育の実際

童謡を活用しています。

本単元では、「題名を当てよう」とか「歌の主人公を探そう」のようにクイズ的な取り組みで、児童の興味・関心を高め、童謡に親しませることをねらいとします。

3　単元の流れ［全5時間］

1・2時	○童謡を聴き、題名を当てたり主人公を探したりして、歌詞の言葉や歌の意味を知り、童謡に親しむ。
3時	○童謡の題名が分かる言葉を考えてカルタの読み札を作る。
4時	○取り札に絵をかき、色を塗り、4セット作る。　　　　（図工）
5時	○小グループに分かれて、「童謡カルタ取り大会」を行う。 （総合的な学習の時間）

4　授業の実際
［第1・2時］の授業

目標	・歌の題名を当てる、主人公を探すなどして、童謡の世界を想像しながら親しむ。 ・言葉に着目し、言葉や歌の意味を知り、その当時の人々の生活や思いをつかむ。

学習活動と内容	○留意点　★評価
1　童謡の世界を想像して、童謡カルタを作っていくことを知る。 2　童謡の世界を想像する。 ①『夕焼小焼』 ・聴いた歌ったりして題名を当てる。 ・『夕焼小焼』の感想を発表し合う。 ・歌詞の音読 ・歌詞の視写	○歌詞の言葉に着目して、想像させるようにする。 ○題名当てで童謡に興味をもたせる。 ○多くの感想を発表させるようにする。 ○歌詞が印刷されている歌詞カードを音読させたり、視写させたりすることで、登場人物や意味の分からない言葉に目を向けさせ、想像することができるようにする。 ○主人公は誰なのか、その理由は何か

112

第3章　小学校中学年での実践

・登場人物や意味の分からない言葉を出し合い、言葉の意味を知る。 ・主人公を探し、話し合う。 ・童謡の内容（意味）をつかむ。	話し合わせ、童謡の内容（意味）をつかませ、当時の人々の生活や思いに気づかせる。 ○教師による補足も言葉の意味をつかませる手だてとする。
	意味：夕焼けのままで日がくれて、お寺の鐘も鳴るから、みんなで烏と一緒に帰ろう。そんな何とも言えない魅力的な夕焼けの世界は懐かしい心のふるさとのようだ。
②『七つの子』も同様に展開	意味：山の古巣で親鳥の帰りを待っている子烏のことを可愛いと思い、鳴きながら親烏は山の方へ飛んでいく。子どもを思う気持ちは人間も鳥も変わらないようだ。
③『コイノボリ』も同様に展開	意味：屋根より高く泳いでいる親子のこいのぼり。小さな緋鯉の子どもが真鯉のお父さん鯉のように成長してほしい。
④『めだかの学校』も同様に展開	意味：春の小川に目高の群れがよく見られた。「だれが生徒か、先生か」分からない様子で元気よく泳いでいる目高たちは、まるで人間の学校のようだ。
⑤『サッちゃん』も同様に展開	意味：子どもはいつも明るく無邪気に過ごしているわけではなく、子どもだからこそ感じる寂しさもあるんだ。
	★言葉に着目しながら、童謡の内容をつかんでいる。

113

第Ⅱ部　童謡を活用した国語教育の実際

| 3　まとめをする。 | ○学習を振り返り、感想を書かせる。 |

［第3時］の授業

目標　・もとにした童謡が分かるような読み札の言葉を考える。	
学習活動と内容	○留意点　★評価
1　どの童謡をもとにしたのか分かるように、読み札を作ることをつかむ。	○もとにした童謡が分かるように読み札の言葉を考えさせる。
2　童謡をもとに、読み札の言葉を考え、カードに書く。 ・『夕焼小焼』・『七つの子』 ・『コイノボリ』・『めだかの学校』 ・『サッちゃん』	○「五・七・五」にとらわれずに、想像したことを読み札言葉カードに書かせる。 ○前時で使った歌詞カードも参考にして、言葉を考えさせる。 ○早く作り終えた児童には、今まで聴いたことのある童謡や知っている童謡をもとに作ってもよいことを知らせる。 ★もとにした童謡が分かるような読み札の言葉を考えて書いている。
3　次時の予告	○4グループに分かれてカルタ取り大会を行うために、取り札と読み札を4セット作っていくことを知らせる。

第3章　小学校中学年での実践

5　資料　※本単元では使用していませんが、「視写ワークシート」の活用も効果的です。

【『夕焼小焼』中村雨紅／詞　視写ワークシート】

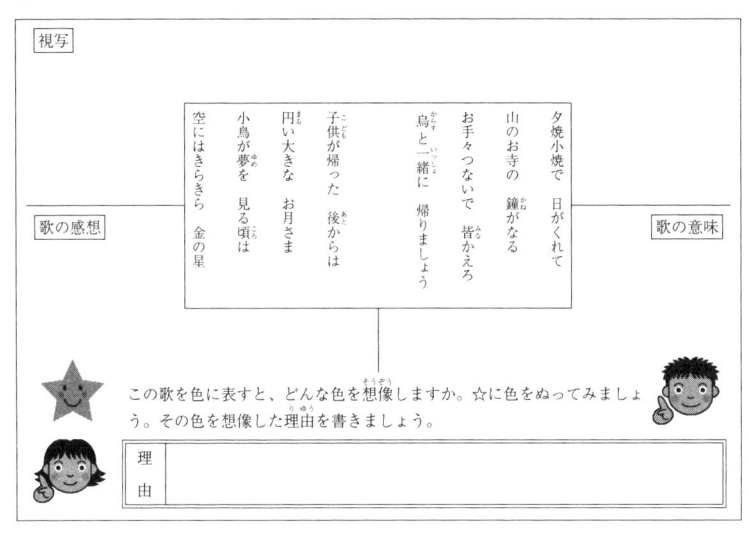

視写

夕焼小焼で　日がくれて
山のお寺の　鐘がなる
お手々つないで　皆かえろ
烏と一緒に　帰りましょう
子供が帰った　後からは
円い大きな　お月さま
小鳥が夢を　見る頃は
空にはきらきら　金の星

歌の感想　　　　　　　　　歌の意味

この歌を色に表すと、どんな色を想像しますか。☆に色をぬってみましょう。その色を想像した理由を書きましょう。

理由

歌詞：『日本童謡集』岩波書店 1957 p.109

【『七つの子』野口雨情／詞　視写ワークシート】

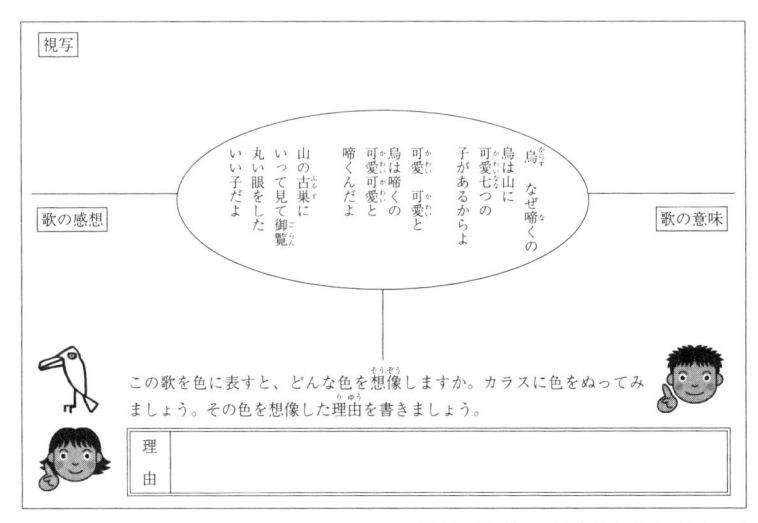

視写

烏　なぜ啼くの
烏は山に　可愛七つの
子があるからよ
可愛　可愛と
烏は啼くの
可愛　可愛と
啼くんだよ
山の古巣に
いって見て御覧
丸い眼をした
いい子だよ

歌の感想　　　　　　　　　歌の意味

この歌を色に表すと、どんな色を想像しますか。カラスに色をぬってみましょう。その色を想像した理由を書きましょう。

理由

歌詞：『日本童謡集』岩波書店 1957 p.70

第Ⅱ部　童謡を活用した国語教育の実際

【『コイノボリ』近藤宮子／詞　視写ワークシート】

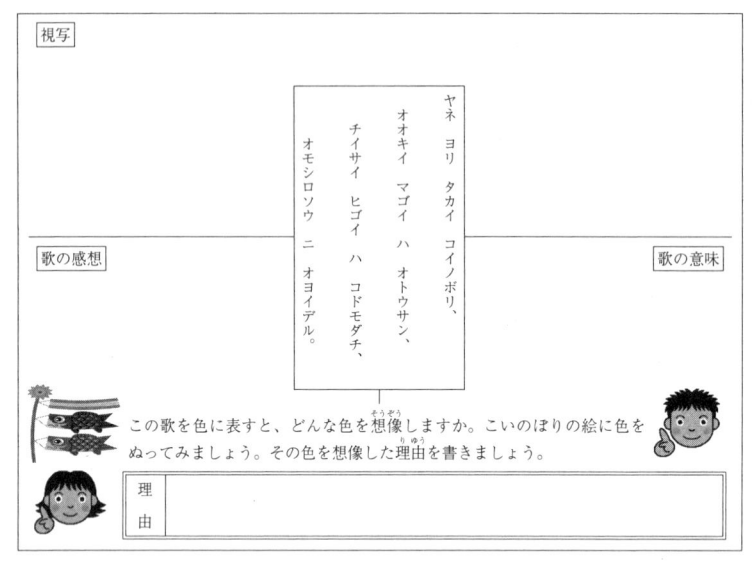

視写

ヤネ　ヨリ　タカイ　コイノボリ、
オオキイ　マゴイ　ハ　オトウサン、
チイサイ　ヒゴイ　ハ　コドモタチ、
オモシロソウ　ニ　オヨイデル。

歌の感想　　　　　　　　　　　　　　　　　　歌の意味

この歌を色に表すと、どんな色を想像しますか。こいのぼりの絵に色をぬってみましょう。その色を想像した理由を書きましょう。

| 理由 | |

歌詞：『日本唱歌集』岩波書店 1958 p.213

【『めだかの学校』茶木　滋／詞　視写ワークシート】

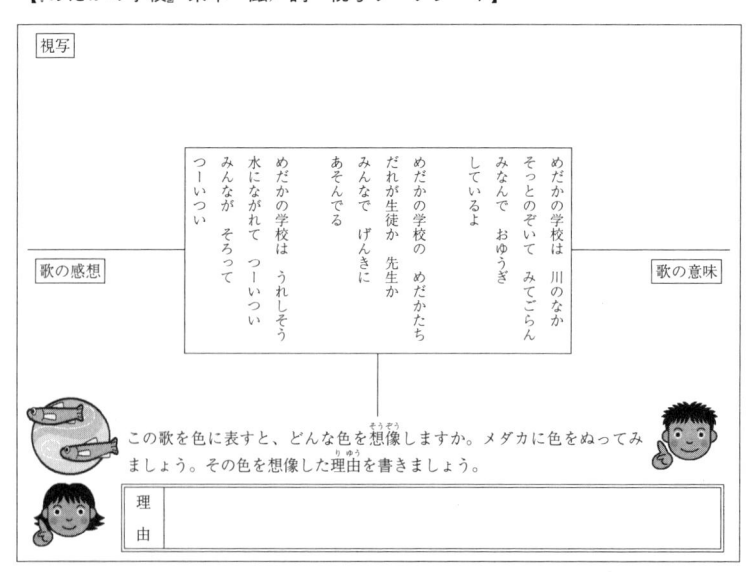

視写

めだかの学校は　川のなか
そっとのぞいて　みてごらん
みんなで　おゆうぎ
しているよ

めだかの学校の　めだかたち
だれが生徒か　先生か
みんなで　げんきに
あそんでる

めだかの学校は　うれしそう
水にながれて　つーいつい
みんなが　そろって
つーいつい

歌の感想　　　　　　　　　　　　　　　　　　歌の意味

この歌を色に表すと、どんな色を想像しますか。メダカに色をぬってみましょう。その色を想像した理由を書きましょう。

| 理由 | |

歌詞：『童謡でてこい』河出書房新社 1986 p.144

第3章 小学校中学年での実践

【『サッちゃん』阪田寛夫／詞　視写ワークシート】

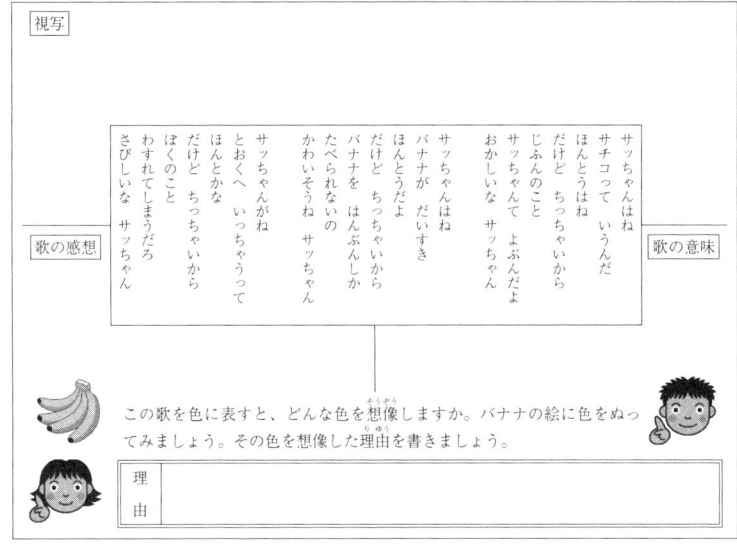

視写

サッちゃんはね
サチっていうんだ
ほんとうはね
だけど ちっちゃいから
じぶんのこと
サッちゃんって よぶんだよ
おかしいな サッちゃん

サッちゃんはね
バナナが だいすき
ほんとうだよ
だけど ちっちゃいから
バナナを はんぶんしか
たべられないの
かわいそうね サッちゃん

サッちゃんがね
とおくへ いっちゃうって
ほんとかな
だけど ちっちゃいから
ぼくのこと
わすれてしまうだろ
さびしいな サッちゃん

歌の感想　　　　　　　　　　　　　　　　　　　歌の意味

この歌を色に表すと、どんな色を想像しますか。バナナの絵に色をぬってみましょう。その色を想像した理由を書きましょう。

理由	

歌詞：『童謡でてこい』河出書房新社 1986 p.202

【児童作品】

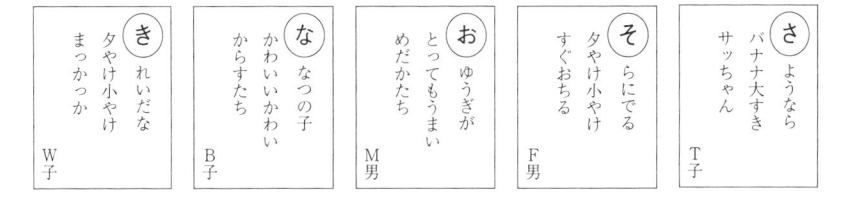

き	な	お	そ	さ
れいだな 夕やけ小やけ まっかっか	なつの子 かわいいかわいい からすたち	ゆうぎが とってもうまい めだかたち	らにでる 夕やけ小やけ すぐおちる	ようなら バナナ大すき サッちゃん
W子	B子	M男	F男	T子

6　単元を終えて

　童謡の世界を想像するには、曲を聴いただけでは難しい場合もあります。そこで、歌詞の音読と視写を行いました。それにより、想像を広げることができ、読み札の言葉もスムーズに考えられました。聴覚だけでなく視覚を使って想像させることで豊かなイメージをもつことができたようです。また、カルタ作りでは「五・七・五」にとらわれずに作らせましたが、自然に五・七調のリズムになっている作品が目立ちました。早く作り

117

第Ⅱ部　童謡を活用した国語教育の実際

終えた児童には、他の知っている童謡をもとに作らせると「古時計どうして古いの古時計」のように、同じ言葉を繰り返し使っている作品もあり、童謡の特徴であるリフレインを自然に感じ取っていたようです。また、かっとなると自分を押さえきれず、乱暴な行動をとってしまう男子がいましたが、『赤い靴』をよく口ずさんでいました。３年生に進級した本授業においても元気よく歌い、楽しそうにカルタ作りに取り組んでいたのです。童謡には、どの子も取り組める力をもっていることを実感しました。

第3章　小学校中学年での実践

> ミニ解説

『夕焼小焼』　作詞/中村雨紅　作曲/草川信

　夕暮れ時に日本の各地で時報として流されている『夕焼小焼』。この童謡を知らない子どもはいないと言えるほど、広く知られている童謡ですが、1923（大正12）年に発表されました。

> 　東京都八王子市の山村に生まれ育った中村雨紅は、東京都荒川区日暮里の小学校に勤める教師でした。それ故に、この童謡の故郷には八王子や日暮里の地名があげられていますが、どちらなのかは定かではありません。ですが、雨紅が帰省する際に八王子駅から家まで歩いた美しい夕暮れの景色が歌のイメージとして有力説のようです。一方、作曲者の草川信は長野市出身で、善光寺やその周辺の鐘の音を聞いて育ち、故郷の山々が夕焼に染まる風景が心に刻まれ、子どもたちに好かれるメロディーをつけたのです。この『夕焼小焼』は作詞者と作曲家の故郷での体験や、美しい夕映えへの思いが伴って生まれた童謡であり、日本の美しい山里の夕暮れの風景が描かれています。

> 　「夕焼小焼」の語句については、三木露風作詞『赤蜻蛉』（『樫の実』大正10年）にも見られますが、それ以前に北原白秋が『お祭』で「真赤だ、真赤だ。夕焼小焼だ。」と作詞をし、「赤い鳥」（大正7年）に発表しています。このことから、「夕焼小焼」の初出は北原白秋の『お祭』ではないかと考えられます。

歌の意味

> 　夕暮れ時まで元気いっぱいに遊ぶ子どもたち。夕暮れが迫り、時を告げるお寺の鐘が鳴るので、ねぐらに帰るカラスと一緒に、みんなで帰ろう。その後には、月が出て、星がまばたくという光景が描かれています。月並みの表現ですが、この詩には美しい夕景や日本人の故郷への思いが歌われています。

言葉・語句

《夕焼小焼》
　「小焼」の「小」ですが、語調を整えるための接頭語であると言われています。しかし、「小焼」という単語は存在しませんので、「夕焼」という語句の後について、語調を整えるために添える単語であると考えます。そうすることによって、「夕焼」がさらに強調されてくるように思われます。
　また、「夕焼小焼」という語句は、「夕焼け　小焼け　あした天気に　なぁれ」というわらべ唄にも見られます。日が沈みかけると外で遊んでいた子どもたちは名残惜しそうに、この唄を歌いながら帰るというわらべ唄ですが、「夕焼小焼」という語句には日本の子どもたちの生活の原風景を窺い知ることができます。

第Ⅱ部　童謡を活用した国語教育の実際

ミニ解説

『七つの子』　作詞／野口雨情　作曲／本居長世

　1921（大正10）年に「金の船」で発表された『七つの子』は、民謡として書かれた「山鳥」（『朝花夜花』第1集1907〈明治40〉年）が原作であると言われています。それは、「烏なぜ啼く／烏は山に／可愛い七つの／子があれば」という短詩です。その「あれば」を「あるから」に言い換えて、これに二連・三連を付け加えて、童謡『七つの子』が誕生しました。

　この童謡が作られた当時、「カア、カア」と啼く烏は日本のどこにでもいる鳥であり、子どもたちの生活においても身近な鳥でした。その鳥の啼き声を「可愛可愛」と感じ取って、第2連に表現していますが、このような感覚は新鮮で子どもたちだけでなく、母親にも共感をよんだことでしょう。この「可愛」は曲譜では〈かわいい〉と音符付けがなされていますが、雨情は〈かわい〉と振り仮名をつけています。古くは、〈かあい〉と読まれていましたが、次第に〈かわい〉に変わり、発音しやすい〈かわいい〉になったとされています。雨情は〈かわい〉の読みで表現し、長世は子どもたちの発音に合わせて〈かわいい〉と読んで作曲をしたようです。

　『七つの子』には二つの説があります。烏には七羽の子がいるという「七羽の子」という説と「七歳の子」と見る説です。母親に去られた七歳の子への哀れみの歌であるとする「七歳の子」の説と「七羽の子」の対立は、雨情自身の自筆解説文から「七羽の子」で書いたことが明らかになり、「七羽の子」と解釈されるようになりました。雨情は『童謡と童心芸術』（『名作童謡　野口雨情　100選』編著・上田信道・春陽堂・2005年）で、下記のように説明しているのです。

　　静かなる夕暮れに一羽の烏が啼きながら山の方へ飛んでいくのを見て少年は友達に、「何故烏はなきながら飛んでゆくのだろう」と尋ねましたら「そりゃ君、烏はあの向うの山にたくさんの子供たちがいるからだよ、あの啼き声を聞いて見給え、かわいかわいといっているではないか、その可愛い子供たちは山の巣の中で親がらすの帰りをきっと待っているに違いないさ」という気分をうたったのであります。

雨情は、「七」は具体的な数を表すのではなく、〈たくさんの〉という大まかな数を表すものと解釈していることが分かります。

　　　　　　　　　　　歌の意味

　山の古巣にいる丸い眼をした子烏たちを可愛く思う親烏が「カア、カア」となきながら子烏の待つ山へと飛んで行くのです。

　　言葉・語句

《古巣》
　古巣は、もともと「巣立った後の巣」を意味します。兄烏や姉烏が巣立った巣に、丸い眼をした子烏たちが親烏の帰りを待っているのでしょう。

第3章　小学校中学年での実践

ミニ解説

『コイノボリ』　作詞／近藤宮子　作曲者不詳

今でも、「子どもの日」の頃になると歌われている『コイノボリ』は、1931（昭和6）年に『エホンシャウカ（ハルノマキ）』（音楽教育書出版協会）に発表されました。

> 1913（大正2）年、音楽国定教科書『尋常小学唱歌』第五学年用に発表された『鯉のぼり』は高学年向きとして作られました。それに対して、この『コイノボリ』は低学年を対象とした歌と言えますが、一連の歌詞しかありません。その歌詞は全てカタカナで書かれ、「コドモタチ」は「コドモダチ」と記載されています。楽譜によっては、「オオキナ」「チイサナ」と表記されているものがありますが、正しくは「オオキイ」「チイサイ」です。

　真鯉の下にやや小さい緋鯉を吊すことがありますが、真鯉は黒、緋鯉は赤です。男の子の節句に歌われる歌ですので、この真鯉は「オトウサン」、緋鯉は「コドモダチ」と受けとめられます。お父さんの真鯉のように成長してほしいという願いが込められているようですが、お父さん鯉と子どもの鯉が楽しそうに遊んでいる姿にも見えてくるでしょう。
　この歌の緋鯉をお母さん鯉と受けとめる子どももいることでしょう。しかし、この歌には母親の姿が見られないのです。『コイノボリ』が作られた当時は男性優位の社会情勢時代でしたので、女性が登場できなかったのではないかと考えられます。
　このことは、山住正巳著『子どもの歌を語る』（1994　岩波新書）からも窺うことができます。「これは低学年の子どもたちがよく歌った歌である。しかし、一つおどろくべきことは、登場するのが「オトウサン」と「コドモダチ」だけであり、「オカアサン」がいないことである。たしかに、鯉のぼりは男の子のための縁起物であり、女性である母親が登場しないのは当時の強い男女差別意識からいって当然と受けとられていたであろうが、今、この歌詞を読むと異様な感がする。この歌は、もっとも出席するのが母親であっても名称は「父兄会」であったという当時の男性優位の状況のなかで、ごくあたり前のようにつくられたのであろう。」

歌の意味

　お父さんの真鯉と子どもの緋鯉が楽しそうに遊んでいる。その父さん鯉のように逞しく、元気のよい男子に成長して、強い日本の国を作ってほしい。

言葉・語句

《緋鯉》
　錦鯉との異名をもち、体色に赤みを帯び、斑紋（まだら）付きの鯉です。もともとは真鯉であり、そのの色彩が突然変異したものと考えられますが、江戸時代には、それが珍重され品種改良を重ねていったのです。

121

第Ⅱ部　童謡を活用した国語教育の実際

> ミニ解説

『めだかの学校』　作詞／茶木滋　作曲／中田喜直

　『めだかの学校』は1950（昭和25）年に発表された戦後の新しい童謡です。翌年、NHKラジオ『幼児の時間－歌のおけいこ』で放送されました。

　この童謡が作られたのは戦後の食料難の時期でした。芋を買い求めに小田原近くの農村へ出かけた時、用水路にめだかの群れを発見した6歳の長男が「お父さん、めだかがいるよ。」と叫んだのです。父親がのぞいてみると、人間の大きな声に驚いて逃げたのでしょう。めだかの姿は見えなかったのです。長男がつぶやきました。「また来るよ。ここは、めだかの学校だもん。」と。その時のことを思い出して、茶木はこの童謡を書いたそうです。

　『めだかの学校』という題名から、大正期の童謡『雀の学校』（作詞／清水かつら　作曲／弘田龍太郎）が浮かんできます。どちらも生き物の学校を歌っていますが、違いがあります。『雀の学校』は「雀の学校の先生は／むちを振り振り　ちいぱっぱ」であるのに対して、『めだかの学校』では「だれが生徒か　先生か」分からないとされており、しかも先に書かれているのが「先生」ではなく「生徒」なのです。『雀の学校』は大正期に作られ、『めだかの学校』は民主主義教育を理念とする戦後に作られた童謡ですので、その時代の学校教育の在り方が表れていると言われています。

　一連の「そっとのぞいて　みてごらん」、二連の「だれが生徒か　先生か」、三連の「みずにながれて　つーいつい」が3行目に繰り返されていますが、もともとの原稿には繰り返しは無かったのです。しかし、童謡は繰り返しがあった方が安定して覚えやすいという音楽的見地から、中田は作曲をする時に繰り返し部分を加えることにしたのです。

> 歌の意味

　春の小川にめだかの群れがよく見られたが、「だれが生徒か、先生か」分からない格好で元気よく泳いでいるめだかたちの様子は、まるで人間の学校のようだ。

> 言葉・語句

《めだか》
　めだか（目高）は、どこの小川にもいる体長3cmくらいの淡水魚です。背部は暗黒色、腹部は淡い灰色で、体の側面には小さな斑点があります。口は小さく、目が大きいので「目高」と言われています。身を守るために群れをなして泳ぐ光景がよく見られましたが、今では自然環境が破壊され、めだかが姿を消し、そういう光景がほとんど見られなくなってしまいました。しかし、めだかを取り戻そうとする人々の努力で、再びめだかや蛍、蛙などが復活しはじめています。

《つーいつい》
　めだかが、すいすい泳いでいる感じではない様子を「つーいつい」で表現しています。

ミニ解説

『サッちゃん』 作詞／阪田寛夫　作曲／大中恩

　1959（昭和34）年10月、NHKラジオ番組「うたのおばさん」で歌っていた松田トシが10周年記念音楽会を催した時に、作曲家グループ「ろばの会」の一員である大中 恩がいとこである阪田に作詞を依頼し、松田トシにプレゼントした童謡です。

> 　登場人物の性別や年齢が書かれていませんが、名前に「ちゃん」をつけて自分のことをよぶという歌詞の言葉から「サッちゃん」は２、３歳位の女の子で、「ぼく」は年齢が少し上の児童期初めの男の子と分かります。三連を通して書かれている「だけど　ちっちゃいから」には、男の子が幼い女の子をいたわる気持ちが表れています。また、一連の「ほんとはね」、二連の「ほんとだよ」、三連の「ほんとかな」からは、サッちゃんに対する男の子自身の心情がよく伝わってきます。

> 　話し言葉で表現されて、各連とも「報告（説明）」に対する「感想」という形で書かれています。一連・二連では１〜６行目にサッちゃんのことを家族や友だちに報告（説明）し、それに対する男の子の感想が最後の行で述べられているのです。三連は１〜６行目が男の子自身のつぶやきで、最後の行に自分のつぶやきに対する男の子の感想があり、ここにサッちゃんに対する男の子の気持ちが凝縮されていると言えるでしょう。

歌の意味

　幼い女の子を見守り、いたわるような男の子の気持ちが歌われています。その女の子「サッちゃん」が遠くに行ってしまうということを聞いて、男の子は寂しい気持ちをかくせないでいるのです。子どもだからこそ感じる寂しさもあるのです。

言葉・語句

《サッちゃん》
　この歌には実在のモデルがいたわけではありません。阪田がこの詩を書く時にふと思い出したのが、幼稚園の一級上にいたサッちゃんという女の子で、「サッちゃん」という名前の響きもよくてつけられた題名のようです。この詩に曲が付されて聞いた時のことを、阪田は「声を出して読んだ時の抑揚やリズムが、そのまま（拡大強調されて）旋律になっている」、「旋律が子供のお喋りの調子をうまく形どって、しかもやはり旋律としての個性と美しさを備えている」と『童謡でてこい』（1986　河井書房新社）の中で述べています。旋律とイントネーションがうまく結びついている童謡と言えるのです。

《ちっちゃいから》
　まど・みちおが「小さいから、子どもだから、どうしようもない世界がある。子どもはいつも明るく無邪気な世界に生きているわけではないし、子どもだからこそ痛切に感じる寂しさもある」と指摘しているように、この作品は寂しさが基調になっているのです。

第Ⅱ部　童謡を活用した国語教育の実際

第2節　童謡で表現活動〈続き話＆音読発表会〉
――小学3年生――

1　単元の目標
　○想像を広げながら童謡の続き話を書く。
　○童謡の一つ一つの言葉に着目して音読し、登場人物や情景の様子をつかむ。
　○童謡における言葉の響きやリズムを実感し、当時の人々の生活や思いを知る。

2　単元の趣旨
　童謡に登場する主人公は、その後どのようになったのでしょうか。その後の主人公について想像しながら続き話を書いたり、言葉の一つ一つに着目しながら音読をしたりするという表現活動を行います。そのような表現活動を展開するためには、やはり童謡における言葉の意味と内容の理解が必要です。そこで、発問を工夫したり、実物や写真を見せたりして、言葉に着目させながら言葉や童謡の内容を捉えさせていきます。
　本単元では、言葉や語句の理解を通して続き話を書き、音読発表会を行うという、理解と表現を関連させながら表現力を育てていくことをねらいとします。

3　単元の流れ［全3時間］

1時	○童謡を聴き、題名を当てたり主人公を探したりして童謡に親しむ。
2時	○『赤い靴』の内容をつかみ、続き話を書く。
3時	○気に入った童謡を選び、音読発表会をする。

第3章 小学校中学年での実践

4 授業の実際
[第1時] の授業

目標	・童謡の言葉の響きやリズムを実感し、童謡の共通点に気づき、当時の人々の生活や思いを知る。

学習活動と内容	○留意点　★評価
1　童謡を聴いて題名を当てる。	○題名当てワークシートにメモをとりながら聴いてもよいことを知らせる。
①『アメフリ』（北原白秋） ・「蛇の目」	○『アメフリ』の登場人物や主人公を想像させ、「蛇の目」など馴染みのない言葉に目を向けさせ、実際に蛇の目傘の実物を見せて捉えさせる。
②『かなりや』（西條八十） ・「……なりませぬ」	○『かなりや』の主人公について考えさせ、登場人物の会話の言葉にも着目させる。
③『青い眼の人形』（野口雨情） ・「セルロイド」	○どのような「青い眼の人形」を想像したか、題名当てワークシートにかかせる。 ○実物のセルロイド人形を見せて補足し、セルロイドについて捉えさせる。 ★言葉に着目して、当時の人々の生活や思いを感じ取っている。
2　三つの童謡の共通点について話し合う。 ・親子（母と子）が登場 ・主人公がいる ・昔ぽっい感じ、昔の言葉 ・同じ言葉の繰り返し	○共通点は何か、気づいたことを題名当てワークシートに書かせ、共通点から童謡の特徴について捉えさせる。 ★共通点に気づき、童謡の特徴について捉えている。
3　三つの童謡の中で、好きな童謡を選ぶ。	○選んだ理由もワークシートに書かせる。
4　まとめをする。	○感想を発表し、学習を振り返らせる。

125

第Ⅱ部　童謡を活用した国語教育の実際

[第2時] の授業

目標　・『赤い靴』の内容や言葉の意味をつかみ、続き話を書く。	
学習活動と内容	○留意点　★評価
1　『赤い靴』を聴いて、本時のめあてをつかむ。	○その後、登場人物はどのようになったのか、想像して続き話を書くというめあてをつかませる。
想像して、『赤い靴』の続き話を書こう。	
2　童謡『赤い靴』の世界を探る。 ・童謡の歌詞の音読 ・意味の分からない言葉や難しい言葉の意味をつかむ。 　「埠頭(はとば)」「異人さん」 ・登場人物を探す。 　「女の子」 　「異人さん」 　「赤い靴を見るたびに考える人」 ・童謡の主人公について話し合う。 　「赤い靴を見るたびに考える人」 　「男の子」 ・歌の意味をつかむ。 　「女の子はどんな思いで外国へ渡ったのだろうか」 　「〈行く〉でなく〈行っちゃった〉には、どんな思いが込められているのだろうか」	○童謡の歌詞を音読させることで、言葉の響きやリズムを実感させるとともに、意味の分からない言葉に着目させ、その言葉の意味をつかませる。 ○なぜ主人公が男の子だと思ったのか、主人公は何歳位なのか、話し合わせる。 ○言葉に着目させて考えさせ、教師が補足をして、歌の意味や当時の人々の生活や思いをつかませていく。 （意味）幼い子どもを連れて北海道の過酷な開拓地に入植することができないと親は考え、異人さんに女の子を預けてしまった。外国へ渡る時、赤い靴をはいた女の子は寂しくて心細かったことであろう。その女子のことを気にかける男の子がいるのである。 ★童謡の歌詞の言葉に着目して、歌の意味をつかんでいる。

126

2 その後の登場人物の様子を想像して、続き話をワークシートに書く。 　「女の子」は、どうなったのかな？ 　「異人さん」は、どうなったのかな？ 　「考える子」は、どうなったのかな？ 3 まとめをする。	○発問を通して、その後、登場人物や主人公がどのようになったのか想像しながら続き話を書くことができるようにする。 ○いつ、だれが、どこで、何をしたのか、に気をつけて書くようにさせる。 ★歌詞の言葉から想像を広げながら続き話を書いている。 ○児童から感想を聞き、まとめとする。

[第3時] の授業

目標　・童謡の気に入ったところや心に残ったところが分かるように音読をする。	
学習活動と内容	○留意点　★評価
1　本時のめあてをつかむ。	○三つの童謡の中から気に入った童謡を選んで、音読発表会をするというめあてをつかませる。
童謡の気に入ったところや心に残ったところが分かるように音読をしよう。	
2　三つの童謡を聴いたり音読したりして、言葉の意味や童謡の内容を知る。 　・『十五夜お月さん』 　・『肩たたき』 　・『栗鼠、栗鼠、小栗鼠』 　①『十五夜お月さん』（野口雨情） 　　・婆や、母さん、お暇、貰られて 　　・母さんに逢いたいと母を思慕している。 　②『肩たたき』（西條八十） 　　・罌粟、お縁側	○「罌粟」「葡萄の花」等の言葉の意味と童謡の内容を写真や実物を見せたり補足をしたりして捉えさせるようにする。 ○「婆や」「貰られて」の言葉の意味を補足し、当時の時代背景について知らせる。 ○罌粟の花や縁側の写真や絵を見せて、言葉の意味を捉えさせ、どのよ

第3章　小学校中学年での実践

127

・肩たたきをする子と母を罌粟の花が見守っている。 ③『栗鼠、栗鼠、小栗鼠』（北原白秋） ・小栗鼠、杏の実、山椒の露、葡萄の花 ・小栗鼠が素速く動いている様子がリズミカル 3　気に入った童謡を選んで、音読の練習をする。 ・童謡の歌詞の言葉で、気に入ったところや心に残ったところに線を引く。 4　音読発表会をする。 5　まとめをする。	うな場面なのか想像させる。 ○『肩たたき』の主人公は女の子なのか、男の子なのか想像させる。 ○実物の山椒の木を提示したり、葡萄の花や杏の実の写真を見せたりして、歌の雰囲気をつかませる。 ○『栗鼠、栗鼠、小栗鼠』は色彩が豊かであることに気づかせる。 ★童謡の歌詞の言葉に着目して、歌の意味をつかんでいる。 ○気に入った童謡が同じ人どうしで、二人組又はグループで音読発表をしてもよいことを知らせる。 ○発表する順を板書し、スムーズに音読発表会が行うことができるようにする。 ★気に入ったところや心に残ったところが分かるように童謡の詩を音読している。 ○児童から感想を聞き、まとめとする。

5 資料

【題名当てワークシート】

★童ようをきいて，題名（曲名）を当てましょう。

① ☐
② ☐
③ ☐

想ぞうした青い眼の人形の絵

★3つの童ようの共通点（似ているところ）は，何だと思いますか。

★3つの童ようで，好きな童ようはどれですか。

・好きな童よう ☐　　・その理由 ☐

．．．．．．．．．．．．．．．．．．．．．．．．．．．．．．．．．．．メ　モ．．．．．．．．．．．．．．．．．．．．．．．．．．．．．．．．．．．

【続き話作りワークシート】

★『赤い靴』その後の話

・いつ ☐　　・だれが ☐

・どこで ☐　　・何をしたか ☐

第Ⅱ部　童謡を活用した国語教育の実際

【児童作品】

ある日、男の子は女の子のことが心配で、お母さんに言って、アメリカへ行った。

何とか、赤いくつの女の子を見つけて、つれて行った異人さんに言ってみた。

「つれて帰っていいですか。」と言ったが、一つ約束をした。一年後にむかえに行くから、横浜のはとばへ来ること。

一年後、とうとう約束の日が来た。男の子はわかれたくなくて、女の子を家のすみにかくし、横浜のはとばまで行って、ことわった。

そしたら、異人さんはおこり、男の子を海へつき落としてしまったのだ。

それから、異人さんは女の子の家に行って、女の子をつれ出した。そして、女の子はアメリカがあきてしまい、異人さんとヨーロッパへ行った。

その頃、日本では男の子が海から出てきた。そして、家でたおれてしまった。

ヨーロッパでは、異人さんが「この子はなぜアメリカにあきたんだろう。もうアメリカには帰らないだろう。」と思って、異人さんはどこかへ行ってしまった。そして、女の子はどうしていいか分からず、悲しみのあまり死んでしまいました。

すると、男の子も死んでしまった。

二人は天国であえるだろう。

（Y男）

6　単元を終えて

他校での実践であり、児童たちは童謡を使って書くことの学習は初めてのようでしたが、どの子も楽しそうに取り組んでいました。曲を聴いて「題名を当てよう」というクイズ的な問いかけによって、「当てるぞ」「聴き漏らさないぞ」という意欲込みで聴こうとする態度が見られ、歌詞の言葉の一つ一つに耳を傾けていました。

このように、童謡を聴いて題名を当てる等の学習活動で、童謡に馴染ませ、親しませていくことができたのです。その結果、どの子も積極的に、そして、楽しく学習に参加することができました。特に、歌詞を音読することで言葉の響きやリズムを実感させ、内容を把握させるのに役立ち、想像しながら続き話を書く学習に生かすことができました。

本単元においては、明るくリズミカルな童謡だけでなく、母を思慕し、

母に逢いたいと願う孤独な少女の気持ちを歌った『十五夜お月さん』という寂寥感が漂う童謡も聴かせてみましたが、どの子も聴き浸っていました。曲が終わると、「うわー、悲しい」「悲しすぎる」とつぶやく声も聞かれましたが、母を恋しがる女の子の気持ちを感じ取っていたようです。

次は、『肩たたき』を聴かせました。すると、「タントン　タントン　タントントン」の歌詞になると肩たたきの真似をする児童の姿も見られました。この『肩たたき』の世界を想像させるためには、「罌粟」や「縁側」などの言葉について、補足だけでは捉えられないと考え、写真や絵を提示しました。写真や絵という視覚による資料によって、子どもたちは肩たたきをしている母子の様子やその場面を具体的に思い浮かべることができたようです。

最後は、『栗鼠、栗鼠、小栗鼠』です。とてもリズミカルで、子どもたちには一番人気のあった童謡です。この童謡でも、実物の山椒の木や写真を見せたりして、この童謡の雰囲気を感じ取らせましたので、小栗鼠が素速く動き回る様子をイメージ化することができました。中には、曲に合わせて口ずさんでいる子もいました。どの子も『栗鼠、栗鼠、小栗鼠』を音読する時は、歌うような調子でリズミカルに声に出して読んでいたのです。この詩自身が持つ言葉のリズムを自然に感じ取っていたことが分かります。

続き話を書く段階では、ストーリーを考えることの難しさがありますが、子どもたちがすぐに取り掛かり書き始めたことには驚きました。童謡を聴いたり音読したりしているうちに、自分なりの想像が広がってきたのではないかと思われます。想像をはたらかせて書くことの面白さを実感したのではないでしょうか。さらに、驚いたことは、わずか1時間の中で、歌の意味を知り、音読練習をし、音読発表会がスムーズにできたことです。子どもたちの意欲と集中力の強さに感心させられました。その音読発表会では、4～5人グループが多く見られましたが、どのグループも堂々と、生き生きとした表情で音読をしていたのです。音読発表を終えた子どもたちの顔には満足感や充実感が見られ、どの子も輝いていました。

第Ⅱ部　童謡を活用した国語教育の実際

　本単元では『赤い靴』を使っていますが、他にも続き話を書くという取り組みに適した童謡があります。『やぎさんゆうびん』や『浦島太郎』です。黒やぎさんと白やぎさんが互いに手紙を食べてしまったという『やぎさんゆうびん』では、「その後、黒やぎさんと白やぎさんはどんなことをしたのでしょうか」など、続き話を書かせてみると面白い作品が生まれるのではないでしょうか。また、『浦島太郎』でも、「白髪のお爺さんになってしまった浦島太郎は、その後どのように過ごしたのでしょうか」など、想像しながら続き話を書いていくことも、書くことの学習を積極的にするものと考えます。

ミニ解説

『赤い靴』　作詞／野口雨情　作曲／本居長世

　1921（大正10）年に「小学女生」12月号で発表された『赤い靴』には、実在のモデルが存在し、横浜の山下公園にはこの童謡にちなんだ女の子の像が建てられています。

> 　実在のモデルとされているのは〈岩崎きみ〉という少女でした。母親の岩崎かよは、函館で鈴木志郎と知り合って再婚し、平民農場を開拓しようと決心をしましたが、幼い子どもを連れて過酷な開拓地へ行くことできず、やむなく、アメリカ人宣教師夫妻の養女に出しました。しかし、厳しい自然や資金難で2年ほどで挫折。志郎は札幌の「北鳴新報社」に入り、その後「小樽日報」に就職しました。この頃、同じ新聞社で働き隣家に住んでいた雨情は、母親のかよから幼い子どもを外国人の養女に出した話を聞き、この『赤い靴』を書いたと言われています。しかし、きみは結核を患い、宣教師ヒュエット夫妻に帰国命令が出されて渡米することになった時には、長い船旅に耐えられる状態ではありませんでした。夫妻は6歳のきみを東京の鳥居教会の孤児院（現・麻布一丁目「十番稲荷神社」の境内）に預けて帰国しました。きみは、アメリカへ渡ることなく、ここで9歳の短い生涯を寂しく閉じたのです。このことを知らない雨情は、きみが外国へ渡ったものと思い、『赤い靴』を創りました。

歌の意味

　事情があって、異人さんに預けられ、外国へ渡る女の子はかわいそうに、どんなに寂しかったことでしょう。その女の子のことを気にかける男の子がいたのです。

言葉・語句

《赤い靴》
　普段、下駄や草履を履いている人が多かった時代に、靴は外出する時など特別の場合であり、西洋風な履き物でした。赤い色は、その当時の女子にとっては憧れの色だったのでしょう。
《異人さん》
　外国の人のことです。雨情はアメリカ人の宣教師をイメージしています。
《つれられて》
　自分から行きたいというのではなく気が進まず、無理に連れて行かれる様子がうかがえます。
《行っちゃった》
　「しちゃった」と言うのは江戸の町でよく使われた上品でない言葉。「行っちゃった」なので、行ってほしくないのに、行ってしまったという意味。「行っちゃった」「なっちゃって」と、同音をたたみかけるように繰り返しているので効果的です。
《横浜の埠頭》
　当時は、北米へ渡航する人の大部分が横浜から乗船して、シアトルへ渡ったようです。埠頭は港にある船を横づけして、旅客の乗り降りや貨物の揚げ下ろしをするための所。
《青い眼に　なっちゃって》
　外国の暮らしに馴染んで、外国人のようになってしまったのかもしれない。幸せになってほしいと願っているのでしょう。

第Ⅱ部　童謡を活用した国語教育の実際

第3節　童謡ガイドブックを作ろう──小学4年生──

1　単元の目標
○童謡について調べたことを整理して書き、当時の人々の生活や思いを知る。

2　単元の趣旨
　「童謡ガイドブックを作ろう」は、教科書単元「調べたことを整理して書こう」の発展として設定しています。教科書教材『昔のことを調べよう』で、昔のことを調べ、調べたことがよく分かるように内容を整理して書く学習をします。それを文集にして、お世話になった人や地域の人に配布し、読んでもらうという教科書単元です。本単元においては、その教科書単元で学習したことを生かし、相手意識を明確にして「童謡ガイドブック」を作る学習活動を展開していきます。
　そこで、まず、「子どもが歌うための詩」として作られた童謡や昔の歌について調べることにしました。「昔の子どもはどんな歌を歌っていたのかな」「おばあちゃんから聞いたことがあるよ」「昔の子どもの歌を聴いて、調べてみたい」という感想や疑問をもとに、調べたことを「童謡ガイドブック」にしていくのです。
　「童謡ガイドブック」を作ることで、調べて書くという力を育て、童謡の言葉の響きやリズム、当時の人々の生活や思いなどをつかませていくことをねらいとしています。

3　単元の流れ［全4時間］

1時	○童謡を聴いて題名を当てたり、主人公を探したりして童謡に親しむ。 ・『アメフリ』『肩たたき』『青い眼の人形』

2時	○「童謡ガイドブック」の作り方を知り、童謡一覧表の中から調べたい童謡を各自で選び、本や資料、パンフレット、コンピューターなどで調べる。
3時	○読み手を意識して、調べたことをワークシートに整理して分かりやすく書く。
4時	○自分の「童謡ガイドブック」の表紙の絵をかく。（図工）

4　授業の実際
［第3時］の授業展開

目標	・資料やパンフレット、本、コンピューターなどで調べたことを、読み手を意識して、ワークシートに整理して分かりやすく書く。

学習活動と内容	○留意点　★評価
1　調べたことを書くためのポイントを知る。 　・読み手が読みやすいように書く。 　・丁寧な文字で書く。 　・調べた時の感想を記入する。	○書き方のポイントを板書して捉えさせるようにする。
2　ワークシートに、整理して分かりやすく書く。 　・「歌詞の視写」→難しい文字には振り仮名をつける。 　・「調べたこと」→箇条書きで、書いてもよい。 　・「感想」→調べて分かったことや思ったことなどを書く。	○歌詞の視写は縦書きにして、挿絵を入れてもよいことを知らせる。 ○調べたことを書く時は、縦書きでも横書きでもよく、書きやすい書き方を選ばせる。 ○難しい言葉や意味の分からない言葉があったら、辞書で調べたり教師に聞いたりするように助言をする。 ○書き終えたら、読み直しをさせるようにする。 ★読み手を意識しながら、整理して分かりすく書いている。
3　まとめをする。	○学習を振り返り、感想を書かせる。

第Ⅱ部　童謡を活用した国語教育の実際

5　資料

【童謡一覧表】

1 『七つの子』	18 『ナイショ話』	35 『花嫁人形』
2 『青い眼の人形』	19 『どんぐりころころ』	26 『小さい秋みつけた』
3 『赤い靴』	20 『揺籃の歌』(ゆりかご)	37 『ぞうさん』
4 『証城寺の狸囃子』	21 『かめもの水兵さん』	38 『夕焼小焼』
5 『あの町この町』	22 『叱られて』	39 『めだかの学校』
6 『十五夜お月さん』	23 『どこかで春が』	40 『サッちゃん』
7 『俵はごろごろ』	24 『おみやげ三つ』	41 『黄金虫』
8 『雨降りお月さん』	25 『雀の学校』	42 『栗鼠、栗鼠、小栗鼠』
9 『兎のダンス』	26 『靴が鳴る』	43 『金魚の昼寝』
10 『青い鳥小鳥』	27 『赤蜻蛉』	44 『夕日』
11 『からたちの花』	28 『てるてる坊主』	45 『早起き時計』
12 『アメフリ』	29 『春よ来い』	46 『どんぐりころころ』
13 『待ちぼうけ』	30 『どじょっこふなっこ』	47 『お山の大将』
14 『かなりや』	31 『うさぎとかめ』	48 『赤い帽子白い帽子』
15 『鞠と殿さま』	32 『月の沙漠』	49 『りんごのひとりごと』
16 『肩たたき』	33 『かわいい魚やさん』	50 『めえめえ児山羊』
17 『グッド・バイ』	34 『お猿のかごや』	

第3章 小学校中学年での実践

【童謡ガイドブックワークシート】

童謡ガイドブック　年　組　名前

曲名
作詩者

視写

調べたいこと・聞いたこと

《わかったこと・感想》

第Ⅱ部　童謡を活用した国語教育の実際

【児童作品】

「童謡ガイドブック」ワークシート　『夕焼け小焼け』

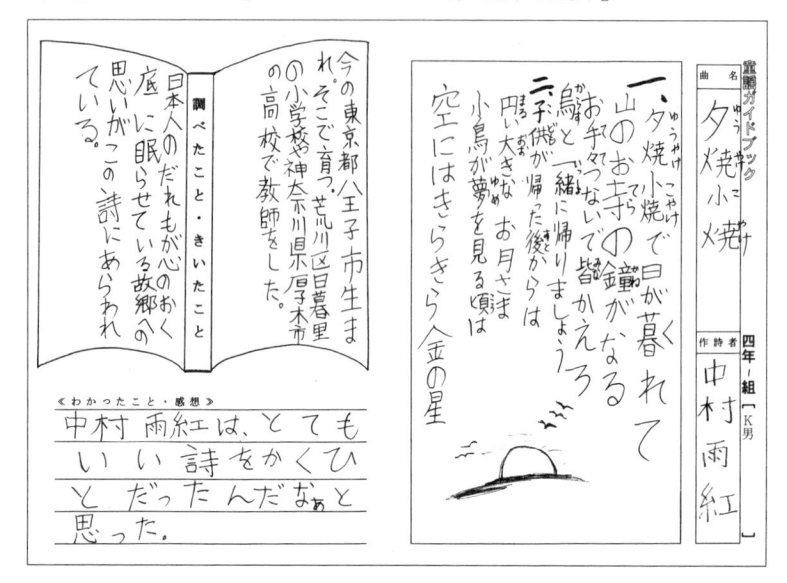

```
童謡ガイドブック
曲名　夕焼け小焼け
作詩者　中村雨紅
四年　組　K男

一、夕焼小焼で日が暮れて
　山のお寺の鐘がなる
　お手々つないで皆かえろ
　烏と一緒に帰りましょう

二、子供が帰った後からは
　円い大きなお月さま
　小鳥が夢を見る頃は
　空にはきらきら金の星

調べたこと・きいたこと
今の東京都八王子市生まれ、そこで育ち、荒川区日暮里の小学校や神奈川県厚木市の高校で教師をした。

日本人のだれもが心のおく底に眠らせている故郷への思いがこの詩にあらわれている。

《わかったこと・感想》
中村雨紅は、とてもいい詩をかくひとだったんだなぁと思った。
```

6　単元を終えて

　本実践も他校の4年生と取り組んだ実践です。童謡についての調べ学習を効率的に行うことができるように、童謡一覧表の童謡詩人のことや童謡の内容などが記載されているパンフレットや資料を用意しました。本単元では、これらの資料がテキストになったわけです。児童からは、童謡一覧表の中の曲を聴いてみたいという声が出されましたので、曲を聴かせながら調べ学習を展開しました。

　　○「歌を聴いて題名を当てたり、三つの曲の似ているところを考えたりして、とてもおもしろい授業だった。こういう授業は初めてだった。」
　　○「昔の歌を聴いて楽しかったです。『アメフリ』の歌が一番よかったです。理由はリズムがよかったし、ほんとに雨がふっているようで楽しかったからです。」

　これらの児童の感想から、童謡をテキストとして利用した面白さや、童

謡の言葉から自分なりに感じ取ったことを書く楽しさを実感したことが分かります。

　○「とても分かりやすくて45分でいろいろなことを知りました。童謡ガイドブックをはやく作って、もっと昔の歌を知っていきたい。」

　この児童の感想からは知らなかったことを知る楽しさや面白さを実感でき、もっと知りたいと思うようになったことが窺われます。他にも童謡のことを知りたいという児童は多数見られました。知りたいという気持ちが童謡を調べて書くという学習を意欲的にし、どの児童も熱心に取り組むことができたのです。また、分からないことや難しい言葉があれば教師に聞いたりコンピューターで調べたりして、分かったことを自分なりに考えて書くことができました。想像する楽しさや知る喜びを実感することは、充実感や満足感の味わえる学習を構築するものと確信します。

第4章　小学校高学年での実践

　経験したことや想像したことなどをもとに俳句や短歌を作ったり、物語や随筆などを書いたりすることが「書くこと」の学習で重視され、日本の伝統的な言語文化に親しむことが強調されています。そこで、高学年では伝統的な言語文化である童謡の世界で想像したことをもとに俳句や短歌を作るという単元と、童謡の歌詞の言葉から想像して「なりきり作文」を書くという単元を設定しました。

　俳句や短歌の創作も「なりきり作文」も童謡を媒介にして、「リライト」の一例である「翻作法」を使っていますが、「リライト」を使うことに関しましては、第Ⅰ部第4章第2節で述べている通りです。俳句や短歌を作ったり、「なりきり作文」を書いたりする創作活動を通して童謡の世界を味わうことができるようにします。

第1節　童謡の世界を想像して創作活動をしよう
——小学校5年生——

　平成21年7月13日・14日に千葉県印西市立小倉台小学校第5学年1組・2組・3組において授業研究を行いました。この授業研究をもとに、筑波大学大学院修士課程論文をまとめ、童謡を活用した国語科教育について追究することができました。本節は、第Ⅰ部「童謡と国語教育」の理論編を検証するために展開しました授業研究の分析と考察です。

第Ⅱ部　童謡を活用した国語教育の実際

第1項　童謡を活用した国語科学習指導案

1　単元の目標
○言葉の響きや言葉のリズムなど言葉に着目し、童謡に興味関心をもつことができる。
○言葉の一つ一つに着目して曲を聴いたり、補足を聞いたりすることができる。
○童謡作品の内容を想像し、登場人物の心情や情景の様子を捉え、自分なりの解釈をもつことができる。
○童謡作品をもとに、想像したことや思ったことを俳句や短歌に表すことができる。
○童謡における言葉のリズムを実感し、昔の人々の物の見方や感じ方に関心をもつことができる。

2　単元の趣旨
　学習指導要領において「我が国の言語文化を享受し継承・発展させる態度を育てることに重点を置いて内容の改善を図る。」と国語科改訂の趣旨が示され、「我が国の言語文化に触れて感性や情緒をはぐくむことを重視する。」と改善の方針が出されました。このことからも、国語科教育は我が国の言語文化を継承・発展させていく大きな使命をもつものであると言えるのです。
　そこで、本単元は学習指導要領「B書くこと」内容（2）ア「経験したこと、想像したことなどを基に、詩や短歌、俳句をつくったり、物語や随筆などを書いたりすること。」、〔伝統的な言語文化と国語の特質に関する事項〕ア（ア）「親しみやすい古文や漢文、近代以降の文語調の文章について、内容の大体を知り、音読をすること。」（イ）「古典について解説した文章を読み、昔の人のものの見方や感じ方を知ること。」を受けて設定しました。

第4章　小学校高学年での実践

　童謡につきましては、大正期の童謡詩人の童謡観や児童観の比較を通して、「大人が子どもに向けて書いた歌われるための詩」として童謡を捉えていくこととします。
　本単元では童謡を媒介にして、「リライト」の一例である「翻作法」を使い、俳句や短歌の創作を行っていくわけですが、媒介にする童謡作品は〈十五夜お月さん〉〈アメフリ〉〈肩たたき〉です。これらの作品を媒介にするのは次のような理由からです。〈十五夜お月さん〉は、歌う詩として韻律にこだわり誰にでも分かる言葉で表現された野口雨情の作品です。この童謡について、「大正期の童謡には、前途への希望を持った明快的な童謡より、むしろ幼少期を抒情的に回顧したものが多く、抒情即ち哀愁と解されて、悲調をおびた作品が続出することとなったのである。この〈十五夜お月さん〉も、その典型的な作品の一つと言えよう」[1]と上笙一郎が述べていますように、何とも悲しい詩ですが、子が母を慕う思慕の情が強く表れている童謡です。〈アメフリ〉は擬声音や擬態語が頻用されている「わらべうた」を童謡創作の根底にすえた北原白秋の作品です。全連の後半で繰り返される「ピッチピッチ　チャップチャップ　ランランラン」というオノマトペ（擬音）が可愛く、子どもたちには共感を誘う童謡です。「ピッチピッチ」は雨が地面に落ちる音、「チャップチャップ」は子どもが長靴で水溜まりを歩く音、「ランランラン」は子どもの弾む気持ちを表現した作品であると言われています。この童謡も子どもの母親に対する親愛の情が物語的に表現されており、母さんが傘を持って迎えにくる子どもの嬉しさや、友だちに傘を貸そうとする相手を思う気持ちが伝わってくる童謡です。〈肩たたき〉は、色彩的イメージで組み立てられている西條八十の作品です。「真っ赤な罌粟が笑ってる」からは色鮮やかな真っ赤な罌粟の花が目に浮かんできます。その罌粟の花が、肩たたきをする母子の姿をあたたかく見守っている印象を受ける童謡です。
　これら三つの童謡にはそれぞれ特徴を持っていますが、子どもの心に根

---

1 ）上笙一郎（2005）『日本童謡事典』東京堂出版　p.193

第Ⅱ部　童謡を活用した国語教育の実際

ざし、家族（母親）や自然と関わり合って生きている様子が描かれています。このような童謡作品を媒介にすることは、大正期の童謡の今日的意義の追体験を可能にするものと考えたのです。

　また、本授業研究は「翻作法」を使って、「五・七・五」「五・七・五・七・七」という型を借りて俳句や短歌という定型詩に言葉を置き換える実践であり、置き換えることによって、童謡の世界を想像させ、童謡を深く味わわせることになり、豊かなイメージをもつことができるのではないかと考えて取り組んだものです。豊かなイメージをもつとは、童謡における事柄と事柄との関係を把握し、自分なりの解釈をもつことであると捉えました。

　本校は印西市のニュータウンに設立された開校19年目の学校で、市内では児童数が一番多い学校です。第5学年は3学級あり、1組26名、2組26名、3組26名で、学年の児童総数は78名です。授業研究を行うに当たり、次のような実態調査を実施しました。

児童実態調査　　　（平成21年6月30日実施、対象児童：第5学年児童78名）
① 「俳句」について知っていますか。
・「はい」（58％）「俳句とは何ですか。」

```
＊聞いたことはあるが意味はわからない（10名）　＊五・七・五の文（5名）
＊『ちびまるこちゃん』でともぞうがよく作っているもの（3名）
　　　　　　　　　　　　　　　　　　　　　＊五・七・五（3名）
＊五・七・五の言葉（1名）　　　　　＊五・七・五の詩（1名）
＊昔の詩（1名）　＊短い詩（1名）　＊短い文（1名）　＊古い文（1名）
＊松尾芭蕉などが書いた五・七・五の文で景色を文にする（1名）
```

〈知っている理由〉

```
学校で習った（9名）　　　　　　　暗記させられた（6名）
アニメで見た［『ちびまるこちゃん』でともぞうがよく作っていた］（5名）
テレビで見た（3名）　　　　　　　本で見た（2名）
ニュースで見た（1名）　　　　　　小学生新聞で見た（1名）
```

姉から聞いた（1名）	友だちから聞いた（1名）

・「いいえ」（42%）

② 「短歌」について知っていますか。

・「はい」（21%）　「短歌とは何ですか。」

＊短い歌（11名）	＊五・七・五・七・七（2名）
＊聞いたことはあるが意味は分からない（1名）	

〈知っている理由〉

聞いたことがある（3名）	テレビで見た（2名）
習ったことがある（1名）	作ったことがある（1名）
ニュースで見た（1名）	

・「いいえ」（79%）

③ 「俳句」を作ったことがありますか。

・「はい」（10%）　「それはいつ頃ですか。」

＊つい最近（2名）　＊3〜4年生の頃（2名）　＊3年生の時（1名）
＊小学1年生（1名）

・「いいえ」（89%）

・「無回答」（1%）

④ 「短歌」を作ったことがありますか。

・「はい」（3%）　「それはいつ頃ですか。」

＊つい最近（1名）　　＊3〜4年生の頃（1名）
＊4年生の時（1名）

・「いいえ」（94%）

・「無回答」（3%）

⑤ 「童謡(どうよう)」について

・「童謡」という言葉を聞いたことがない。（40%）

第Ⅱ部　童謡を活用した国語教育の実際

・「童謡」という言葉を聞いたことがあるけれど、「童謡」が何であるかは知らない。（51％）
・「童謡」について知っている。（6％）
〈知っている理由〉

| 小さい頃にきいていた（2名）　　テレビでやっていた（1名） |
| 本とかにのっていた（1名） |

〈どんなことを知っていますか〉

| 昔からの歌（1名）　　　　　　子どもがきく歌（1名） |
| 日本の子どもの歌（1名）　　　〈春の小川〉のようなわらべうた（1名） |
| 〈森のくまさん〉（1名） |

・「無回答」（3％）

　以上の結果から、俳句については過半数の児童が知っていると答えているが俳句についての捉え方は多様であると言えます。短歌を知っていると答えた児童は21％で全体の約1／3であり、短歌の捉え方は俳句よりさらに不十分です。俳句を作ったことのある児童は10％と少なく、短歌になると3％と極めて少なくなっています。児童にとっては短歌より俳句の方が馴染みがあるようです。童謡については、童謡という言葉を聞いたことがないと答えた児童は40％で半数近くいます。約半数の児童が童謡という言葉は聞いたことがあるが、その意味は知らないと答えています。知っているという児童は僅か6％で、童謡というものは〈春の小川〉や〈森のくまさん〉〈わらべうた〉のようなものであり、子どもの歌であると捉えていることが分かります。

3　単元の流れ［全3時間］

| 1時 | ○五・七・五の言葉遊び（季語のない五・七・五を含む）をしたり、百人一首カルタ取りをしたりして、俳句や短歌について知る。 |

2時	○童謡の詩を音読し、詩の世界を想像する。 　・〈アメフリ〉（北原白秋）　　　・〈肩たたき〉（西條八十） 　・〈十五夜お月さん〉（野口雨情） ○三つの中から好きな童謡の詩を選んで、俳句や短歌を作る。 　※童謡の詩のカードを参考にして句作をする。 ○俳句や短歌にした童謡の詩を選んだ理由を記入し、本時の感想を書く。
3時	○童謡を聴いて、題名（曲名）を当てたり登場人物などを探したりする。 　・〈十五夜お月さん〉（野口雨情）　　・〈肩たたき〉（西條八十） 　・〈アメフリ〉（北原白秋） ○三つの詩の共通点は何か話し合い、童謡の特徴について知る。 ○三つの中から好きな童謡を選んで、俳句や短歌を作る。 　※歌詞カードも参考にして句作をする。 ○俳句や短歌にした童謡を選んだ理由を記入し、本時の感想を書く。

4　授業の実際

［第1時］の授業

目標	五・七・五の言葉遊びや百人一首カルタ取りに興味をもち、俳句や短歌について知る。	
学習活動と内容		○留意点　★評価
1　本時のめあてをつかむ。		○俳句や短歌について知っていることがあったら発表させ、本時のめあてをつかませる。
俳句や短歌のことを知ろう。		
2　俳句について知る。 　・五・七・五の言葉遊び 　・2種類の句の比較 　・俳句→五・七・五の短い詩、季語		○季語のない五・七・五の句を提示したり作らせたりして五・七・五の言葉遊びをする。 ○季語のある五・七・五の句を提示し、季語のない句との比較をして、俳句について知らせる。 ○字余り、音数の数え方にも触れるよ

第Ⅱ部　童謡を活用した国語教育の実際

	うにする。 ★興味をもって五・七・五の言葉遊びに取り組み、俳句について捉えている。
3　百人一首カルタ取りをして、短歌について知る。 ・短歌→五・七・五・七・七の短い詩	○教師が読み札を読み、グループ毎に取り札をとらせ、五・七・五・七・七のリズムを耳から感じ取らせるようにし、短歌について知らせる。 ★興味をもって百人一首カルタ取りに参加し短歌について捉えている。
4　本時の感想を書く。	○振り返りカードに感想などを書かせ、まとめとする。

[第2時] の授業

目標	・詩の言葉の一つ一つに着目して話を聞いたり音読したりして、素朴な言葉の響きや言葉のリズムに興味をもつ。 ・童謡の詩の内容を捉え、想像したことや思ったことを俳句や短歌に表す。
学習活動と内容	○留意点　★評価
1　本時の学習のめあてをつかむ。	○言葉に着目して詩の世界を想像し、俳句や短歌を作るという本時のめあてをつかませる。
詩の世界を想像して、俳句や短歌を作ろう。	
2　童謡の詩を音読し、話し合う。	○本時では曲を聴かせないため「詩」として提示する。 ○三つの詩を音読させることにより、文語調的な言葉の響きに馴染むことができるようにする。
①〈アメフリ〉（北原白秋） ・「蛇の目」 ・「さしたまえ」	○「蛇の目」に着目させ、実物の蛇の目傘を見せたり触らせたりして、連想する言葉が出しやすいようにする。 ○季節や文語調の言葉に着目させる。

②〈肩たたき〉（西條八十） ・「お縁側」 ・「罌粟」	○どこで、だれが、何をしているのか捉えさせ、日がいっぱいさす暖かい縁側で、肩たたきをする母子の様子を想像させる。 ○「縁側」について、写真を見せて説明する。 ○「罌粟が咲いている」ではなく「罌粟が笑ってる」という言葉や季節に着目させる。
③〈十五夜お月さん〉（野口雨情）	○「婆（かか）や」「母（かか）さん」「お暇」「貰られて」などの言葉に着目させ、当時の時代背景にも触れるようにする。 ○言葉のやわらかさや響き、季節にも着目させる。 ★三つの童謡の詩の世界を言葉に着目して想像している。
3　俳句や短歌について確認をし、三つの中から好きな童謡の詩を選んで俳句や短歌を作る。	○前時の学習を想起させ、確認をする。 ○好きな童謡を一つ選ばせ、どの童謡をもとにして作ったのかが分かるように句作をさせる。 ○童謡の詩のカードも参考にして作らせ、出来上がった作品を短冊に書かせるようにする。 ○俳句か短歌のどちらか一つを作らせ、作り終えた児童には両方作らせるようにする。 ★好きな童謡の詩を選んで、俳句や短歌を作っている。
4　本時の感想などを書く。	○俳句や短歌にした童謡を選んだ理由や、本時の学習の感想をカードに書かせ、まとめとする。

第Ⅱ部　童謡を活用した国語教育の実際

[第3時] の授業

目標	・童謡の言葉の一つ一つに着目して聴いたり音読したりして、リズミカルで素朴な言葉の響きを楽しむ。 ・童謡の内容を捉え、想像したことや思ったことを俳句や短歌に表す。

学習活動と内容	○留意点　★評価
1　本時のめあてをつかむ。	○〈十五夜お月さん〉を聴いて題名を当てさせたり感想を発表させたりして、本時のめあてをつかませる。
童謡の世界を想像して、俳句や短歌を作ろう。	
2　〈十五夜お月さん〉に登場する人物（物）や主人公を探し童謡の世界を想像する。 　・妹、婆や 　・母さん、わたし 　・十五夜お月さん	○もう一度曲を聴かせ、探すことができるようにする。 ○主人公の「わたし」は、どのような子なのか、どんな気持ちでいるのか想像させる。
3　〈肩たたき〉を聴き題名を当てたり、登場人物（物）を探したりして童謡の世界を想像する。 　・母さん、子ども 　・罌粟の花、白髪 　・お縁側	○曲を聴いた感想などを発表させ、「タントン　タントン　タントトン」というリズミカルな言葉に着目させるようにする。 ○肩をたたいている子どもの様子を想像させる。 ○「白髪」について補説をする。
4　〈アメフリ〉を聴き、題名を当てたり、登場人物（物）を探したりして童謡の世界を想像する。 　・母さん、ぼく 　・あの子、蛇の目 　・鐘、カバン	○曲を聴いた感想などを発表させ、「ピッチピッチ、チャップチャップ、ランランラン」の軽快なリズムが可愛い雰囲気を出していることに気づかせる。 ○なぜ「うれしい」のか、ボクの気持ちを想像させる。 ○「カバン」は今のランドセルとは違い、布製で肩から斜めにかけるサック（袋物）であることを知らせ、生活風俗が変化してきたことを捉えさせる。

5　三つの童謡の共通点について話し合う。 　・人間が登場する 　・同じ言葉の繰り返し 　・昔っぽい 　・曲、歌になっている	★登場人物を探し、言葉に着目して童謡の世界を想像している。 ○歌詞の掲示物や板書も参考にさせて話し合わせる。 ○「童謡」の特徴について、とらえることができるようにする。
6　三つの童謡の中から好きな童謡を選んで、俳句や短歌を作る。	○曲を聴いて好きな童謡が変わる場合もあるので好きな童謡を再度選ばせ、どの童謡をもとにして作ったのかが分かるように句作をさせる。 ○童謡の歌詞カードも参考にして作らせ、出来上がった作品を短冊に書かせるようにする。 ○俳句か短歌のどちらか一つを作らせ、作り終えた児童には両方作らせるようにする。 ★好きな童謡を選んで、俳句や短歌を作っている。
7　本時の感想などを書く。	○童謡を選んだ理由や、本時の学習の感想をカードに書かせ、まとめとする。

第２項　学習指導の過程

　本授業研究における学習指導の記録を以下に提示します。第１時はオープンスペースで学年全体で取り組み、第２・第３時は各教室で授業展開を行いました。第２時・第３時の学習指導記録は抽出学級の記録です。

（１）第１時　学習指導記録　：７月13日
　教師は本時のめあてを板書し、俳句や短歌の学習することを捉えさせ、ワニのテントがあり、近くにコスモス畑のある小倉台小に関係する教師作

成の俳句2句を提示。

 T1：みなさんの様子を見て、作ってみました。
  おぐらだい　コスモス似合う　今もなお（この句を考えた教師の気持ちを話す。）
  おぐらだい　ワニのテントに　さくら舞う（二つの句を離して掲示する。）
 T2：この二つを見て、何か気づいたことがありますか。
 C1：どちらも小倉台のことを書いている。
 C2：前の方は個人のことが書いてあって、後の方は小倉台小のことを書いている。
 C3：左はしと右はしが五文字で、真ん中が七文字
 C4：五・七・五
 C5：どちらも季節のことが入っている。
 T3：季節を表す言葉を季語と言います。この季語の入っている五・七・五を俳句と言います。この二つの俳句では季語はどれですか。
 C6：最初の俳句はコスモス
 C7：後の方の俳句はさくら
 T4：コスモスが季語ですね。季節は？
  C：（「秋」と答える。）
 T5：さくらが季語ですが、季節は？
  C：（「春」と答える。）
 T6：次の二つは意味が同じことです。声に出して読んでみましょう。
  ㋐ 行く春を　近江の人と　惜しんだ　　㋑ 行く春を　近江の人と　惜しみける [2]
 T7：どちらの句が気に入りましたか。それは何故ですか。
 C8：㋑の方で、惜しみけるのけるがかっこいいから。
 C9：㋐の「惜しんだ」より、㋑の「惜しみける」の方が言いやすい。
 T8：㋐の方は「五・七・四」で、㋑の方は「五・七・五」になっています。
  「五・七・五」になっていると、言葉の調子やリズムがいいですね。
  俳句でも言葉のリズムがあるんですね。

2）長谷川櫂（2005）『一億人の俳句入門』講談社　p.17

T 9：俳句にはルールがあります。（長音や促音、撥音、拗音の音の数え方や、字余りについて、カードを掲示して知らせる。）
T10：では、「短歌」とは何でしょうか。
C10：短い歌
C11：カルタ
C12：百人一首
T11：百人一首の中の二つの短歌を掲示しました。どちらの短歌が好きですか。

めぐりあひて　見しやそれとも　わかぬまに　雲がくれにし　夜半(よは)の月かな（紫式部）

夜をこめて　鳥のそらねは　はかるとも　よに逢坂(あふさか)の　関はゆるさじ（清少納言）

C13：上の方の短歌が好きです。作った人が紫式部だから。（多くの児童が同様）
T12：この二つの短歌で気づいたことがありますか。指で数えると、どうでしょう。
C14：五・七・五・七・七
T13：この短歌に季語は入っていますか。
　C：（「無い」と答える。）
T14：短歌は俳句と違って、特に季語を必要としない五・七・五・七・七の短い詩です。
（この後、実際に各グループに分かれて、百人一首カルタ取りを行う。）

「俳句」の捉え方が様々である児童に、いきなり「俳句」の季語や音数などについて知らせていくことは無理があると考え、教師作成の小倉台小に関係のある俳句の比較をすることを通して、俳句を捉えさせようとしました。その時に出されたＣ２の発言「前の方は個人のことが書いてあって、後の方は小倉台小のことを書いている。」に注目したい。なぜなら、俳句は自分がしたことや見たことだけでなく、自分の気持ちをも表現できるものであることを示しているからです。つまり、俳句には自分の気持ちを凝縮できることをこの発言は示唆していると言えるのです。もっとこの

第Ⅱ部　童謡を活用した国語教育の実際

発言を取り上げ、深めていくべきでした。また、俳句の五・七・五のリズムを実感させようと、T6のような指示を出し、二句を声に出して読ませました。その結果、俳句は字足らずでもリズムがよくないことを実感したことがC9の発言から分かります。
　短歌につきましては、短い歌であるとか、短歌＝百人一首であるとか、その捉え方は様々ですが、短い詩であるという捉え方は出てきませんでした。短歌は短い詩ですが、五・七・五・七・七のリズムがあり、口ずさむと歌のように響くものです。そのような短歌のリズムを体感してほしいと願い、百人一首カルタ取りを行いました。教師が読み札を音読すると、聞き漏らすまいと耳を傾けて聴いていました。多くの子どもたちはカルタ取りという遊び感覚で取り組みましたが、中には、本時の第1時授業後の感想〔資料3〕のNo.19のように百人一首カルタ取りを通して、短歌というものを実感できた児童もいました。

(2) 第2時　学習指導記録　：7月13日
　〈アメフリ〉には「じゃのめ」が出てきます。実際に「じゃのめ」を見せたり触らせたりして、興味づけや意欲化が図りやすいのは〈アメフリ〉ではないかと考え、まず〈アメフリ〉から取り組みました。次に、リフレインが特徴的である〈肩たたき〉を、最後に〈十五夜お月さん〉という順で行いました。導入段階で、本時のめあてをつかませ、童謡の詩を提示しました。今の時代では聞き慣れない言葉や分かりにくい言葉もあり、実物や写真などを見せたり説明したりして捉えることができるようにしました。分かりにくい言葉として出されたのは、〈アメフリ〉の「じゃのめ」、〈肩たたき〉の「お縁側」「罌粟の花」、〈十五夜お月さん〉の「母さん」「貰られて」「婆や」「お暇」です。

　T1：この詩を声に出して読んでみましょう。季節はいつでしょうか。
　C1：梅雨
　C2：6月頃

T2：どうして、梅雨の頃だと分かりましたか。
C3：「アメ」や「アメアメフレフレ」という言葉から
T3：雨降りなので、母さんは何を持って来てくれたでしょうか。
C4：「じゃのめ」
T4：「じゃのめ」って何ですか。
C5：大蛇
T5：「母さんが大蛇でお迎い、嬉しいな」となりますが、「大蛇」でいいですか。
C6：蛇の目だ。
C7：「じゃのめ」は蛇の目に似ているから「じゃのめ」という。
T6：「母さんが蛇の目でお迎い、嬉しいな」となりますね。「蛇の目」を持って迎えに来てもらって嬉しいですか。
 C ：(「こわい」「気持ち悪い」などつぶやいている。)
T7：実は、「じゃのめ」というのは、これなんです。(実物の蛇の目傘を見せる。)
 C ：(「大きい」と驚いている。)
T8：触ってみて、どんな感じですか。
C8：紙みたい。
C9：つるつるしてる。
T9：紙でできているので破けてしまい、雨漏りするかもしれませんね。でも雨漏りしないで傘をさせるのはどうしてでしょうか。
C10：油を塗っているんだ。
T10：(蝋や茶渋などを塗っていたことや、蛇の目傘の由来などを話す。)

　この場面で、実際に蛇の目傘をさして児童が何人入れるのか体験させ、蛇の目傘の大きさを実際に実感させるとよかったのですが、時間が気になり傘の大きさを体験させなかったことが悔やまれます。「大きな蛇の目傘があるから、その傘をさして自分たち母子が入ったとしてもぬれないでしょう。だから、傘を貸してあげようと主人公は思ったのかもしれない。」という解釈もできるのです。
　このような捉え方ができるのは、童謡に深い文学性があることを示唆す

第Ⅱ部　童謡を活用した国語教育の実際

るものであると考えます。

 T11：では、この蛇の目傘を持って、お母さんがお迎えにきてくれて喜んでいる「ボク」はいくつぐらいだと思いますか。
 C11：幼い子
 C12：年少、年長の幼稚園の子
 T12：幼稚園の子どもが「きみきみこの傘さしたまえ」と言ったことになりますね。幼稚園の子どもがこんな言葉使うかな。

　この後の話し合いで、「さしたまえ」は昔の言葉で、今の時代なら「さしなさい」に当たり、この「さしたまえ」という言葉を使うのは幼稚園児ではなく、小学校低～中学年くらいの子どもではないかということになりました。結局、母の迎えを嬉しく思い、母と一緒に帰れることを喜ぶのは小学校中学年児童ではなく低学年児童ではないかと解釈をしたのです。最後に、「〈アメフリ〉の詩で、意味の分からない言葉はありませんか」と尋ねると、「やなぎのねかた」が出されましたので補足をしました。次に、掲示した〈肩たたき〉の詩を音読させ、「どんな日で」「どこで」「だれが」「何をしているのか」について捉えさせていきました。

 T13：この詩を読んで、「どんな日」だと思いましたか。
 C13：母の日
 C14：罌粟が咲いている日
 C15：晴れの日
 C16：日がいっぱいの日
 C17：暖かい日

　次第に、詩の中の言葉に近づくことができました。そこで、「日がいっぱいで暖かいところはどこですか」と問うと、すぐに「お縁側」という答えが返ってきました。

第4章　小学校高学年での実践

T14：お縁側とは何ですか。
C18：家で石があって、竹で作ったのがあって…。(分からなくなってしまう。)
C19：今の家で言えばベランダです。
C20：まるちゃんでよくあるやつ（アニメ『ちびまるこちゃん』に出てくるようである。)
T15：「お縁側」と言うのは、このような所です。(写真を見せる。)

　教師が縁側の拡大写真を見せながら補足をすると、「田舎のおばあちゃんちにあった」「昔の家にある」という声が聞かれました。

T16：では、日がいっぱいのお縁側でだれが何をしているのでしょうか。
C21：子どもがお母さんの肩たたきをしています。
T17：どんな感じで、肩をたたいていると思いましたか。
C22：やわらかくたたいています。
T18：やわらかくたたいている子って、どんな子？
C23：やさしい子
T19：やさしい子がお母さんの肩たたきをしているのを見ているものがいましたね。
C24：罌粟の花

　罌粟の花については、「見たことがありますか」と聞くと、大半の子どもたちが「見たことがない」と答えました。
　そこで、罌粟の花の拡大写真を見せ、初夏に咲く花であることを知らせ、俳句を創作する時の季語に結びつくようにしたのです。

T19：「罌粟の花が咲いている」ではなく「罌粟が笑ってる」なんですが、「罌粟が笑ってる」は、どんな感じがしますか。
C25：罌粟の花が肩たたきをしている親子をいい感じだなと思って笑っている。

第Ⅱ部　童謡を活用した国語教育の実際

C26：罌粟の花がほほえんでいる感じ。
C27：罌粟の花が人間みたいだ。

　ここで、C27は罌粟の花を人間に例えて擬人法で表現していることに気づいたと言えるでしょう。それは、C25とC26の発言の影響を受けたものと考えます。C25「いい感じだなと思って笑っている」からは、植物である罌粟の花が人間のように感情をもち、笑うという動作をしていると受け止めていることが分かります。その罌粟の花の笑い方は、C26の「ほほえんで」のように声を出して笑っているのではなく、微笑んでいるのです。人間なら微笑むことがよくあり、C27「罌粟の花が人間みたいだ」が出されたものと推測されます。
　その後、罌粟の花が肩たたきをする母子を温かく見守っている様子を捉えさせていきました。最後に、この詩での意味の分からない言葉の有無を確認しましたが、何も出ませんでした。

　最後は〈十五夜お月さん〉です。提示された詩を声に出して読ませ、季節は「十五夜お月」という言葉から秋であることに気づかせました。

T1：この詩で意味が分からない言葉はありませんか。
C1：「お暇（いとま）」
C2：「婆や」
C3：「母（かか）さん」
C4：「貰られて」
T2：この「貰られて」の意味が分からないようですが、こういう意味じゃないかなと思った人はいませんか。
C5：「結婚していった」という意味かな。
C6：お嫁に行って、家にいなくなることかな。

　ここで、意味の分からない言葉として「お暇」「婆や」「母（かか）さん」「貰られて」が出されましたので、当時の時代背景を説明しながらそれらの言葉

第4章　小学校高学年での実践

の意味を捉えさせていきました。特に「貰られて」の言葉を児童はどのように受け止めているのか把握しようとT2の発問をしました。C5やC6のように「結婚して家を出ること」と受け止める児童もいましたが、子どもたちには理解しがたい言葉であったようです。

そこで、今の時代では「養子」になることを意味する言葉であることを補足をしましたが、人間が物みたいに貰われていくという表現には非常に驚いていました。

以上、童謡の詩だけを扱って、詩の内容を捉えさせていき、これらの中から一つ選んで俳句か短歌を作らせたのです。なぜその詩を選んだのか、理由も記入させました。児童の手元には配布された童謡の詩カードが配布され、それを読んだりしながら残りのわずかな時間でしたが創作をすることができました。しかし、短歌作品は学年全体でも少なく、わずか5点でした。本時での俳句や短歌の作品は〔資料2〕に、本時の第2時授業後の感想については、〔資料4〕に掲載しています。

（3）第3時　学習指導記録：7月14日

　本時では童謡の曲を聴かせて、俳句や短歌の創作をします。物静かな童謡で始まり、次にほのぼのとした感じの童謡を、最後は軽快な童謡で終わりたいという意図で、〈十五夜お月さん〉〈肩たたき〉〈アメフリ〉の順で聴かせました。最初に〈十五夜お月さん〉の曲を聴かせ、曲名を当てさせましたが、「十五夜お月さん」という言葉が何回も出てきますので、すぐに分かったようです。その後、感想を発表し合いました。

　　T1：この曲を聴いた感想はどうですか。
　　C1：歌い方が悲しい。
　　C2：かわいいそう。
　　C3：暗い感じ。
　　C4：波みたい。

159

第Ⅱ部　童謡を活用した国語教育の実際

　　Ｃ５：重々しい感じ。
　　Ｔ２：いろんな感想が出ましたが、この曲は童謡といいます。
　　Ｃ６：(「童話なら知っているけど…」とつぶやいている。)

　そこで、「童謡」について、「子どものために作られた歌われるための詩。もともとは詩であるが、それに曲がついたもの」と知らせ、本時のめあてをつかませました。

　　Ｔ４：この童謡にはどんな人や物が登場しましたか。
　　Ｃ７：「妹」
　　Ｃ８：「お月さん」
　　Ｃ９：「婆や」
　　Ｃ10：「母さん」
　　Ｔ５：この中で主人公はだれでしょうか。
　　　Ｃ：(「わたし」と答える。)
　　Ｔ６：どうして「わたし」だと思いましたか。
　　Ｃ11：この子は婆やとか妹とか、みんないなくなってしまったからです。
　　Ｃ12：歌の最後に「母さんにも一度わたしは逢いたいな」とあり、「わたし」が母さんにすごく会いたがっていたから。

　このＣ11は、「わたし」の身近な人がみんな去ってしまい、独りぼっちで寂しい子が主人公だと言いたかったのでしょう。また、Ｃ12の発言からは、最後の連に「わたし」が強調されているから、主人公であると捉えたことが分かります。
　この後、「わたしは何歳くらいだと思いますか」の発問に、「妹のお姉さんだから小さい子ではないだろう」「小学校低学年でもないだろう」という発言があり、結局「小学校５～６年生くらい」ではないかと児童たちは想像したのです。
　２曲目の童謡を聴かせますと、曲名は〈肩たたき〉とすぐに分かりました。童謡を聴いた後の感想を聞いてみました。

C13：あたたかい感じ。
C14：はずむ感じ。
C15：声がかわいい。
C16：テンポがいい。
C17：リズムがいい。
T7：どこが、リズムがいいのでしょうか。
C19：「タントン　タントン　タントントン」
T8：どうして、リズムがよくなると思いますか。
C20：同じ文字を何回も繰り返しているからです。

〈肩たたき〉の童謡を聴いた後の感想を出し合う中で、児童たちはリズミカルな言葉に気づき、なぜリズミカルになるのか、その理由についても捉えることができました。このことは、童謡の特徴である「リフレイン」の良さを自然に感じ取っていたものと考えます。

T9：では、登場人物や登場する物は何でしょうか。
C21：母さんと子ども
C22：罌粟の花
C22：お縁側
C23：白髪
T10：この中で主人公はだれでしょうか。
C24：子ども
T11：この子どもは男の子でしょうか、女の子でしょうか。
C25：小さい男の子っぽい。
C26：男の子。「タントンタントンタントントン」というところが力強い感じがする。
C27：女の子。お縁側とか言っているからです。
C28：「お肩をたたきましょう」と言うのは女の子らしい。

ここでは、C28「お肩をたたきましょう」の発言から、「お肩」と「ましょう」に注目して、可愛らしい感じがするので「女の子」ではないかと

第Ⅱ部　童謡を活用した国語教育の実際

いうことになりました。童謡の言葉の細部にも着目していたと言えます。

　３曲目の童謡〈アメフリ〉を聴かせますと、体を揺すってリズムに合わせながら聴いている児童が数名見られました。「ピッチピッチ　チャップチャップ　ランランラン」になると、さらに多くの児童が一緒に口ずさんでいたのです。特に、男子にその傾向が見られました。

　　T12：では、この童謡を聴いた感想はどうですか。
　　C29：楽しい
　　C30：お母さんがお迎えに来て楽しい感じ
　　C31：ピッチピッチ　チャップチャップ　ランランランがリズミカル
　　C32：軽い感じ
　　T13：登場人物や登場する物は何ですか。
　　　C：（お母さん、あの子、ボク、蛇の目、柳、鐘、カバン、雨、が出される。）
　　T14：この中で主人公はだれでしょうか。
　　C33：「ボク」です。
　　T15：主人公の「ボク」は、どうして嬉しいのでしょうか。
　　C34：母さんがお迎えに来てくれたからです。
　　C35：母さんが蛇の目で迎えにきたから。

　この〈アメフリ〉では、蛇の目傘をさしているのが嬉しいのではなく、母さんが蛇の目傘を持って迎えに来てくれたことが嬉しいのです、そのことを自然に捉えていたことがC34やC35の発言から窺えます。
　このようにして、三つの童謡を聴かせた後で、共通点を見つけさせました。

　　T16：それでは、三つの童謡の共通点は何でしょうか。
　　C36：同じ言葉が繰り返されている。
　　C37：昔の言葉があって、昔っぽい感じ。

C38：主人公がいて、みんな人間
C39：歌や曲がついている。

　この童謡の共通点探しを通して、童謡の特徴について具体的に捉えることができたようです。この後、俳句や短歌作りに入りますが〈アメフリ〉を選んで創作する児童が大半でした。児童には必要な歌詞カードを配布して参考にさせましたが、数分後に出来上がった作品「お母さん　じゃのめで　ぼくは　じょうきげん」は、多くの児童から注目を集めていました。
　尚、本時での作品は〔資料２〕に、本時の第３時授業後の感想は〔資料５〕に掲載しています。

第３項　授業と作品についての分析・考察

　授業分析と作品分析の２点からの分析です。特に、俳句や短歌の創作作品分析を重点的に行い、童謡の教育的効果について考察します。

（１）授業の分析・考察
　児童実態調査からも分かりますように、俳句や短歌という言葉を知っていても、その捉え方は多様で理解している児童は極めて少なく、ましてや、俳句や短歌の創作となると、ほとんどの児童が作るという経験をしていない状況でした。それだけに、第１時でもっと丁寧に俳句や短歌について捉えさせる必要があったことが反省点に挙げられます。
　また、俳句と短歌についての指導を分け、それぞれに１時間を充てた指導計画にすべきであったことも反省点です。第１時だけでなく、第２時も、第３時も、全て時間的に厳しく、授業後の感想を書く時間がとれなかった児童も見られました。このことから、指導計画に無理があったことが課題として挙げられます。
　次に、童謡の詩（歌詞）だけを使用し、それを読んで俳句や短歌を作るという第２時ですが、今の時代では、めったに見られない物（蛇の目傘な

第Ⅱ部　童謡を活用した国語教育の実際

ど）や聞き慣れない言葉が詩の中に含まれていますので、その意味を捉えさせるために実物や写真を活用して、当時の時代背景なども補足しました。今の時代の生活からは想像もできない当時の生活の様子に、児童たちは驚くとともに興味をもって補足を聞いていました。

　俳句や短歌を作る段階になると、初めて俳句や短歌を作る児童が多く戸惑う場面もありましたが、自分で選んだ童謡の詩カードをじっくりと読みながら取り組んでいました。しかし、時間的に厳しく創作をする時間が10分程度になってしまいました。そのわずかな時間の中で、ほとんどの児童が作品を作ることができたのは、各自に気に入った童謡の詩を選ばせたことが影響し、意欲を持続させたからではないかと考えます。

　このように、各自に好きな童謡を選択させて意欲化を図ることができましたが、選択した段階で偏りが見られ、どのクラスとも〈十五夜お月さん〉を媒介にした俳句作品が多く見られました。このことにつきましては、次の（２）「選んだ理由の分析」で述べることにします。

　第３時では、童謡の曲を聴かせましたが、前時の詩に曲がついて歌になっていたことに大変驚いていました。曲を聴かせて好きな童謡を選ばせてみると、曲の影響を受けて選ぶ児童が多数でした。これは予測できることでしたが、３クラスとも〈アメフリ〉を好きな童謡に選ぶとは予測できなかったことです。選んだ理由につきましては〔資料１〕に記載しています。

　第３時で初めて「童謡」という言葉を知らせましたが、本時でのＣ６「童話なら知っているけど…」のつぶやきは、「童謡」の知名度が低いことを示しているのではないでしょうか。

　しかし、知らない「童謡」であっても、児童は耳を傾けて聴き入り、「童謡」に合わせて口ずさみ、興味関心をもって聴くことができました。今の時代の曲には無いものを感じ取っていたのかもしれませんが、興味関心があったからこそ、そのような態度を見せたのではないかと考えます。

　このように興味関心、意欲の面では「童謡」の活用は効果的であると言えます。ですが、その童謡を媒介として、俳句や短歌を作る段階になる

と、考え込む児童の姿も見られたのです。しかし、前時で俳句や短歌を作る経験をしているので、本時は2回目ということもあって、短い時間ではありましたが作品を作ることができたものと考えます。

　今回の第2時と第3時の授業において、好きな童謡を選んだ理由を書かせることしかしなかったので、それだけでなく、「童謡のこのところが印象的であったから、このような俳句（短歌）を作った」、「こういう気持ちでこの俳句（短歌）を作った」等のことをも記入させるべきでした。創作時の児童の心情を把握することができなかったことが課題として挙げられます。

（2）選んだ理由の分析・考察

　好きな童謡を選んだ理由についての具体的な内容については〔資料1〕に記載していますが、児童がどの童謡を好きな童謡として選んだのかについて実数で示したものが次の表です。

　尚、〔資料1〕の★は童謡を聴く前と聴いた後で同一の童謡を使って作品を作っている児童を示しています。また、〔資料1〕の○囲み番号は個人を識別する番号です。

【好きな童謡】

童謡名	聴く前（72名）	割合	聴いた後（71名）	割合
〈十五夜お月さん〉	36	50%	11	16%
〈アメフリ〉	15	21%	45	63%
〈肩たたき〉	21	29%	15	21%

　曲を聴く前では、つまり、童謡の詩だけを提示した場合は、半数（50％）の児童が好きな童謡として〈十五夜お月さん〉を選んでいます。その理由としては、「短いから」「簡単で分かりやすいから」と書いている児童もいますが、★4のように「悲しいストーリーが感じられる。少女の思いが手

にとるように分かった」という児童もおり、詩の言葉からもの悲しさやストーリー性を感じ取り、登場人物の気持ちを想像していると捉えることができます。⑪⑫⑰㉑の理由からは、〈十五夜お月さん〉の詩の悲しい雰囲気を捉えていることが分かります。

　また、★6と②が「リズムがいいから」と答えているのは言葉のリズムを実感したからだと推察できます。この「リズムがいいから」は、〈アメフリ〉★43、〈肩たたき〉③⑪⑫にも挙げられています。

　このことは、曲を聴かなくても、童謡の詩自身がもっている言葉のリズムを感じ取っていたからであると考えます。特に〈アメフリ〉や〈肩たたき〉では、「ピッチピッチ　チャップチャップ　ランランラン」や「タントン　タントン　タントントン」等の擬声音の同じ言葉の繰り返しが印象的であったから、好きな理由として挙げていると考えられます。児童たちはリフレインの良さを自然に実感していたのではないでしょうか。

　曲を聴いた後では、〈アメフリ〉を選んで創作している児童が63％もいますが、〈十五夜お月さん〉を選んだ児童は16％と激減しているのです。これは、曲がついたことが影響していると考えます。〈十五夜お月さん〉の詩を読んだ時、子どもたちは様々なイメージをもっていましたが、曲を聴いたら「古い」「暗い」というイメージが強くなり、自分の抱いたイメージが狭くなってしまったからだと考えられます。

　一方、詩に曲がつくと〈アメフリ〉のように、曲にのって楽しさが増し、童謡の世界が広がっていくものもあります。しかし、この〈アメフリ〉は全てカタカナで書かれた長い歌詞で、読みづらく平淡な調子になっている童謡です。にもかかわらず〈アメフリ〉を選択した児童は63％と高く、全体の約2／3を占めています。このことから、児童は軽快でリズミカルな曲の楽しさに惹かれていることが分かります。

　このように考えますと、〈アメフリ〉のように曲がついて、さらにリズミカルになり楽しさやおもしろさが増し、その様子が目に浮かびやすくなり、童謡の世界が広がっていくものもあれば、〈十五夜お月さん〉のように、曲がつかない方が子どもには受け入れやすい童謡もあると言えるのです。

第4章　小学校高学年での実践

(3) 授業後の児童の感想分析・考察

ここでは、曲を聴かせず童謡の詩だけを活用して授業展開をした第2時と、曲を聴かせて詩と曲をセットにして授業を行った第3時における授業後の児童の感想を分類し、それをもとに分析をします。

① 第2時について

第2時（童謡を聴く前）の授業後の感想〔資料4〕を分類したものが次の表です。

【第2時：童謡を聴く前の授業後の感想】　　　　　　　　　　（　）は人数

俳句	俳句のことが分かった（9）　　俳句作りは難しい（7） 俳句作りが楽しかった（3）　　俳句をまた作りたい（1） 俳句作りは意外と簡単だった（1）　俳句作りがおもしろかった（1） 俳句作りは難しかったが楽しかった（2） 俳句作りは難しかったがまた作りたい（1） 俳句作りは難しかったが良いのができた（1） 俳句作りは楽しかったので、また作りたい（1）　　　　　計27
短歌	短歌作りは難しい（3） 短歌のことが分かった（1）　　　　　　　　　　　　　　計4
俳句短歌	俳句や短歌のことが分かった（6） 俳句や短歌作りは難しい（2） 俳句や短歌作りが楽しかった（1）　　　　　　　　　　　計9
詩	色々な詩があると分かった（2）　詩は作った人の気持ちが分かる（2） よく読むと意味がよく分かる（2）　詩の意味が分かった（1） いろいろな詩を教えてもらって楽しかった（1）　　　　　計8
言葉	色々な言葉の意味が分かった（2） 色々な言葉を知った（1）　　　　　　　　　　　　　　　計3
童謡	〈十五夜お月さん〉は作りやすかった（2） 〈十五夜お月さん〉にしてよかった（1）　「罌粟」など色々学べた（1） 三つの童謡はリズムにのっている（1）　　　　　　　　計5

167

第Ⅱ部　童謡を活用した国語教育の実際

| その他 | 楽しかった（4）　おもしかった（1）　その時の様子が分かる（1）
色々なことが分かって楽しかった（1）　説明が分かりやすかった（1）
ありがとうございました（1）　　　　　未提出（7）　　　　　　計16 |

　「俳句や短歌を作ることは難しいが、句作が楽しかった」「また作ってみたい」という感想が多く、俳句や短歌に関する感想は40名で過半数を占めています。童謡の詩や言葉、童謡に関する感想を書いているのは16名で、全体の22％です。（No.3・10・14・16・19・23・24・26・28・54・57・61・62・65・67・72）。尚、No.は個人を識別する番号を示しています。

　それらの感想の中には、「いろいろな言葉の意味が分かった、知った」（No.10・No.24）、「詩は作った人の気持ちが分かる、詩は筆者の気持ちが描かれていると思った」（No.54・No.57）、「こういう詩があることが分かった」（No.62）、「詩にもたくさんの種類があることが分かった」（No.54）等の童謡という詩について触れている感想もあります。また、〈アメフリ〉〈肩たたき〉〈十五夜お月さん〉は全部リズムにのっている」（No.19）、「昔は母さんと読まず、母さんとよんでいたことが分かりました」（No.61）、「罌粟って花、初めて聞いた。いろいろ学べた」（No.72）等、童謡の詩から知ったことを具体的に書いている感想もあります。

　以上の感想から、童謡の詩には今では馴染みのない言葉や初めて聞く言葉があったり、詩自体にリズムがあったりしてのりやすいなど、これまでの児童が知っている詩とは異なる要素をもっている詩であると捉えていることが分かります。このことは、No.62やNo.54のように「詩にもいろいろな詩がある」という感想からも窺えます。特に、No.19のように童謡の詩のリズムに着目していることは、童謡が歌うために作られた詩であることを実感したからではないかと推察できます。一方、No.54やNo.57の感想からは、童謡の詩には作者の思いが込められていると捉えていることが分かります。このNo.54やNo.57の感想は童謡の詩だけに言えることではなく、自由詩などの全ての詩に該当することですが、童謡の詩に接して、改めて気づかされたと言えるのではないでしょうか。このような気づきをもたらすこと

第4章　小学校高学年での実践

ができるのも童謡の価値の一つです。　　　　　　（下線は執筆者による）

② 第3時について

　第3時（童謡を聴いた後）の授業後の感想の詳細は〔資料5〕に記載しています。その感想を分類したものが下記の表です。

【第3時：童謡を聴いた後の授業後の感想】　　　　　　　（　）は人数

俳句	俳句作りは楽しかった（6）　　　　俳句のことが分かった（2） 俳句作りは難しいようで簡単だった（1）　俳句をたくさん作れた（1） 俳句作りは楽しかったので、また作りたい（1）　　　　　　計11
短歌	短歌のことが分かった（2） はじめて短歌が作れた（1）　　　　　　　　　　　　　　　計3
俳句短歌	俳句や短歌のことが分かった（4） 俳句や短歌作りは難しかったが楽しかった（4） 俳句や短歌が作れるようになって嬉しかった（1） 俳句や短歌をまた作りたい（1）　　　　　　　　　　　　　計10
詩	詩に歌があって驚いた（2）　三つの詩は感動した（1） 歌詞の意味を考えると悲しげだったり楽しかったことが分かる（1）計4
言葉	言葉の繰り返しがあった（1） 色々なものに昔の言葉がまだある（1）　　　　　　　　　　　計2
リズム	リズムについてよく分かった（1） リズムが楽しかった（1）　　　　　　　　　　　　　　　　　計2
童謡	童謡のことが分かった（10）、詩や歌があって童謡はおもしろかった（6） 童謡には作った人の感情が表れている（2）、童謡は楽しかった（1） 童謡はおもしろく、歌でもあり話でもあることが分かった（1） 童謡には楽しい歌や悲しい歌があった（1）、色々な歌がきけておもしろかった（1） 童謡や俳句・短歌は奥が深かった（1）、童謡が俳句や短歌よりおもしろかった（1） 童謡は歌にしても良いし、昔の言葉で感じも昔っぽい（1） 文字だけでは分からなかったことも音楽と一緒にきくと分かった（1） 　　　　　　　　　　　　　　　　　　　　　　　　　　計26

第Ⅱ部　童謡を活用した国語教育の実際

その他	楽しかった（6）		
	ふだんやらない学習ができた（1）		
	派手だった（1）	未提出（6）	計14

　俳句や短歌を作ることが2回目ということで、句作に馴れてきたせいか、「句作をするのが前時より楽しかった」という感想が多数でした。詩や言葉、リズムを含め童謡に関する感想を書いているのは34名で、全体の47％を占め、前時より2倍以上増えています。(No.3・4・5・8・12・16・17・19・25・27・29・30・31・32・36・39・42・45・51・54・55・56・57・58・59・61・63・65・66・67・68・70・71・72)これは、曲を聴いて強く心に感じるものがあったからだと考えられます。

　それらの感想の中で、「童謡は詩でも歌にしても良いのだなと思いました。昔の言葉で、感じも昔っぽかったです。」(No.8)、「童謡は詩もあるし、歌もあるのでおもしろいなと思いました」(No.29)、「童謡は詩に曲をつけたことを知りました。もっといろんな童謡をきいてみたいです」(No.66)のように童謡の詩と曲の両方の要素に着目している感想も見られました。また、「ただ音楽をきくだけでなく、その歌詞に込められた意味を考えると、悲しげだったり楽しかったことが分かり、より音楽の世界が広がったような気がしました」(No.4)、「童謡は音などが入っていて、おもしろい。童謡は歌でもあるし、話でもあることが分かった」(No.16)、「文字だけでは分からないことも、音楽と一緒にきくと分かることがある」(No.54)等の感想は、音と語（文）との関わりに触れているものです。さらに、「童謡は気持ちが伝わってくる」(No.57)、「作った人の感情があらわれている」(No.68)、「言葉の繰り返しがあって、すごいと思いました」(No.51)、「俳句にあんな意味があるとは思わなかったです。童謡も意味としては悲しいことや心配している心や風景などで作られているなんてびっくりしました。昔の人はすごかったですね。童謡と俳句や短歌は、奥が深かったです」(No.72)の感想は、童謡の特徴や童謡の意味を捉えているものです。特に、No.72の感想は、童謡の奥の深さをも感じ取り、童謡の価値を

捉えていると言えるでしょう。これらの感想からは、音と語で成り立ち、子どもの心に根ざした言葉で表現され、文学性をもつ童謡の価値を感じ取ることができたと考えます。
　　　　　　　　　　　　　　　　　　　　　（下線は執筆者による）

（4）作品の分析・考察

　童謡を聴く前と童謡を聴いた後に創作した作品をＡ・Ｂ・Ｃの三つのパターンに分類をします。Ａパターンは、第Ⅰ部第３章「童謡の今日的な意義」における童謡作品の見方①と見方②を満たし、童謡の主人公になりきっているか、粗筋に即して人や物との交流や関わりを表現しているかを見ることによって、童謡の内容を理解しているかどうかを把握するパターンです。Ｂパターンは、自分の解釈や感想が創作作品に表現されているかどうかを把握するものです。Ｃパターンは、歌詞のさびの部分やリフレインの部分など歌詞のどの部分に着目して創作をしているかを把握するパターンです。それらの分類をもとに分析をし、聴く前と聴いた後で同一の童謡を使った児童の作品についても分析をすることが目的です。

① 　分類１〔Ａパターン〕

　このＡパターンは童謡作品の中の関係性、つまり歌詞の中の関係性に注目しているかどうかで分類をします。具体的には、童謡の主人公になりきっているか（Ａ１パターン）と、童謡作品の文脈に即して作り作品の人と物との交流や関わりが表れているか（Ａ２パターン）の二つのパターンに分類をしていきます。尚、創作作品総数ですが、聴く前では〈十五夜お月さん〉を創作した総作品数は42点、〈アメフリ〉を創作した総作品数は16点、〈肩たたき〉を創作した総作品数は24点でした。聴いた後では〈十五夜お月さん〉を創作した総作品数は14点、〈アメフリ〉を創作した総作品数は54点、〈肩たたき〉を創作した総作品数は16点でした。この創作作品総数を基準にした集計結果が下記のグラフです。

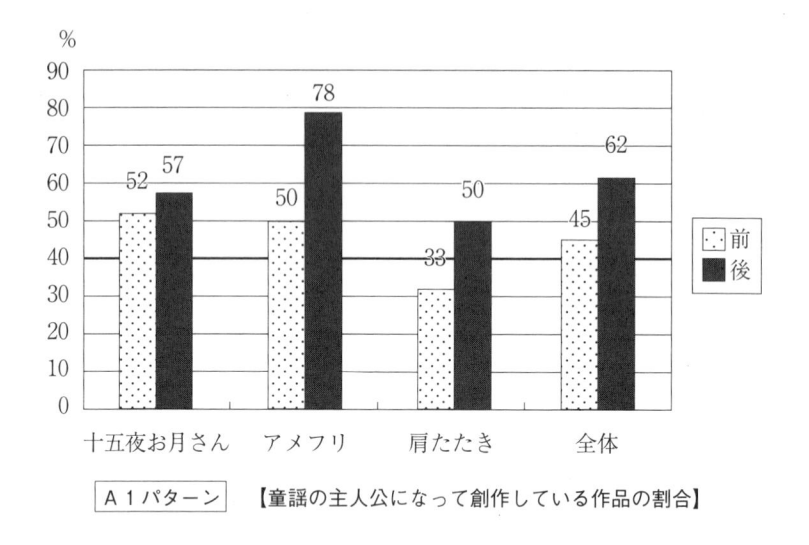

第Ⅱ部　童謡を活用した国語教育の実際

```
  %
 90
 80            78
 70                              62
 60  52 57                        
 50     50        50  45
 40              
 30          33
 20
 10
  0
   十五夜お月さん  アメフリ  肩たたき  全体
```

凡例：前（点）・後（黒）

Ａ１パターン　【童謡の主人公になって創作している作品の割合】

　Ａ１パターンのグラフから分かりますように、童謡を聴く前では主人公になって作っている割合が〈十五夜お月さん〉52％、〈アメフリ〉50％、〈肩たたき〉33％です。特に、〈肩たたき〉が33％と低いのは、童謡の詩だけでは童謡の主人公が女の子なのか、男の子なのか捉えにくかったのではないかと考えられます。童謡を聴いた後になると、どの童謡の場合でも主人公の立場になって創作している割合が50％以上で、聴く前よりも高くなっています。特に、〈アメフリ〉は曲を聴かせると、78％と極めて高くなっているのです。これらを全体的な割合で比較しても、聴いた後は17％増加していることから、童謡の主人公の立場になって作っているという傾向が見られます。換言しますとＡ１パターンの分類からは、童謡を聴かせると曲にのって主人公のイメージが捉えやすくなるという傾向が見えてくるということです。

　次は、童謡作品の文脈に即して作り、作品の人と物との交流や関わりが表れているかを把握するＡ２パターンです。

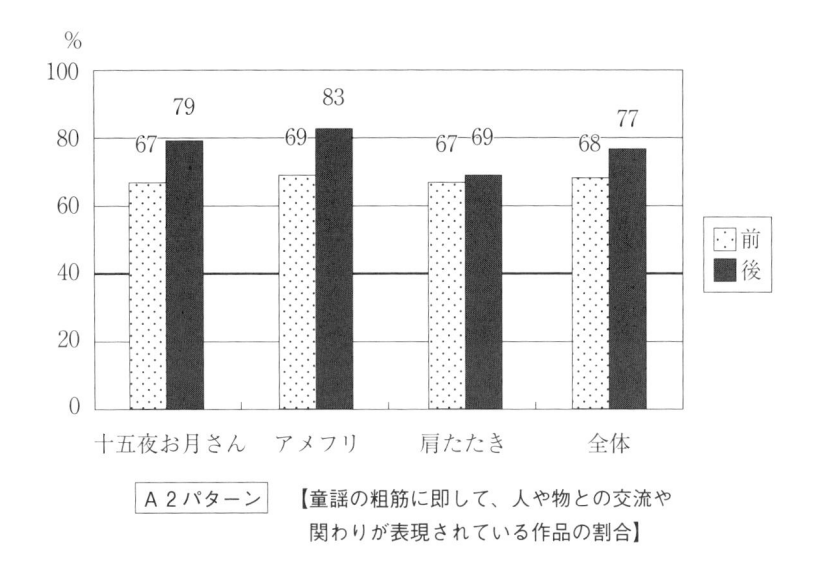

%
100
80 67 79   69 83   67 69   68 77
60
40
20
0
　　十五夜お月さん　アメフリ　　肩たたき　　　全体

凡例: 前／後

A2パターン　【童謡の粗筋に即して、人や物との交流や関わりが表現されている作品の割合】

　このＡ２パターンは童謡の粗筋に即して、人や物との交流や関わりが表現されているかという観点で分類しましたが、聴く前では〈十五夜お月さん〉〈アメフリ〉〈肩たたき〉のどの童謡も65％以上の割合を示し、聴いた後では〈アメフリ〉が83％と特に高く14％の増加です。次に高いのが〈十五夜お月さん〉で12％増加し、〈肩たたき〉は僅かですが２％増えています。全体の割合から見ても聴いた後の方が童謡の粗筋に即して、人や物との交流や関わりが表現されている割合が高いことが分かります。つまり、このＡ１パターンとＡ２パターンを包括したＡパターンからは童謡の曲を聴かせた方が童謡作品の内容の理解が高まるということが言えるのです。

② 分類２〔Ｂパターン〕
　童謡を自分なりに解釈しているか、自分なりの捉え方をしているかどうかを把握するパターンであり、「歌詞の内容と関わり有り」と「歌詞の内容に関わり無し」が分類の観点です。

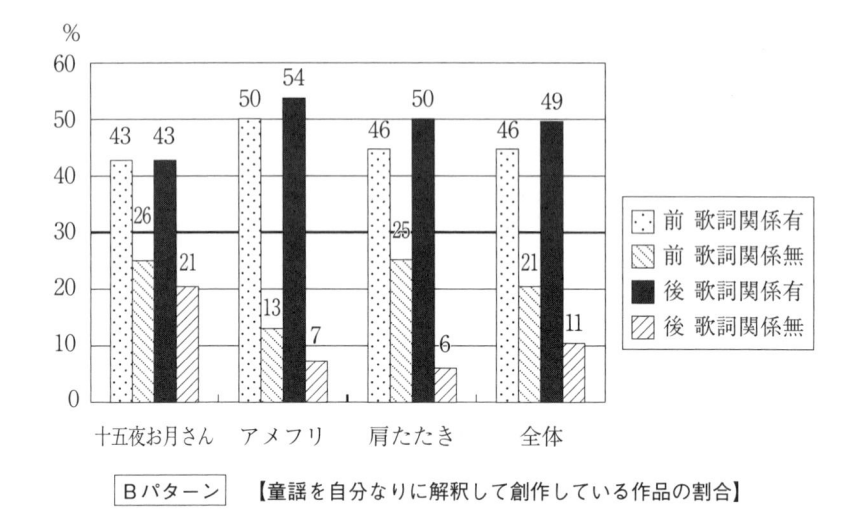

第Ⅱ部　童謡を活用した国語教育の実際

%

[グラフ：縦軸％、横軸 十五夜お月さん、アメフリ、肩たたき、全体]
- 十五夜お月さん：前 歌詞関係有 43、前 歌詞関係無 26、後 歌詞関係有 43、後 歌詞関係無 21
- アメフリ：50、13、54、7
- 肩たたき：46、25、50、6
- 全体：46、21、49、11

凡例：前 歌詞関係有／前 歌詞関係無／後 歌詞関係有／後 歌詞関係無

|Bパターン|　【童謡を自分なりに解釈して創作している作品の割合】

　〈十五夜お月さん〉は聴く前と聴いた後では、歌詞に関係しながら自分なりに捉えて創作している割合が43％と同じですが、〈アメフリ〉では４％、〈肩たたき〉でも４％聴いた後の方が高くなっています。一方、歌詞に関係無く捉えて創作している割合は、聴いた後の方がどの童謡も低くなっています。〈十五夜お月さん〉では５％、〈アメフリ〉では６％、〈肩たたき〉では19％も低くなっているのです。

　このことから、童謡を聴かせると歌詞の内容に関係しながら自分なりの捉え方や解釈がしやすいという傾向が見えてくるということです。歌詞に関係しながら自分なりの解釈が持てる割合が高くなるほど、豊かなイメージをもつことができると考えます。

③　分類３〔Ｃパターン〕

　歌詞のさびの部分やリフレインの部分など、歌詞のどの部分に着目して創作をしているかを把握するパターンです。まず、歌詞のさびの部分ですが、本論では童謡のさびをリフレインでない部分と捉えて分類をしています。

第4章　小学校高学年での実践

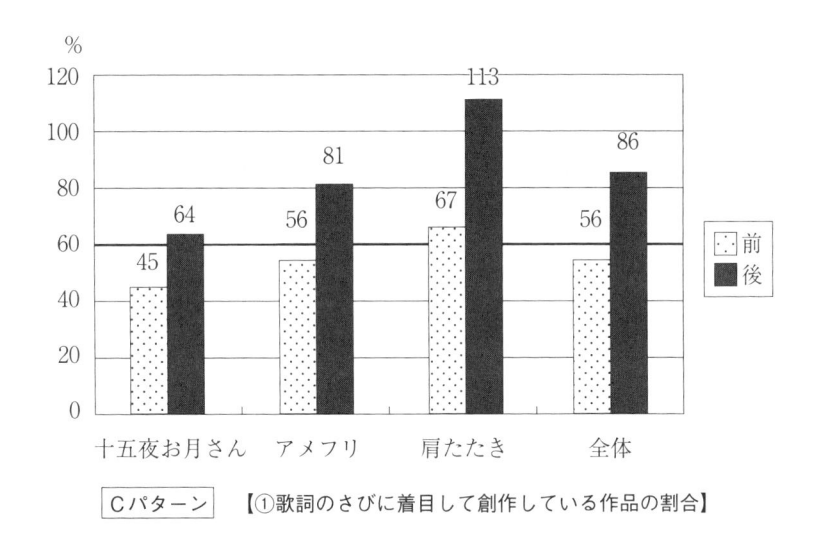

[グラフ：Cパターン 【①歌詞のさびに着目して創作している作品の割合】
十五夜お月さん：前45、後64
アメフリ：前56、後81
肩たたき：前67、後113
全体：前56、後86]

① 歌詞のさび

　どの童謡の場合も、童謡を聴くと、歌詞のさびの部分を使って創作をしている作品が聴く前より多くなっています。〈十五夜お月さん〉は19％、〈アメフリ〉は25％、〈肩たたき〉は46％の増加です。全体的な割合で見ても30％高くなっていることから、「さび」の使用は童謡を聴いた場合の方が多くなっていることが分かります。

② 歌詞のリフレイン

　この結果からは、童謡を聴いた後の方が3％と若干ですが、リフレインを使って俳句や短歌を作っている作品が多いことが分かります。これは、曲を聴くとリズムにのってリフレインの響きが印象に残るのではないかと考えます。

第Ⅱ部　童謡を活用した国語教育の実際

%

	十五夜お月さん	アメフリ	肩たたき	全体
前	71	13	33	39
後	71	4	50	42

Cパターン　【②歌詞のリフレインに着目して創作している作品の割合】

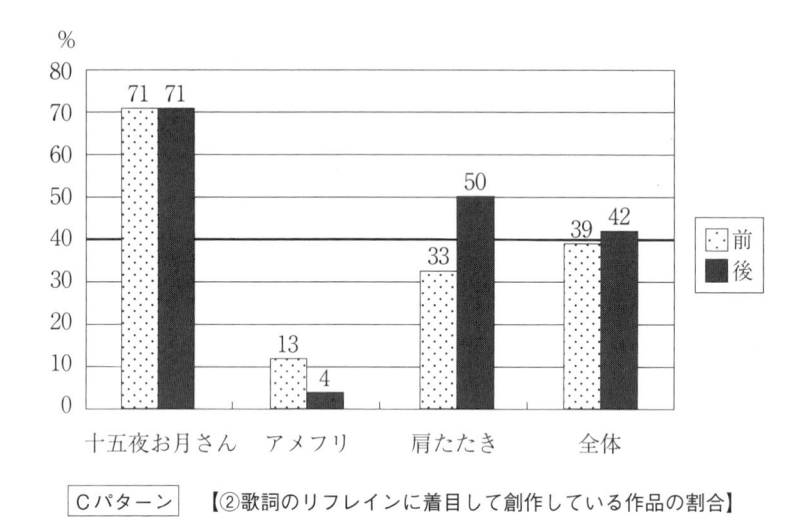

④　同一の童謡を使った児童の作品比較

　作品比較の観点は「童謡の作品の内容を理解しているか」「歌詞に関係しながら自分なりに解釈しているか」の２観点です。比較するに当たっては、○（当てはまる）２点、△（どちらともいえない）１点、×（当てはまらない）０点とし、ポイント（P）化を試みました。

　〈十五夜お月さん〉では聴いた後の方が内容の理解は0.5ポイント高くなり、自分なりの解釈も0.4ポイント高くなっています。〈アメフリ〉でも、聴いた後の方が内容の理解は1.0ポイント高く、自分なりの解釈も0.6ポイント増えています。〈肩たたき〉においても、聴いた後の方が内容の理解は0.5ポイント高くなり、自分なりの解釈も1.0ポイントの増加が見られます。

　このように三つの童謡において、同じ結果が見られたということは、童謡を聴いた方が童謡作品の内容の理解が深まり、歌詞に関係しながら自分なりの解釈をもちやすいということが言えるのではないかと考えます。

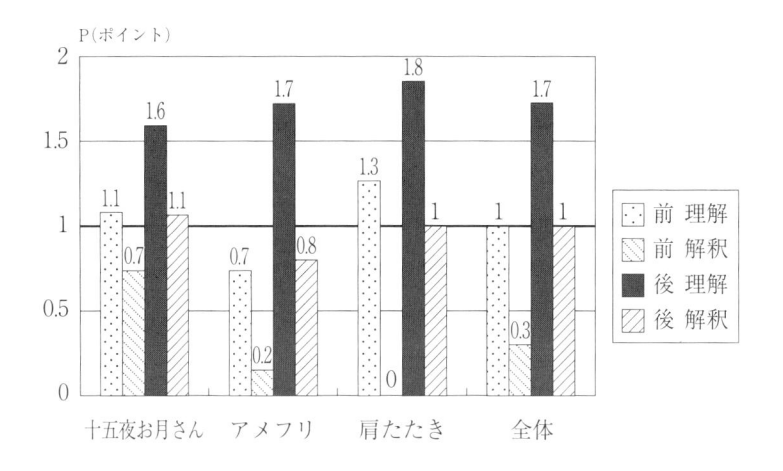

【同一の童謡を使った児童の作品の比較】

第4項　童謡を活用した授業効果の考察

童謡を聴く前と聴いた後、どちらも同一の童謡を使って作られた児童作品の中から抽出して、童謡を活用した授業の効果について考察をします。

① 〈十五夜お月さん〉
・聴く前★2「さみしいな　すすきがあっても　あいたいな」
・聴いた後 ★2-①　「あいたいな　すすきの前で　母(かか)さんに」
・聴いた後 ★2-②　「つまらない　十五夜お月と　二人っ子」

★2は童謡を聴く前、つまり詩だけで創作した作品であり、妹が田舎へ貰われていき、婆やもお暇をとって去っていき、一人残された寂しい気持ちが「さみしいな」で表現されています。だから、「あいたいな」と結んでいるわけですが、誰にあいたいのか、妹や婆やなのか、母なのか不明瞭です。また、歌詞とは無関係の「すすき」という言葉が使われています

177

が、十五夜の月には「すすき」が似合うと思ったのでしょうか。としても、「すすきがあっても」の意味は捉えにくいです。それに対して、★2-① になると、「すすきの前で」と表現しているので「すすきのある場所で、すすきを目の前にして」と捉えることができます。また、「母さん」にあいたいと表しているように、誰にあいたいのかを明確にしています。それも、「母さん」ではなく「母さん」という言葉で、あたかも童謡の主人公になったかのような表現の仕方です。つまり、★2では曖昧であった点が ★2-① では明確にされているのです。

さらに、★2では「さみしさ」が表現され、★2-① では母に逢いたいと母を慕う気持ちが伝わってきます。童謡を聴いた後は ★2-② も作り、この句では「さみしさ」を「つまらない」という自分なりの解釈で表現しています。母もいない、妹もいない、婆やもいない、一人ぼっちで寂しくてつまらないという気持ちが表れています。つまらないけれど、十五夜お月さんがいてくれる、一人ぼっちの一人っ子ではなく、十五夜お月さんと一緒の「二人っ子」なんだと思ったのかもしれません。十五夜お月さんが人間（姉妹）のように思えたのでしょう。この ★2-② においては、この作品を作った児童の思いがこの句の中に凝縮されているのです。

② 〈アメフリ〉
・★45「母さんの　ジャノメでおむかえ　うれしいな」
・★45 「感謝する　あのこのおかげ　じゃの目がさ」

★45では、童謡作品の内容を理解しているが、歌詞の言葉をそのままなぞっている表現です。それが、聴いた後 ★45 になると、歌詞の中の言葉「あのこ」「じゃの目」を使い、歌詞に関わって創作をしているものの、「感謝する」「あのこのおかげ」という言葉を用いて、自分なりの解釈をしています。「感謝する」は誰なのか、「あのこのおかげ」とは何を意味するのか、次のようにも考えられます。「母親が主人公の男の子に雨傘を持って来てくれたが、内心では母親の大きな蛇の目傘に入って母親に甘え

ながら帰りたいと思っていたのかもしれない。それを言い出せないでいたところ、柳のねかたで泣いている子を見つけ傘を貸してあげた。そして、自分は母親と蛇の目傘に入って嬉しそうに帰って行く。」だから、主人公の男の子が泣いていたあの子に感謝するという解釈もできうるわけです。この★45の児童も、童謡を聴いて、主人公の男の子になり自分の思いを作品の中に凝縮して表現していると考えられます。

③〈肩たたき〉
・★51「かたたたき　タントンタントン　気持ちいい」
・★51「肩たたき　罌粟も笑うよ　たのしそう」

★51の児童は母親に肩たたきをやっているうちに、（母親だけでなく）自分までもいい気持ちになってきたことを表現し、作品の内容を理解しています。また、「肩たたき」「タントンタントン」「いい気持ち」という言葉が歌詞にあり、この作品は歌詞をなぞっている表現であるとも言えるのです。★51も歌詞の中にある「肩たたき」という言葉を使っていますが、「罌粟も笑うよ」と表現し、歌詞の「罌粟が笑ってる」とは違っています。「肩たたきをしている母子を見て真っ赤な罌粟が笑っている」という歌詞の場面を、作者である★51の児童は「肩たたきをしている母子の姿を作者である自分だけでなく、罌粟の花も微笑ましく思い笑っているよ。楽しそうだ。」と自分なりに解釈しているのです。この童謡では、「真っ赤な罌粟」という言葉が強烈に子どもの心に残るようです。聴く前ではあまり意識せず、聴いた後になると真っ赤に罌粟が咲いている様子が印象に残っていることが窺えます。やはり、この★51においても、真っ赤に咲いている罌粟の花が印象的で作品に表したと考えます。つまり、作者自身の児童の思いや印象がこの作品に込められていると言えるのです。

①②③のことから、童謡を媒介にして俳句や短歌を創作するという授業では、曲を聴かせず詩だけの場合より、聴かせた方が歌詞の言葉と関わりながら自分なりの解釈をもつことができると言えるということです。つま

第Ⅱ部　童謡を活用した国語教育の実際

り、童謡の中での事柄と事柄の関係を把握して自分なりに解釈し、豊かなイメージをもつことができるようになるということです。

　以上、第１節を要約しますと、次のようになります。童謡の主人公になって創作しているかを観点にした分類Ａ１パターンからは、童謡を聴かせると主人公のイメージが捉えやすくなるという傾向が見られ、童謡の粗筋に即して人や物との交流や関わりが表現されているかという観点で分類したＡ２パターンでは、聴いた後の方が高い割合が示されました。このＡ１パターンとＡ２パターンを包括したＡパターンからは、童謡の曲を聴かせた方が童謡の内容の理解が高まる傾向にあるということです。

　次に自分なりに解釈して創作しているかという観点で分類したＢパターンからは、童謡を聴かせると歌詞の内容に関係しながら自分なりの捉え方や解釈がしやすいということが分かりました。

　歌詞のさびやリフレインに着目して創作しているかという観点で分類したＣパターンでは、「さび」や「リフレイン」の使用は童謡を聴いた場合の方が多く、曲にのってリフレインの響きが印象に残るのではないかと考えます。

　聴く前と聴いた後で同一の童謡を使って創作した児童の作品分析からは、童謡を聴いた方が童謡の内容の理解が深まり、歌詞に関係しながら自分なりの解釈をもちやすいという傾向が見られました。

　童謡を活用した授業の効果については、同一の童謡を使って創作した児童作品を分析をし、その結果、童謡の中での事柄と事柄の関係を把握して自分なりに解釈し、豊かなイメージをもちやすいということが分かったのです。

　以上の結果から、童謡を聴いて俳句や短歌の創作をすることにより、豊かなイメージをもてると言うことができるのです。

第５項　授業研究のまとめと課題

　本授業研究は、第Ⅰ部第３章「童謡の今日的な意義」、第４章「国語科

における童謡の活用」を受け、童謡の「詩」の側面に着目して、音と語が結びついた童謡を活用した国語科授業を試みたものです。その童謡についての捉え方は第Ⅰ部第２章で述べましたように、大正期の童謡詩人たちでも微妙に違っており、童謡とは何かと問われても明言することは難しいものです。ですが、本書では童謡は子どもに歌われるための詩であると捉え、童謡の教育的要素である詩（文学）と歌（音楽）をセットにして、童謡を活用した国語科授業研究を行いました。

　活用した童謡は大正期の童謡詩人の作品、〈十五夜お月さん〉〈アメフリ〉〈肩たたき〉です。これら三つの童謡は子どもの心に根ざし、家族（母親）や自然と関わり合って生きている様子を描いています。そのような童謡を媒介にすることで、大正期の童謡の今日的意義を追体験させたいと思ったのです。また、本授業研究は、「リライト」の一例である「翻作法」を使い、「五・七・五」「五・七・五・七・七」という型を借りて俳句や短歌という定型詩に言葉を置き換える授業研究です。置き換えることによって、童謡の世界を想像させ、童謡を深く味わわせ、豊かなイメージをもつことができると考えました。豊かなイメージをもつとは、童謡における事柄と事柄との関係を把握し、自分なりの解釈をもつことであると捉えたのです。

　このような考えをもとに、第５学年児童を対象に展開しました。童謡を活用した授業は、第２時と第３時で、実質的には２時間の授業展開になります。第２時の授業では、具体物を使って童謡の詩に出会わせ、詩の中身を捉えさせ、その後で作品作りをしました。第３時の授業においては、「童謡の主人公はだれか」など発問を工夫したり、童謡詩人に関する写真を提示したりして、童謡の中身を捉えさせていきました。つまり、この第３時の授業は、第２時の授業の理解に基づいて展開し、童謡の曲と作者の生活背景が分かる写真や具体物を使い、言葉のもっている意味を捉えさせていったのです。そのことによって童謡作品の世界を深く味わわせることができ、作品鑑賞の深まりが見られました。

　次に、第２時の童謡を聴く前と第３時の聴いた後では、俳句や短歌の創

第Ⅱ部　童謡を活用した国語教育の実際

作にどのような違いが見られるのか、そのような違いが生じる理由等について分析を行いました。その結果、童謡の曲を聴かせ詩と曲をセットにして童謡を活用した場合の方が、曲を聴かせないで詩だけを活用して俳句や短歌の創作を行った場合より、童謡の主人公のイメージが捉えやすくなり、童謡作品の内容の理解が高まるという傾向があることが分かりました。

また、童謡を聴かせると歌詞の内容に関係しながら自分なりの捉え方や解釈がしやすいという傾向も見られました。その傾向を数値的に見てみますと、歌詞に関係しながら自分なりの解釈がもてる割合が高くなっていたのです。そのことから、童謡を聴いた場合の方が豊かなイメージをもつことができると言うことができました。

さらに、聴く前と後で同一の童謡を使った児童の作品を比較してみますと、童謡を聴いた方が童謡作品の理解が深まり、歌詞に関係しながら自分なりの解釈をもちやすいということも分かりました。

第2時の授業後の感想からは、童謡の詩に馴染みのない言葉や初めて聞く言葉があったり、詩自体にリズムがあったりしてのりやすいなど、これまでの児童が知っている詩とは異なる要素をもっている詩であると捉えていることが分かります。特に、「リズムにのっている」という感想が見られたのは、童謡の詩のリズムに着目し、童謡が歌うために作られた詩であることを実感したからではないかと推察します。それだけでなく、童謡の詩には作者の思いが込められていることにも児童が気づいていることが分かりました。

第3時の授業後の感想についてですが、「童謡は詩もあるし、歌もあるのでおもしろい」、「童謡は歌でもあるし、話でもあることが分かった」、「童謡は気持ちが伝わってくる」等の感想が見られ、音と語で成り立ち、子どもの心に根ざし、深い文学性をもつ童謡の価値を感じ取っていたと言うことができます。

以上のことから、童謡を活用した本授業研究において、詩と曲をセットにして童謡を活用すると童謡の主人公のイメージが捉えやすくなり、童謡

第4章　小学校高学年での実践

作品の内容と理解が高まることが分かりました。その上、童謡を聴かせると歌詞の内容に関係しながら自分なりの捉え方や解釈がしやすいという傾向も見られ、豊かなイメージをもつことができたのです。

　換言しますと、童謡の詩と曲をセットにして童謡を活用すると、豊かなイメージをもち想像力を育てることができるということが本授業研究で明らかにされたということです。つまり、童謡の詩と曲をセットにして活用することにより、童謡の詩と曲が一緒になるところで出てくる子どもの感性にはたらきかけて、想像力を育てることができるということです。それが、童謡でなければできないことなのです。

　本研究では検証する一手だてとして「リライト」を用いて俳句や短歌の創作をしましたが、そのことにより、内容の理解を深め、自分なりの解釈をし、豊かなイメージをもつことができました。つまり、この「リライト」という方法は童謡の内容を捉え豊かなイメージをもたせていく上で有効であったということです。それだけでなく、童謡を活用して俳句や短歌を創作することは、日本の伝統的な言語文化を知ることができ、しかも童謡の奥深さを実感できた児童もおり、有意義であることが明らかになりました。

　さらに、本授業研究において、言動に落ち着きのない子や特別に支援の必要な子、外国籍の子など、どの子も童謡に耳を傾けて聴き、感じたことを進んで発表し、俳句や短歌をいくつも作り、熱中して取り組むことができました。童謡には子どもの心を惹きつけ、どんな子どもでも学習に参加できる力をもっていると言うことができるでしょう。

　本授業研究のねらいは、「単元の趣旨」において述べていますように、童謡で相手の気持ちを考えさせ、人と人との関わり合いや自然との関わり合いの大切さを追体験させることであり、童謡を通して豊かなイメージをもつことができるようにすることです。そのねらいは、ほぼ達成できました。しかし、童謡で出来なかったことがあります。それは、童謡の場合は子どもに分かりやすい言葉を使い、口語で表現されているものが多いため、童謡で文語調の伝統的な言語文化に触れる機会が乏しかったことで

す。
　そこで、文語調の言葉がよく見られ、日本の美しい四季を豊かに表現している唱歌にも活用の可能性を追究していきたいと考えています。その唱歌につきまして、鳴島甫（2009）が〈おぼろ月夜〉や〈ふるさと〉を例にあげて論じています。[3]

> 「おぼろ月夜」「入り日」「里わ」「火影」等々、今や死語となった、またはなりかかっている語がこれらの歌には数多く含まれている。歌には、「うさぎおいし」の「おいし」の意味はよく分からなくても覚えてしまうという優れた特性があり、国語科での音読、暗誦以上の効果が期待できる。（中略）音楽科との連携はもちろんであるが、歌唱教材として取り上げられていない唱歌にも良いものがある。教材・学習材としての開発が急がれるところである。

　確かに唱歌の歌詞には、文語調の言葉が含まれているものが多くあります。その言葉の意味はよく分からなくても、歌っているうちに覚えてしまうという歌のもつ特性があり、国語科での音読、暗誦以上の効果が期待できるという指摘に注目し、研究を深めていきたいと思っています。

第2節　童謡の世界を想像して俳句や短歌に
――小学6年生――

　5年生の4月から、15分のモジュールの時間を使って、童謡を聴いたり歌ったりしてきました。カメやカエルなど生き物が大好きな活気あふれる男子も、童謡をかけると耳をすまして聴き、口ずさむ姿が見られました。童謡が気に入ったようです。6年生に進級しても、童謡に親しむ機会を多

3）鳴島甫（2009）「原文読解中心主義からの転換」、『月刊国語教育研究№452』日本国語教育学会　pp.6-7

く設けてきました。「今度はどんな童謡かな」と興味をもつようになったのです。「童謡をいっぱい聴かせてほしい」と言う児童も現れました。

ですが、本実践は指導者自身が童謡や唱歌についてよく知らないままに、ただ童謡を「子どもの歌」として受け止めて取り組んだ実践であり、伝統的な言語文化に親しむことをねらいとし、聞く・聴く力や想像力、表現力を育てていきたいと願った実践です。

1　単元の目標
　○童謡に描かれた情景や思いを味わうとともに、日本語独特の言葉のリズムに親しみ、伝統的な言語文化に触れることができる。
　○心に残る童謡の世界を想像して、俳句や短歌を作り、表現力を養うことができる。

2　単元の趣旨
　童謡の歌詞の一つ一つに耳を傾けて聴くことができるように、童謡を聴かせる時はゲーム的な要素を取り入れて展開します。「童謡の主人公を探そう」等、童謡の与え方を工夫するのです。そして、気づいたことや感じたことを自分の言葉で書き、童謡の世界に親しませていくようにします。また、本単元では童謡を聴いたり歌ったりする機会を多く設け、歌詞の言葉に着目させ、その言葉から童謡の世界を想像させ、想像したことや心に残る場面を絵や文に表していくのです。最後に、各自にペンネームを考えさせ、自分の作品に愛着がもてるようにします。自分の作った俳句や短歌作品に、俳号の代わりに俳句や短歌を作った本人が分かるようなペンネームを考えさせるのです。これも表現力を養う一つの手だてになるのではないでしょうか。作品を作りっぱなしにするのではなく、出来上がった作品をもとに鑑賞し合う場を確保するのです。鑑賞することは作品を見る目を育て、それが表現力の育成に繋がると考えるからです。

第Ⅱ部　童謡を活用した国語教育の実際

3　単元の流れ［全4時間］

1・2時	○心に残る童謡や気に入った童謡の世界を想像して俳句や短歌を作る。
3時	○作品を紹介し合い、理由を明確にしてお気に入りの作品を選ぶ。
4時	○今後、俳句や短歌を作っていく時に参考になる作品を選び、作品を鑑賞する。

4　指導の実際
［第1・2時］の授業

目標	・今までに聴いてきた童謡の中で、心に残る童謡や気に入った童謡の世界を想像して、短歌や俳句に表すことができる。

学習活動と内容	○留意点　★評価
1　本時のめあてをつかむ。	○童謡を俳句や短歌に表すことを知らせる。
童謡の世界を想像して、俳句や短歌に表そう。	
2　童謡を聴く。 ・〈証城寺の狸囃子〉 ・〈十五夜お月さん〉 ・〈はなさかじじい〉・〈赤蜻蛉〉 ・〈アメフリ〉　　・〈肩たたき〉	○まず、一番人気のあった〈証城寺の狸囃子〉を聴かせ、その後で児童からのリクエスト曲を聴かせるようにする。
3　心に残る童謡や気に入った童謡を選ぶ。	○今まで聴いてきた童謡を一覧表の中から選ばせる。 ★自分で童謡を選んでいる。
4　選んだ童謡の歌詞を音読する。	○各自に選んだ童謡の歌詞カードを渡し、声に出して読ませるようにする。
5　作り方を知り、俳句や短歌を作る。	○手引きで俳句のきまりを捉えさせる。
・もとにした童謡が分かるように俳句や短歌を作る。 ・俳句か短歌のどちらか一つ作る。	○手引きを参考にさせ、どの童謡をもとにして作ったのか分かるように作らせ、短冊に記入させる。 ★もとにした童謡が分かるように俳句

第4章　小学校高学年での実践

（両方作ってもよい）	や短歌を作っている。
6　手引きをもとにペンネームを考え、短冊に書き入れる。	○俳句や短歌を作った人が自分だと分かるようなペンネームを考えさせ、自分の作品に愛着がもてるようにする。 ★手引きを参考にして、ペンネームを考えている。
7　作品を紹介し、まとめをする。	○早く作り終えた児童の作品を紹介し、次時は全員の作品を紹介し合うことを告げる。

[第3時] の授業

目標　・理由を明確にして、気に入った俳句と短歌を選ぶことができる。	
学習活動と内容	○留意点　★評価
1　本時のめあてをつかむ。	○各自、理由を書いて、お気に入りの作品を選ぶことをつかませる。
理由を明確にして、お気に入りの俳句と短歌を選ぼう。	
2　俳句と短歌を紹介し合う。	○全員の俳句と短歌を印刷したプリントを読ませ、互いの作品を紹介させる。
3　童謡の題名とペンネームの本人を当てる。	○童謡の題名とペンネームの本人をプリントに記入させる。
4　気に入った俳句と短歌を選ぶ。	○選んだ理由を書かせて、三つずつ気に入った俳句と短歌を選ばせる。 ★理由を明確にして、気に入った童謡を選んでいる。
5　選んだ作品を発表し合う。	○全員に発表させるようにする。
6　まとめをする。	○本時の感想などを書かせる。

187

第Ⅱ部　童謡を活用した国語教育の実際

[第4時] の授業

目標　・作品の良いところに着目しながら、作品を鑑賞することができる。	
学習活動と内容	○留意点　★評価
1　本時のめあてをつかむ。	○作品のどこが良かったのか、作品の良さに着目しながら鑑賞することをつかませる。
友だちの作品の良さを味わおう。	
2　作品の良さについて話し合う。	○俳句を作っていく上で参考となるような句を選んで、良いところなどを話し合わせる。
①「たぬきたち　おどりあかして　月わらう」 ・狸を人間みたいに思っているところ。 ・月が笑うことはないのに、月が笑っているというところ。 ・多くの狸が踊っている様子が楽しそう。	○この句は「月わらう」で飛躍があり、複線的な俳句になっているところが素晴らしい句にしていることを捉えさせる。 ★俳句作品の良さを捉えている。
②「サザエさん　サイフ忘れて　家帰りゃ　銭無きサイフ　さびしきかな」 ・サザエさんの性格がよく表れている。 ・「さびしきかな」に短歌の雰囲気が出ている。 ・「サイフ」を繰り返し使って、リズムがいい。	○一番人気のあった短歌を選び、その理由を話し合わせる。 ○「五・七・五」で終わるのではなく、その後に意味の流れが続くように「七・七」があることに気づかせる。 ★短歌作品の良さを捉えている。
3　本時のまとめをする。	○感想などを振り返りカードに記入させる。

第4章　小学校高学年での実践

5　資料

【手引き　「俳句のきまり」】

俳句のきまり
① 五・七・五の十七音
② 季語を入れる。
③ 間違えやすい音数の数え方

拗音（ようおん）
「しょ」
うか⇨小さな「ょ」「ゅ」「ゃ」をつける「きょ」「しゅ」「ちゃ」などを拗音という。「きょ」で一音。

促音（そくおん）
「きっ」
ぷ⇨つまる音の「っ」は一音として数える。

撥音（はつおん）
「しん」
か⇨「ん」は撥音で一音。

長音（ちょうおん）
「ボール」
⇨のばす音「ー」の部分を長音といい、一音として数える。

★字余りや字足らずの俳句もありますが、句を十七音でまとめるようにしましょう。

【手引き　「俳句と短歌の作り方」】

証城寺　月夜に踊る　狸たち
　　　　　　　　　　谷山　みどり

横浜は　母と別れし　汽笛なく
異人さん　今はいずこに　港　良平

★もとにした童謡が分かるように作品を作ること、作品を作った本人が分かるようなペンネームを考えること。

★右作品の作成者は教師です。「谷りょう子」なので、ペンネームには氏名に関する文字「谷山」「良（りょう）平」を使っています。

189

第Ⅱ部　童謡を活用した国語教育の実際

ふり返りカード（M子）	ふり返りカード（F男）	ふり返りカード（Y子）
ペンネームを考えるのに少し困った。自分の名前と分かるようにペンネームを考えるのだから。でも、考えるのも楽しかった。童謡の世界を想像して絵、俳句、短歌を作るのは初めてで、最初は考えるのに時間がかかったが、やっているうちに考えることが楽しくなった。	童謡の世界を想像していると、自分も童謡の世界に入ったような気がした。俳句や短歌を作るのは、おもしろかった。	童謡をきいて俳句などを作るのは珍しく、楽しかった。古くさくて嫌だなあと最初は思ったけど、やっているうちに色々な歌を覚えたりして楽しかった。

【今までに取り組んだ童謡】

○とんでったバナナ　　　○ブカブカパジャマ　　　○おつかいありさん
○サザエさん　　　　　　○サッちゃん　　　　　　○どんぐりころころ
○ふしぎなポケット　　　○ぞうさん　　　　　　　○めだかの学校
○しゃぼん玉　　　　　　○七つの子　　　　　　　○証城寺の狸囃子
○赤い靴　　　　　　　　○黄金虫　　　　　　　　○雨降りお月さん
○十五夜お月さん　　　　○赤蜻蛉　　　　　　　　○かなりや
○肩たたき　　　　　　　○鞠と殿さま　　　　　　○お山の大将
○揺籃の歌　　　　　　　○アメフリ　　　　　　　○待ちぼうけ
○赤い鳥小鳥　　　　　　○この道　　　　　　　　○雀の学校
○かわいいかくれんぼ　　○かわいい魚やさん　　　○お猿のかごや
○金魚の昼寝　　　　　　○お山のお猿　　　　　　○グッド・バイ
○どじょっこふなっこ　　○ずいずいずっころ橋　　○めえめえ児山羊
○早起き時計　　　　　　○夕日　　　　　　　　　○月の沙漠
○小さい秋　　　　　　　○汽車ポッポ　　　　　　○汽車ぽっぽ
○キンタロウ　　　　　　○桃太郎　　　　　　　　○モモタロウ
○浦島太郎　　　　　　　○うさぎとかめ　　　　　○はなさかじじい
○俵はごろごろ　　　　　○兎のダンス　　　　　　○夕焼小焼

第4章　小学校高学年での実践

【児童作品】

童謡の世界を想像して、俳句を作ろう。	
6年1組【　　　　　】	
★好きな俳句を3つ選んでみましょう。その理由を書きましょう。	ペンネームの本人
1．たぬきたち　おどりあかして　月わらう（川　あゆ吉）	
2．満月や　たぬきがおどる　ポンポコポン（証城寺のお寺さん）	
3．月夜の庭　たぬきとおどる　おしょうさん（ゴックドーマサハル）	
4．たぬきたち　満月みながら　腹つづみ（満月　聖人）	
5．たぬきたち　ススキのように　おどりだす（ぽんぽこ・マリーコ）	
6．赤とんぼ　まっかな夕日を　友だちに（芝山　裕太朗）	
7．赤とんぼ　夕日に向かい　一直線（真っ赤大平）	
8．赤とんぼ　夕日にそめられ　まっかっか（川口　拓朗）	
9．赤とんぼ　夕日に消えて　空およぐ（雀　高いよ）	
10．赤とんぼ　夕日背中に　空を舞う（夕焼けのりピー）	
11．ありたちは　親にたのまれ　おつかいへ（おつかい奈々央）	
12．あつくても　お手伝いは　アリの仕事（桜の下の谷）	
13．ありさんは　冬の準備に　力合わせ（ありんこ　さな）	
14．ありたちが　花のお店で　お買い物（ありんこ　ゆりりん）	
15．どんぐりは　実ったばかりに　親ばなれ（どんぐり・トＰｉｃｏ）	
16．大変だ　どんぐり落ちる　池にポチャ（年とり・みみず）	
17．見つけたよ　木の葉パラパラ　まい落ちる（小秋　由紀子）	
18．落ち葉に　心もかすみ　さびしきかな（力うどん）	
19．かくれんぼ　夕日がにあう　秋の庭（勝つぞ　運動会）	
20．しゃぼん玉　すぐにこわれし　水晶玉（成本佑像）	
21．めだかたち　人間みたいに　登校だ（めだか春樹）	
22．春風と　ともに走る　サザエさん（浅い湖）	
23．すんだ空　すずめの学校　運動会（すずめ　さち）	
24．かれ木たち　秋でも灰まきゃ　花ざかり（みんみんぜみ・井上）	
25．お日様の　さす山では　かけくらべ（室山　うさぎ）	
26．桃太郎　きびだんご腰に　おともつれ（桃太郎　裕美）	
27．古時計　動きはじめる　夏の朝（勢力の子）	
28．汽車ポッポ　線路を走り　友だちだ（汽森　車本）	
29．雪の降る　家ではアリが　ひと休み（ありりん・ひろろ）	

気に入った俳句	（18番）	「心もかすみ」という表現がいいと思った。
	（24番）	「秋でも灰まきゃ」の「きゃ」という表現がいい。
	（25番）	「さす山では」の「さす」で始まっているところがいい。

第Ⅱ部　童謡を活用した国語教育の実際

	童謡の世界を想像して、短歌を作ろう。	
	6年1組【　　　　　　　】	
★気に入った短歌を3つ選んでみましょう。その理由も書きましょう。		
1．サザエさん　サイフ忘れて　町へ出る　気づかず買い物　よう気に笑う（年とり・みみず）		
2．どんぐりは　さみしさかくし　池の中　どじょうと遊び　こきょうを思う（どんぐり・トＰｉコ）		
3．かれ葉たち　人かげ少なし　公園で　むなしく音を　ひびかせて散る（勝つぞ　運動会）		
4．うさぎはね　自信まんまん　走りつつ　ゆだん昼寝で　カメに追い越され（ピョコピョン　三奈子）		
5．証城寺　狸ばやしに　花ざかり　月夜におどりゃ　楽しき仲間（芝　裕太朗）		
6．早起きの　時計のねがい　ひびくかな　過ぎゆく時を　大切にして（勢力の子）		
7．赤とんぼ　いっしょにおどるは　落ち葉かな　パラパラパラリ　落ち葉のひびき（森とんぼ）		
8．証城寺　月夜の照らす　寺庭に　たぬきおどりて　腹だいこひびく（室山　杏）		
9．ポケットから　増えて飛び出す　ビスケット　魔法使いて　たたくはポケット（ふしぎな由紀）		
10．サザエさん　サイフ忘れて　家帰りゃ　ぜに無きサイフ　さびしきかな（力うどん）		
11．本当の　ことも知らずに　サッちゃんと　別れし明日は　来なくともよし（みみずく・井上）		
12．黄金虫　金色輝く　夜空まで　今も昔も　金色かぶと（金色　熊谷）		
13．証城寺　林のたぬき　月の下　友とおどりて　楽しきこの夜（かなぶん）		
14．たぬきたち　ポンポコポンと　腹だいこ　すすきもゆらゆら　楽しく踊る（ポンポコ・ゆっちー）		
15．どんぐりは　親切どじょうに　助けられ　歌って遊んで　大さわぎ（どんぐり・サナプー）		
16．満月や　たぬきおどりて　ポンポコポン　おしょうさん負けず　ポンポコポンや（満成　佑たぬき）		
17．とんぼたち　友つれつつ　空飛べば　赤くそめられ　夕日に消えて（夕焼けのんこ）		
18．証城寺　月夜におどって　ゆかいだな　ポンポコポンポン　たぬき音頭かな（ゴックドーマサハル）		
19．ありさんや　母にたのまれ　お買い物　汗かきつつ　働きまわる（ありりんひろろ）		
20．サザエさん　お魚くわえ　走りつつ　あっというまに　夕日になりて（浅い湖）		
21．たぬきさん　おしょうさんらと　腹つづみ　おどりあかして　ポンポコポン（山のおしょうさん）		
22．証城寺　月夜になると　林から　たぬき飛び出し　おどりあかすよ（川口たぬき）		
23．風吹いて　いっしょに飛ばそ　しゃぼん玉　高く飛ぶのは　だれのものかな（しゃぼん玉早智）		
24．からだじゅう　赤く染めた　背に夕日　ぼくの村へと　急降下なり（雀　高すぎ）		
25．満月を　見ながらおどる　たぬきたち　おしょうもつられ　ゆかいなおどり（満月　聖人）		
26．屋根よりも　高く泳ぐや　こいのぼり　夕日の中で　仲良くはためく（こいのぼりゆみ）		
27．満月に　たぬきがおどる　よい祭り　明るくひびき　おしょうもおどる（川　あゆ吉）		
28．うさぎさん　茂れる木の下　昼寝すりゃ　あっというまに　カメにぬかされて（お昼寝奈々央）		
29．ひよこさん　すずめと犬と　かくれんぼ　かわいいしっぽが　見えかくれして（山崎ピーコ）		
気に入った短歌	(10番)	サザエさんのそそっかしさがよく表現されている。
	(11番)	「別れし」「来なくともよし」の言葉が昔風でいい感じ。
	(25番)	狸と和尚さんの踊っている様子が目に浮かんでくる。

第4章 小学校高学年での実践

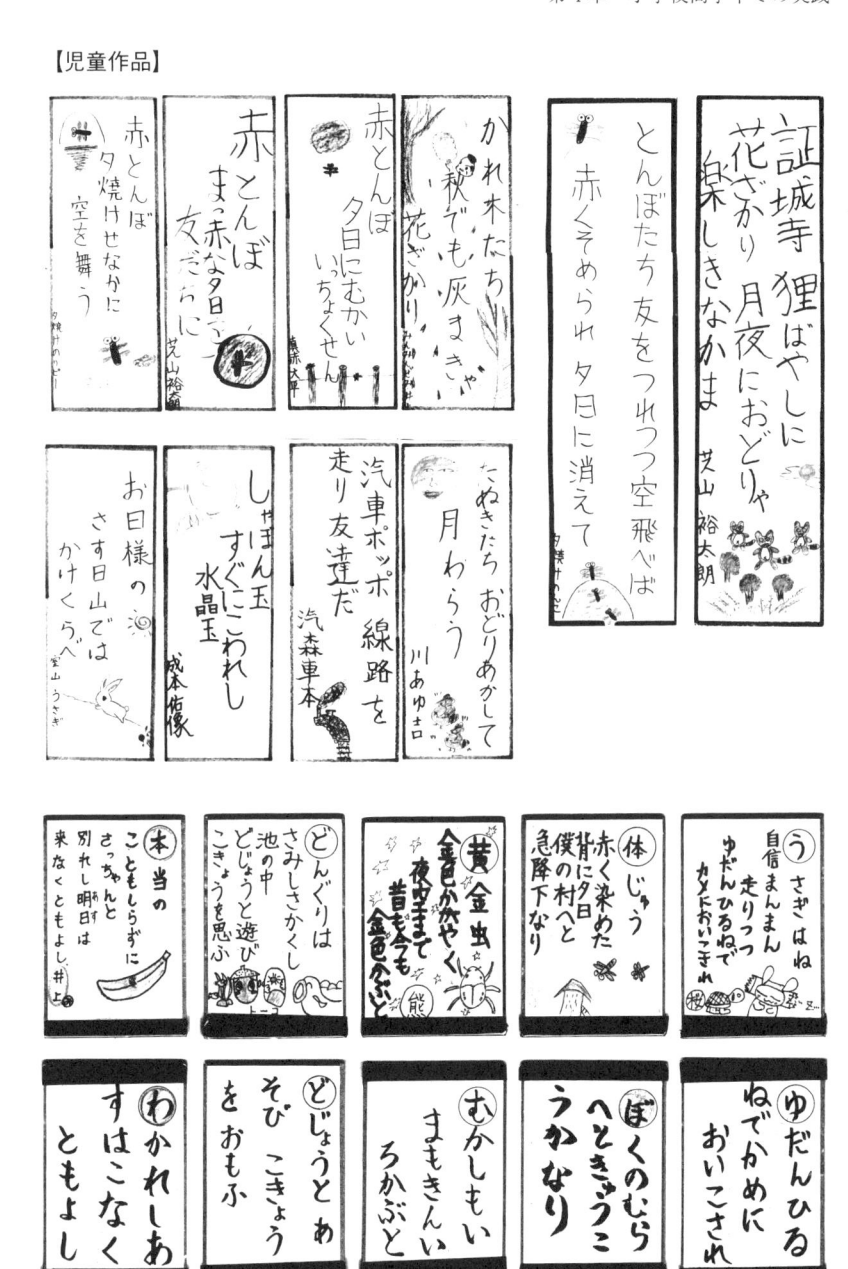

【児童作品】

赤とんぼ
夕焼けせなかに
空を舞う
　　　夕焼けむし

赤とんぼ
まっ赤な夕日
友だちに
　　　芝山裕希

赤とんぼ
夕日にむかい
いちょくせん
　　　藤原大平

かれ木たち
秋でも吹きゃ
花ざかり
　　　みずわいずみ

とんぼたち友をつれつつ空飛べば
赤くそめられ夕日に消えて
　　　夕焼けむし

証城寺狸ばやしに
花ざかり　月夜におどりゃ
楽しきなかま
　　　芝山　裕大朗

お日様の
さす日山では
かけくらべ
　　　室山うさぎ

しゃぼん玉
すぐにこわれし
水晶玉
　　　成本佑偉

汽車ポッポ　線路を
走り友達だ
　　　汽森車本

たぬきたち　おどりあがして
月わらう
　　　川あゆ山

本当の
ことも知らずに
さっちゃんと
池の中
別れし明日は
来なくともよし　井上

どんぐりは
さみしさかくし
どじょうと
こきょうを思ふ
　　　熊

黄金虫
金色かがやく
夜明まで
昔も今も
金色かがい
　　　熊

じょう
赤く染めた
背に夕日
僕の村へと
急降下なり

う
さぎはね
自信まんまん
走りつつ
ゆだんひるねで
カメにおいこされ

わかれし
すはこなく
ともよし

どじょうと
あそび
こきょう
をおもふ

むかしもい
まもきんい
ろかぶと

ぼくのむら
へとききゅうこ
うかなり

ゆだんひる
ねでかめに
おいこされ

193

第Ⅱ部　童謡を活用した国語教育の実際

6　単元を終えて

　6年生に進級して教科書で俳句や短歌について学習しましたが、5年生の時に季語にこだわらず十七音で表す「五・七・五の言葉遊び」を行っていたせいか、俳句は難しいものであるという構えをもたずにスムーズに作ることができました。短歌より俳句に馴染みがあったようで俳句作りから取り組んでいた児童が大半でした。

　全員の作品をプリントにしたものを使って、どんな題名の童謡なのか、誰が作った作品なのか当てたり、気に入った作品を選んだりする学習は一つ一つの言葉に着目することになり自然に読み浸っていました。「作品を鑑賞しましょう。」と言わなくても、児童たちは必然的に鑑賞をしていたのです。自分たちが作った作品をサブテキストとして教材化することにより、学習意欲を最後まで持続させることができました。

　保護者の方々や先生方からも、お気に入りの作品について多数寄せられました。その中には、「楽しく読ませて頂きました。」「家族で気に入ったものを出し合い、楽しいひと時を過ごしました。」という言葉が添えられているものもありました。子どもたちの作った作品が媒介となり、家族団欒の一つになったようです。

　ペンネームにつきましては、最初は考え込んでいましたが、ペンネームをいろいろと考えることの面白さを実感することができたようです。お互いのペンネームを紹介し合った時、ユーモラスなものがあると吹き出していました。その後、担任への暑中見舞いや卒業文集の一コマにも影響が見られ、ペンネームで書いている児童たちがいたのです。ペンネームを工夫した学習が自分たちの生活の中にも活かされたようです。

　5年生を担任した当初、児童たちは私語が多く担任の話を聞くことができず、朝の会で歌う声も小さく、キレやすく粗野な言動をとってしまう児童が数名いました。授業の成立が難しく、どうしたら人の話を聞けるようになるのか、落ち着いて授業ができるのか悩みました。教材を工夫して授業で児童をひきつけていけば、学習しようとする気持ちがわいてくるので

はないかと考えたのです。

　そんな折、朝日新聞に記載されていた「童謡でキレない子に」という記事に触発されて、童謡を国語教室に取り入れ、童謡を教材化する試みに取り組んだのです。童謡を聴く歌う、曲名を当てる、童謡の主人公を探す、童謡の共通点を探す等、クイズ的に発問をし、学習意欲を高めるようにしました。すると、児童たちは歌詞を聞き漏らさないぞと言わんばかりに、童謡に耳を傾けて聴くようになってきました。次第に、「今度はどんな童謡かな。」と興味をもつようになり、童謡の歌詞には同じ言葉の繰り返しがあることにも気づくことができたのです。

　6年生になる頃には、授業態度や話を聞く態度が良くなり、学習へのやる気を見せるようになってきました。

　このような経過をたどって、童謡というものが子どもの心を和ませ、柔らかくしてくれる力をもっていることを実感できたのです。

　そして、6年生に進級し、6月になると子どもたちの方から「クラスの歌を作りたい。」と言ってきました。そこで、「クラスの歌」を作ることになり、学級会で話し合いました。作詞・作曲を自分たちでやってもいいし、ある歌をもとにして歌詞を替えて作ってもよいことになり、グループ分けも自分たちで行ったのです。歌詞を作り終えると歌う練習をし、グループごとの録音が終了した段階で、全員で聴き合いました。

　次の2作品をクラスの歌として子どもたちは選んだのです。

① 6の1　クラスの歌　No.1　　　　　［女子児童2名による作詞・作曲］

＊さび　みんなおっとり　のほほん　びょーん　　みんなおっとり　のほほん　びょーん
ぼくらのクラスは　6の1　　　　　　楽しいクラスさ　6の1（ヘイッ！）
一、今日は俳句を作ります〜うっ　　　　　　　　明日は短歌を作ります〜うっ
あさっては晴れのち曇りです〜うっ　　　　しあさっても晴れのち曇りです〜うっ
みんな仲良し6年1組
二、今日は体育がバスケです〜うっ　　　　　　　ドリブルダムダムするんです〜うっ
かっこいいシュートをうつんです〜うっ　　いくらうっても入らないーいっ

195

第Ⅱ部　童謡を活用した国語教育の実際

```
    そんなぼくらは6年1組
  間　ラーラーラララー　ラーラーラララー
    生き物たくさん　かめにカメ
    ここにも　あそこにも　あっちにも　こっちにも
    カメ・かめ・KAME・亀　パラダイス！！
三、今日は日本を感じてみます～うっ　　　百人一首をやるんです～うっ
    ぼうずめくりをやるんです～うっ　　　ぼうず連発（しかけたな～！）
    ついてないわたしたち6年1組
*さび　みんなおっとり　のほほん　びょーん　みんなおっとり　のほほん　びょーん
    ぼくらのクラスは　6の1　　　　　　楽しいクラスさ　6の1（ヘイッ！）
    ラーラーラララー　ラーラーラララー　　ラーラーラララー　ラーラーラララー
    ラーラーラララー　ラーラーラララー　　ラーラーラララー　ラーラーラララー
```

②　6の1　クラスの歌　No.2　　［男子児童による『アブラハムの子』の替え歌］

```
一、6の1は元気もの　　6人はのっぽで　　　あとはふつう
    みんな仲良く　　　　生きている　　　　さあ　歌いましょう
    元気だ　元気だ　生きている　生きている　さあ　おどりましょう
二、6の1は最強だ　　　運動神経　　　　　ばつぐんだ
    みんな何でも　　　　がんばるぞ　　　　さあ　あそぼうよ
    最強　最強　天才　天才　　　　　　　　さあ　あそぼうよ
```

元歌詞：『みんなのうた・ちば』千葉県音楽教育研究会編　光文書院 p.130

　①のクラスの歌は自分たちで作詩・作曲したものであり、②のクラスの歌は元気が出てくる歌ということで人気を集めていました。クラスの特徴がよく出ており、聴いていると楽しくなってくる歌でした。生き物が好きで教室に色々な種類のカメを飼っているクラスでしたので、それを「カメ・かめ・KAME・亀　パラダイス」と表現している子どもたちの言語感覚や語感、発想に驚きました。この実践で出来上がった短歌作品を使って、翌年1月に百人一首カルタ取りを行いました。自分の短歌を読み札に、下の句を取り札に書いたカルタを各自に5セット作らせ、百人一首カルタに混ぜて「百二十九人一首」カルタ取り大会をしたのです。29名の児

童は５班に分かれ、読み札を読む教師の声に応じてカルタを取っていきます。自分の作品が読みあげられると真っ先に取り、活気溢れるカルタ取り大会でした。今後、教師も俳句や短歌を作り児童の作品に混ぜ、教師の作品を当てさせ学習の活性化を図りたいと考えています。

第Ⅱ部　童謡を活用した国語教育の実際

> ミニ解説

『アメフリ』　作詞／北原白秋　作曲／中山晋平

　『アメフリ』は1925（大正14）年、幼児向けの絵雑誌「コドモノクニ」11月号に片仮名表記で発表されました。軽快なリズムが可愛く、雨降りの日が楽しくなってきそうな物語的な童謡です。

> 雨降りに母さんが蛇の目でお迎えに来てくれた子どもの嬉しさを歌っています。子どもは雨降りが嬉しいのではなく、母さんのお迎えが嬉しいのです。母さんの大きな蛇の目に入って帰れる子どもの喜びの気持ちがみごとに描かれています。

> 母さんのお迎えがあり、雨降りを楽しんでいるボクですが、絵雑誌でカバンを肩から斜めにかけているところや〈キミキミ　コノカサ　サシタマエ〉という言葉で傘を貸す行動から、幼稚園児ではなく小学校低学年位の児童であろうと推測されます。迎えにくる人もいなく、傘もなく泣いている子に自分の傘を貸すボクの優しさが伝わってくる童謡です。

> 歌の意味

　母さんが蛇の目でお迎えにきてくれる雨降りは、嬉しくて楽しいという子どもの気持ちと、泣いている子に自分の傘を貸す子どもの優しさを歌っています。

> 言葉・語句

《ピッチ　チャップチャップ　ランランラン》
　子どもの弾むような気持ちが〈ピッチピッチ　チャップチャップ　ランランラン〉に、よく表れています。「ピッチピッチ」は雨が落ちる音、「チャップチャップ」は長靴で水溜まりを渡る音、「ランランラン」は子どもの嬉しさや楽しさを表した音とも言われています。オノマトペ（擬音）が可愛らしく明るい雰囲気を作っています。
《蛇の目》
　和傘の「蛇の目傘」のことで、開くと白い蛇の目形のような模様が現れます。傘の中央と外縁に太い輪状で黒・赤・紺などで色を塗り、その中間を白くした紙で作られた雨傘。
《おむかい》
　楽譜によっては〈おむかえ〉となったものがありますが、白秋は「おむかい」という東京方面の古い方言を使って書かれたようです。意味は「おむかえ」と同じです。
《カバン》
　ランドセルのような革製のものではなく、布製で肩から斜めにかける小形の袋（サック）。
《キミキミ　コノカサ　サシタマエ》
　大正時代の童話には「キミキミ」という表現がよく見られ、そんなに不自然な感じはしませんでした。「タマエ」は「給ふ」という尊敬の意を表す補助動詞ですが、「給へ」という命令形の語形が後世にまで残り、男子小学生の言葉として使われていたようです。

第4章　小学校高学年での実践

> ミニ解説

『肩たたき』　作詞／西條八十　作曲／中山晋平

　1923（大正12年）、幼児向きの絵雑誌「幼年の友」5月号に詩と曲が発表され、そこには中山晋平作曲の楽譜付きの童謡が初めて掲載されたのです。

> どの連も2行から成り立ち、1行目は意味のある文で、2行目は肩たたきのリズムを示す「タントン　タントン　タントントン」という擬音で表現されています。一連・二連・五連の1行目からは子どもが母親に語りかけている様子がわかり、三連・四連の1行目には肩たたきをしている場面の様子が描かれています。

> 日がいっぱいさしこむ縁側で、子どもがお母さんの肩たたきをする光景を歌っています。お母さんの凝った肩をたたいてあげる子どもの優しさが伝わってきます。この子どもは男の子なのか、女の子なのか、はっきりしませんが、「真っ赤な罌粟が笑ってる」からは、花が笑っているという花の表情にも注目していることが分かります。そのような花の表情にも目を向けやすいのは女の子ではないかと思います。「幼年の友」の挿絵も、『童謡小曲』第五集の表紙絵にも女の子が描かれているのは、子どもの母親への優しい語り口調に女の子のイメージを画家が感じ取ったからではないでしょうか。現在、中山晋平の生まれ故郷、長野県長野電鉄河東線「信州中野駅」の駅前には、女の子が母さんの肩たたきをしている銅像が建てられています。

　この童謡には、八十の忘れ難い特別の思いがありました。『肩たたき』が発表された10月に次女の慧子が急逝してしまったのです。「慧子はこの謡を殊のほか愛誦していた。常に『母さんお肩をたたきましょう、タントン、タントン、タントントン』と廻らぬ口で歌っていた。この謡を聞くと、私の前には彼女のひびの切れた赤い頬っぺたと、その悲しい眼とが浮かぶのである。」（『西條八十童謡全集』新潮社）

> 歌の意味

> 暖かい日がいっぱいふりそそぐ縁側で、母さんの肩たたきをするほのぼのとした母子の様子を罌粟の花が温かく見守っているようです。

> 言葉・語句

《縁側》
　日本の和風家屋で、座敷の外の庭などに面した細長い板敷き状の通路。
《罌粟》
　薬用や観賞用に植えられ、高さは1mくらい。初夏、茎の頂きに紅・紅紫・白などの大きな四弁花が開きます。種は小さくて黒や白など多数あり、料理に用いられることもありますが、未熟な果実の乳液からは阿片などの原料を製するので、一般の栽培は禁じられています。
《タントン　タントン　タントントン》
　リズミカルで覚えやすい旋律ですが、各連ごとに微妙な変化がつけられて作曲されています。

第Ⅱ部　童謡を活用した国語教育の実際

ミニ解説

『十五夜お月さん』　作詞／野口雨情　作曲／本居長世

　この童謡は1920（大正9）年「金の船」9月号で詩と曲が同時に発表されました。その時は『十五夜お月』でしたが第一童謡集への収録時に『十五夜お月さん』と改題されました。

> わらべ唄『うさぎうさぎ』の旋律を活かして作曲されていますが、何とも切なくもの悲しく悲調ただよう童謡です。婆やはお暇をって里へ帰り、妹も田舎へ貰われて行ってしまい、一人残された女の子の寂しさが歌われています。満月の夜に母さんに逢いたい、逢わせてほしいとお月さまに訴える寂しげな女の子の光景が浮かんできます。

> この童謡には詩が生まれる背景があるようです。野口雨情の長男雅夫のエッセイ「父・雨情の童謡」（1973年「太陽」128号）には、「家庭の事情で父母が少しの間別れて暮すことになり、父と私と妹が水戸の駅前の宿屋で母と別れました。母は栃木の実家に帰って行ったのです。その時は明るい月夜の晩でした。私は父の着物の袖をしっかり握りしめて、母の後姿を見送ったものです。」と記されています。その時の心境を歌ったものではないかと言われています。

歌の意味

　母が家にはいなくなり、小さい妹は田舎の親戚に貰われていってしまい、婆やもお暇をとり家を去ってしまいました。満月の夜、一人残された女の子は寂しくて、十五夜お月さまにもう一度母さんに逢わせてほしいと願い訴えているのです。

言葉・語句

《ご機嫌さん》
　「お父さん」「お月さん」の「さん」とは少し違います。「ご苦労さん」「お疲れさん」の「さん」と同類で、「ご機嫌いかがですか」という意味をもち、親しみを込めた言い方です。
《婆や》
　家事の手伝いのために雇われる年老いた女性。
《お暇》
　雇用の関係を絶つこと。雇われていた仕事を辞めること。
《貰られて》
　韻律を合わせる必要からなのでしょうか。「貰らわれて」とすべきところを詰めて「貰られて」と表現していますが、「貰らわれて」の意味です。
《母さん》
　「かあさん」のことを昔は「かかさま」と呼び、「とうさん」のことを「ととさま」と呼んでいました。古い言い方の「かかさま」から「かかさん」になり、「かあさん」に移り変わっていったのです。「母さん」は、今で言う「かあさん」になります。

第4章 小学校高学年での実践

> ミニ解説

『はなさかじじい』 作詞／石原和三郎　作曲／田村虎蔵

　昔話を歌にしたこの『はなさかじじい』が初めて発表されたのは、1901（明治34）年、『幼年唱歌』（初編下）です。この唱歌は、これまでの難解な文語調の歌詞ではなく、日常遣っている口語体の言葉で書かれていますので、幼い子どもたちにも分かりやすく広く歌われました。

　正直爺さんと意地悪爺さんが登場する昔話を題材にした道徳的な物語唱歌です。この歌は第五連から成り立っていますが、第三連に入る前に、「ぽち」が意地悪爺さんに殺されてしまうという場面が残酷すぎるからなのでしょうか、省略されているのです。その犬の「ぽち」ですが、「しろ」と呼ばれている昔話もあります。「御伽草子」には「いぬ」と記されており「ぽち」でも「しろ」でもなかったわけです。それは、この歌が作られた明治期になると斑点模様のあるポインター種が西洋から入り、犬の代名詞として「ぽち」が流行していた時代でした。和三郎は「ぽち」にした方が幼児には分かりやすいと考えたのでしょう。

　第二連と第四連に見られる「かいがら」ですが、1926年に田村虎蔵『検定唱歌集』（松邑三松堂）が発行された以降、「せとかけ」と改作されて歌い継がれてきました。「せとかけ」は瀬戸物の欠片のことです。「かいがら」では、そんなに悪い印象を与えないからではないでしょうか。

> 歌の意味

　正直爺さんのように正直な気持ちで暮らしていると、人の心を動かし、ご褒美をもらうなど、いいことがありますよ。

> 言葉・語句

《ほったれば》
　「ほったれば」より「ほったらば」といった方が分かりやすいかもしれません。「たれば」は古典語の助動詞「たり」の已然形「たれ」に、接続助詞の「ば」が付いたものです。「…したところ」という意味です。ここでは、「ほったところ」という意味になります。
《またぞろ》
　「またぞろ」は、「又候」と書いた副詞です。「またざうらふ」が転じた言葉で、「またもや」「またしても」という意味になります。
《うす》
　「臼」と書き、円筒形の木をえぐって作られた餅をつく時に使う道具です。ぽちを埋めた所に生えてきた木が大きくなり、その木から臼を作ったのです。
《はい》
　物が燃え尽きて残る粉末状の粉。意地悪爺さんが臼を借りて餅をついても小判が出てこないので腹を立て、その臼を燃やし、灰にしてしまったのです。その灰を枯れ枝にまいたわけです。

201

第Ⅱ部　童謡を活用した国語教育の実際

ミニ解説

『赤蜻蛉』　作詞／三木露風　作曲／山田耕筰

　『赤蜻蛉』は1921（大正10）年、『樫の実』8月号に発表され、童謡集『真珠島』（同年12月）を刊行する時に現在歌われている詩に改められました。この童謡は、講師として着任した函館のトラピスト修道院の窓から見えた竿の先にとまっている赤蜻蛉を見て作られました。

　第一連と第二連で、秋の夕焼け空に舞う赤蜻蛉の群れを姐やに背負われて眺めた幼い頃を思い出し、子守りをしてくれた姐やを追慕しているのです。第三連はその姐やが嫁いでしまうという出来事が起こり、第四連で今また目の前の赤蜻蛉に視線を向けているという起承転結が明瞭な構成になっています。しかし、15歳での結婚が認められない現在の婚姻制度からでしょうか、昭和22年の『五年生の音楽』では、三番の歌詞が削除されているのです。「転」にあたる三番がなくては、姐やへの思いや別れの寂しさが伝わるはずがありません。

　6歳の時に母に別れ、女の姉妹(きょうだい)もいなかった露風には姐やの背中のぬくもりが温かく感じられ、姐やに母を重ねていたのではないでしょうか。孤独感と寂しさの中で優しかった姐やは、母を慕った幼い頃の露風にとって大切な人だったのです。

　露風は13歳の頃から「露風」と号して、詩や散文を投稿していました。若い頃に既に「赤とんぼとまってゐるよ竿の先」という俳句を作っており、この童謡の四番にはその句が歌われています。「とまっているよ竿の先」には群れをなさずにたった一匹で静かに止まっている赤蜻蛉をじっと見つめる露風の孤独で寂しい気持ちが凝縮されています。

歌の意味

　姐やに背負われて夕焼け空に赤蜻蛉を見たのはいつの日のことだったのでしょうか。桑の実摘みを姐やが手伝ってくれた思い出は遠い幻のようです。姐も嫁に行き、便りも途絶えてしまいました。ふと目の前を見ると、夕焼けを背に赤蜻蛉が竿の先に止まっていたのです。

言葉・語句

《負(お)われて》
　「追われて」ではなく、「背負われて」の意味です。
《小籠》
　桑摘み籠には竹を編んだ携帯用の小型の籠と運搬用の背負い籠（しょいかご）があります。ここでは、手に持てるような小さな籠を意味しています。
《姐や》
　雇われて子守りとして働いていた娘のことを意味し、まだあどけなさが残る少女と思われます。
《お里》
　この詩には母という言葉が一度も使われていないので、母の里を意味するのではなく、姐やの里からの便りであると言われています。

第3節　「なりきり作文」で童謡を味わう――小学6年生――

　本実践は、筑波大学大学院修士課程を修了した翌年に成田市内の小学校で取り組んだ実践です。童謡を媒介にして「リライト」を使い、童謡の主人公や登場人物になりきって書く「なりきり作文」の実践ですが、児童は興味関心をもって取り組んでいました。また、本実践は童謡を視写し、童謡から想像した色を塗るという視写ワークシートの活用を初めて試みた実践です。

1　単元の目標
　○童謡に登場する人物の心情や情景を想像し、内容をつかむ。
　○想像したことを登場する人物などになりきって書く。
　○童謡が作られた当時の人々の生活や思いを知る。

2　単元の趣旨
　童謡も伝統的な言語文化の一つであり、深い文学性をもっています。そのことに留意し、歌詞の言葉に着目しながら童謡の世界で想像したことを文章で表現する力をつけさせていくのです。それには、歌詞の中での分からない言葉の意味を理解させ、内容を捉えさせることが必要になってきます。そこで、視写ワークシートを活用して音読や視写等の活動を行い内容把握に役立て、書くことの学習に繋げていきます。
　本単元では、童謡の主人公や登場人物などになりきって想像したことを書く、つまり、創作活動をすることにより、書くことの学習を活性化するとともに、伝統的な言語文化を実感させることをねらいとしています。

第Ⅱ部　童謡を活用した国語教育の実際

3　単元の流れ［全3時間］

1時	○童謡を聴き、題名を当てたり歌詞を音読したりして童謡に親しみ、童謡の共通点を探す。 ・『アメフリ』、『かなりや』、『十五夜お月さん』
2時	○『アメフリ』に登場する人物の心情や情景を想像し、童謡の内容をつかむ。 ・『アメフリ』視写ワークシートでの音読、歌詞の視写
3時	○『アメフリ』を視点を変えて、登場人物やその物になりきって書く。 ・書き出しの書いてある手引き

4　授業の実際

［第1時］の授業

目標	・歌詞の言葉に着目して聴いたり音読したりして、当時の人々の生活や思いを知る。

学習活動と内容	○留意点　★評価
1　三つの童謡を聴いて、題名を当てる。	○ワークシート①にメモを取りながら聴いてもよいことを知らせ、その題名を想像した理由を発表させる。
2　童謡の世界を想像する。 ①『アメフリ』（北原白秋） ・「蛇の目」→昔の雨傘、大きい、紙と竹ひごでできている ②『かなりや』（西條八十） ・「背戸」 ・「なりませぬ」 ③『十五夜お月さん』（野口雨情） ・「婆や」 ・「貰られて」 ・「お暇」	○歌詞の音読で、「蛇の目」に着目させる。 ○実物の「蛇の目」を見せたり触らせたりして、蛇の目傘をとらえさせる。 ○歌詞の音読を通して「背戸」などの言葉に着目させ、主人公について考えさせる。 ○歌詞を音読させ、「婆や」などの言葉に着目させ、主人公の心情を想像させる。 ★童謡の歌詞の言葉に着目して、当時の人々の生活や思いをつかんでいる。

3　童謡の共通点について話し合う。 ・人間（母と子）が出てくる ・昔っぽい感じ ・同じ言葉が繰り返し出てくる 4　まとめをする。	○三つの童謡の共通点は何か気づいたことを発表させ、童謡の特徴について捉えさせる。 ○学習を振り返り、感想を書かせる。

［第2時］の授業

目標　・歌詞の言葉に着目しながら『アメフリ』に登場する人物の心情や情景を想像し、内容をつかむ。	
学習活動と内容	○留意点　★評価
1　『アメフリ』を聴き、歌の印象を書く。 2　『アメフリ』を音読し、登場人物や登場する物を探す。 ・母さん、ボク、泣いてる子、 ・蛇の目、カバン、柳の木、鐘、 3　歌詞の言葉の意味を知る。 ・「ヤナギノネカタ」 ・「キミキミ　コノカサ　サシタマエ」 4　歌詞を視写し、登場人物や主人公について話し合う。 ・母さん、ボク ・キミ（泣いてる男の子） ・「ピッチピッチ　チャップチャップ　ランランラン」 5　『アメフリ』の童謡から想像する色を視写ワークシート②に塗る。	○『アメフリ』視写ワークシート②に印象を書かせる。 ○『アメフリ』視写ワークシート②の歌詞を見ながら音読させ、言葉の響きやリズムを実感させる。 ○歌詞の中で意味の分からない言葉や難しい言葉を出させ、その意味をつかませる。 ○『アメフリ』視写ワークシート②に好きな連を視写させ、登場人物の様子を思い浮かべられるようにする。 ○登場人物の中から主人公を考えさせる。 ○「ボク」が主人公であると思う理由や、「ボク」の年齢について、歌詞の言葉に着目させて話し合わせ、主人公の心情や童謡の内容をつかませていく。 ★『アメフリ』に登場する人物の心情や内容をつかんでいる。 ○この童謡を色に表すと、どんな色を想像するか、その理由も書かせて、

第Ⅱ部　童謡を活用した国語教育の実際

6　まとめをする。	『アメフリ』の世界を振り返らせる。 ○学習を振り返り、感想を書かせる。

［第3時］の授業

目標　・想像したことを『アメフリ』の登場人物や登場する物になりきって書く。	
学習活動と内容	○留意点　★評価
1　『アメフリ』を聴く。	○登場人物や登場する物を確認しながら聴かせるようにする。
2　『アメフリ』を音読する。	○何になりきって書きたいのか考えながら音読をさせる。
3　書き出し文が書かれた手引きを読む。 ・「ボク」や「母さん」、「蛇の目」「柳の木」などになりきった手引き	○手引きを読み合い、なりきり作文を書く場合には語尾や呼称を工夫することが大事であることを捉えさせる。
4　想像したことを、その物になりきって書く。	○手引きなどを参考にさせて、登場人物などの気持ちを想像させるようにする。 ○出来上がった作品を"『アメフリ』ひとりごと集"に製本していくことを知らせる。 ★想像したことをなりきって書いている。
5　作品を紹介し合う。	○数名の早く書き終えた児童から作品を紹介してもらい、なりきり作文を創作することの楽しさを実感させる。
6　まとめをする。	○学習を振り返り、感想を書かせる。

第4章　小学校高学年での実践

5　資料

【ワークシート①　題名当て・共通点探し】

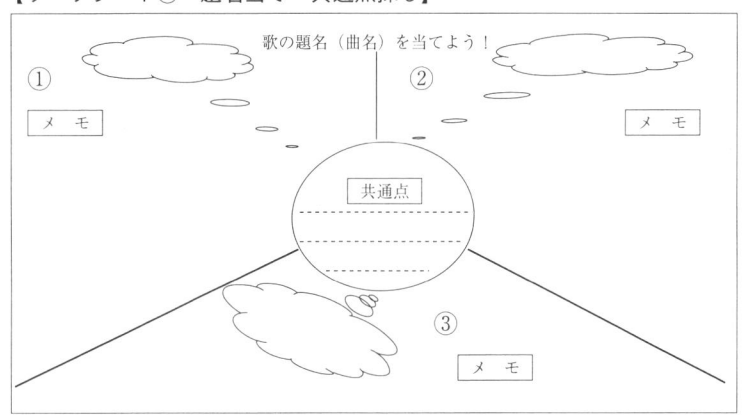

① ② ③　歌の題名（曲名）を当てよう！　共通点　メモ

【ワークシート②　『アメフリ』北原白秋／詞　視写ワーク】

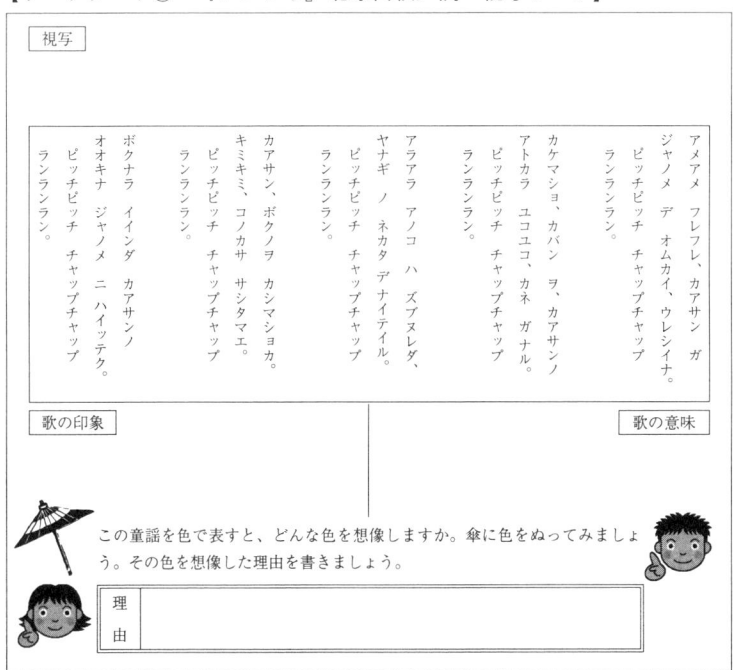

視写

アメアメ　フレフレ、カアサンガ
ジャノメデ　オムカイ、ウレシイナ。
ピッチピッチ　チャップチャップ
ランランラン。

カケマショ、カバンヲ　カアサンノ
アトカラ　ユコユコ、カネ　ガナル。
ピッチピッチ　チャップチャップ
ランランラン。

アラアラ　アノコハ　ズブヌレダ、
ヤナギノ　ネカタデナイテイル。
ピッチピッチ　チャップチャップ
ランランラン。

カアサン、ボクノヲ　カシマショカ。
キミキミ、コノカサ　サシタマエ。
ピッチピッチ　チャップチャップ
ランランラン。

ボクナラ　イインダ　カアサンノ
オオキナ　ジャノメニ　ハイッテク
ピッチピッチ　チャップチャップ
ランランラン。

歌の印象　　　　　　　　　　　　　歌の意味

この童謡を色で表すと、どんな色を想像しますか。傘に色をぬってみましょう。その色を想像した理由を書きましょう。

理由	

歌詞：『日本童謡集』岩波書店 1957 p.154

第Ⅱ部　童謡を活用した国語教育の実際

【児童作品】

視写　　　　　　　　6年1組　名前【 T男 】

カアサン、ボクノヲカシ
マショカ。キミキミ、コノカサ
サシタマエ。
ピッチピッチ　チャップチャップ
ランラン。

アメアメ　フレフレ、カアサン　ガ
ジャノメデ　オムカイ　ウレシイナ。
ピッチピッチ　チャップチャップ
ランランラン。

カケマショ、カバン　ヲ、カアサンノ
アトカラ　ユコユコ、カネ　ガ　ナル。
ピッチピッチ　チャップチャップ
ランランラン。

アラアラ　アノコ　ハ　ズブヌレダ、
ヤナギ　ノ　ネカタ　デ　ナイテイル。
ピッチピッチ　チャップチャップ
ランランラン。

カアサン、ボクノヲ　カシマショカ。
キミキミ、コノカサ　サシタマエ。
ピッチピッチ　チャップチャップ
ランランラン。

ボクナラ　イインダ　カアサンノ
オオキナ　ジャノメニ　ハイッテク。
ピッチピッチ　チャップチャップ
ランランラン。

【歌の印象】
なんかボクは、お母さんの
おむかえが来てすごくは
しゃいでいるような感じ。
お母さんのじゃのめで帰
るから傘をかしてあげよう
とかすごく優しい感じがした。

【歌の意味】
・母さんのお迎えがうれしい。
・母さんの蛇の目傘で一
緒に帰れるのが楽しい。

この歌を色に表すと、どんな色を想像しますか。傘に色をぬってみましょう。
その色を想像した理由を書きましょう。

理由　黄色はボクがうれしい・楽しいという気持ち。
　　　緑はボクの優しさ。
　　　青は雨がふるき。

児童視写ワーク

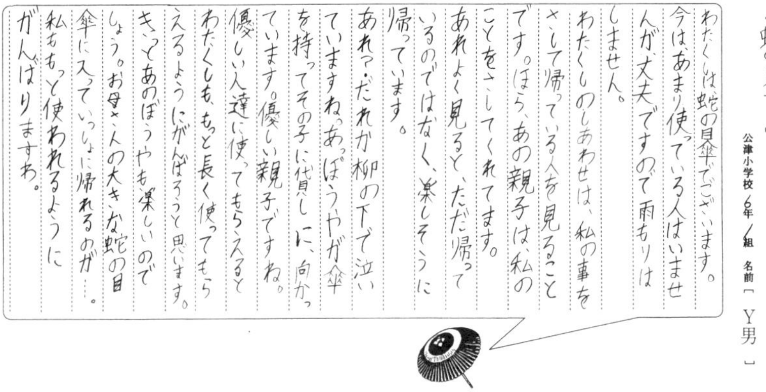

第 4 章　小学校高学年での実践

『蛇の目傘』　公津小学校 6年 1組 名前〔 Y男 〕

わたくしは蛇の目傘でございます。今はあまり使っている人はいません。今は丈夫ですので雨もりはしません。わたくしのしあわせは、私の事をさして帰ってくれる人を見ることです。ほら、あの親子は私のことをこうして見てくれています。あれもよく見ると、ただ帰っているのではなく、楽しそうに帰っています。
あれっ、だれか柳の下で泣いていますね。あのぼうやが傘を持ってその子に貸しに向かっていますね。優しい親子ですね。わたくしももっと長く使ってもらえるようにがんばろうと思います。きっとあのぼうや楽しいでしょう。お二人の大きな蛇の目傘に入っていっしょに帰れるのが私がもっと使われるように私がんばりますわ。

① 「蛇の目傘」のなりきり作文

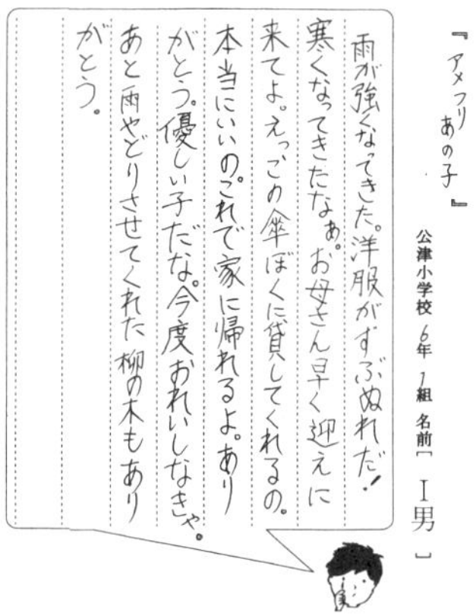

『柳』　公津小学校 六年一組 名前〔 F男 〕

わしは柳の木じゃ。わしももう老いてきたから葉の数もへってきてしもった。本当は声を出して早くあの子を呼べばずぶぬれにならずにすんだのう。
もっと雨をガードしてあげたいのう〜。
あの子は良かったのう〜。ぼくがカサをかしてくれて、お礼を言うんじゃぞ〜。
ちゃんと傘をかえすのだよ〜。

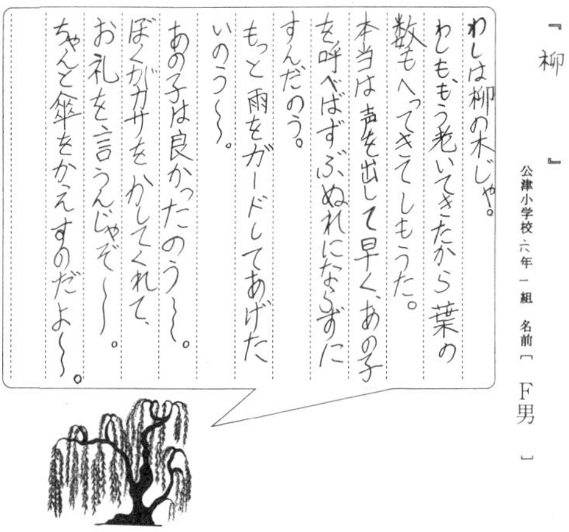

③ 「柳の木」のなりきり作文

『アメフリ あの子』　公津小学校 6年 1組 名前〔 I男 〕

雨が強くなってきた。洋服がずぶぬれだ! 寒くなってきたなあ。お母さん早く迎えに来てよ。えっ、このかさ、ぼくに貸してくれるの。本当にいいの。これで家に帰れるよ。ありがとう。優しい子だな。今度おれいしなきゃ。あと雨宿りさせてくれた柳の木もありがとう。

② 「あの子」のなりきり作文

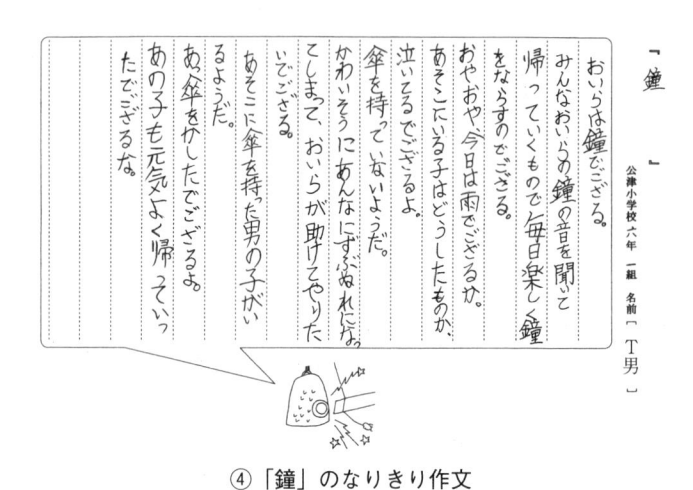

第Ⅱ部　童謡を活用した国語教育の実際

「鐘」
公津小学校 六年 一組 名前〔 T男 〕

おいらは鐘でござる。
みんなおいらの鐘の音を聞いて帰っていくもので毎日楽しく鐘をならすのでござる。
おやおや今日は雨でござる。あそこにいる子はどうしたものか、泣いてるでござるよ。傘を持っていないようだ。
かわいそうにあんなにずぶぬれになるではな。こしまって、おいらが助けてやりたいでござる。
あそこに傘を持った男の子がいるようだ。
あ、傘を貸したでござる。
あの子も元気よく帰っていったでござるな。

④ 「鐘」のなりきり作文

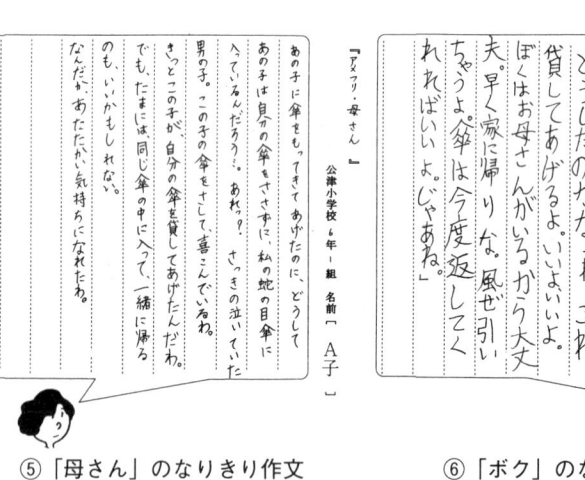

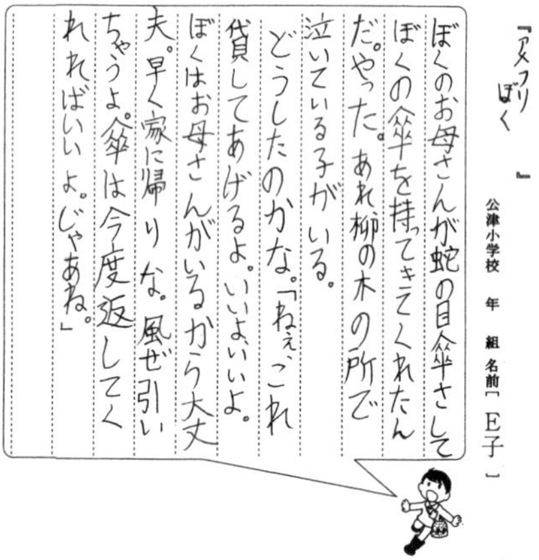

「アメフリ　ぼく」
公津小学校 ○年 ○組 名前〔 E子 〕

ぼくのお母さんが蛇の目傘さしてぼくの傘を持ってきてくれたんだった。あれ柳の木の所で泣いている子がいる。
どうしたのかな。
貸してあげるよ、いいよいいよ。ぼくはお母さんがいるから大丈夫、早く家に帰りな。風ぜ引いちゃうよ。傘は今度返してくれればいいよ。じゃあね。」

⑥ 「ボク」のなりきり作文

「アメフリ　母さん」
公津小学校 6年 1組 名前〔 A子 〕

あの子に傘をもってきてあげたのに、どうしてあの子は自分の傘をささずに、私の蛇の目傘に入ってるんだろう。あれ？　さっきの泣いていた男の子。この子が傘をさしてあげたんだね。きっとこの子が自分の傘を貸してあげたんだわ。でも、たまには同じ傘の中に入って一緒に帰るのもいいかもしれない。
なんだか、あたたかい気持ちになれたね。

⑤ 「母さん」のなりきり作文

210

第4章 小学校高学年での実践

【児童作品】

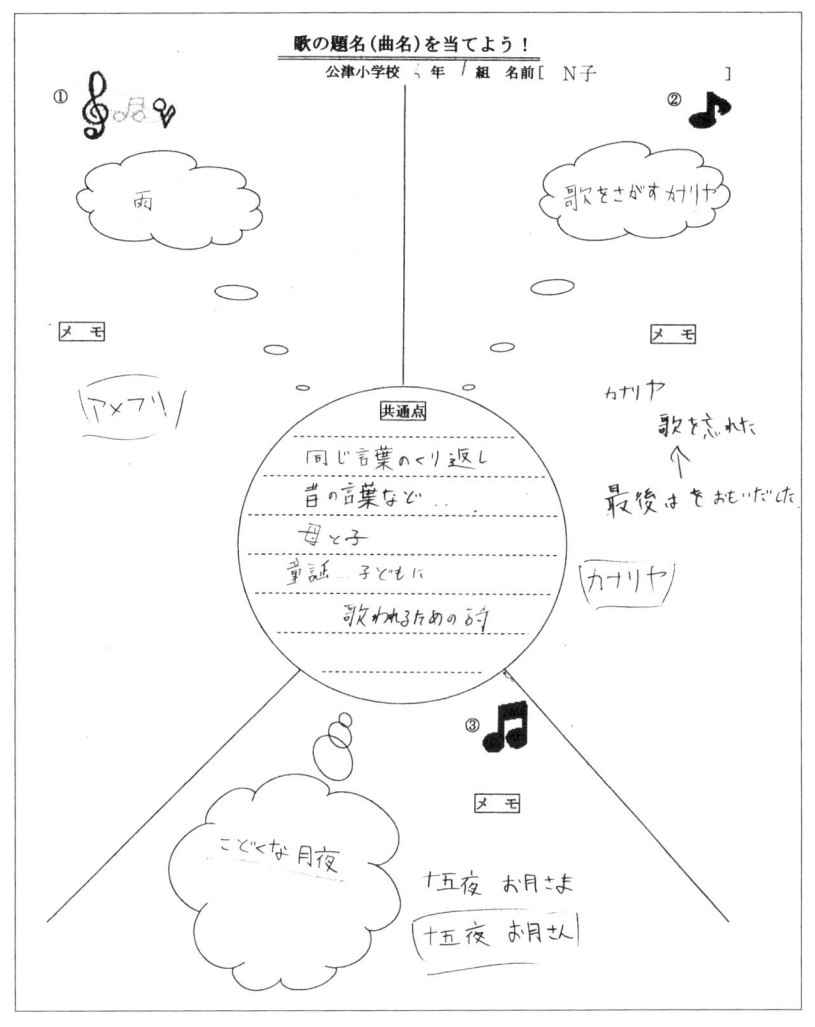

児童題名当てワーク

211

第Ⅱ部 童謡を活用した国語教育の実際

学習をして，感想やわかったことなどを書きましょう。　[12／16(木)]
公津小学校6年　　名前（　A子　　　　）

童謡だけでなく、自分の知ってる歌などを、毛になおすとどうなるのかなー
と思いました。ただの歌だと思っていたけど、書きだして、読んで
みると、歌の主人公の気持ちがよくわかりました。『アメフリ』という詩は、
道徳の教科書にのってもいいなーと思いました。

学習をして，感想やわかったことなどを書きましょう。　[12／16(木)]
公津小学校6年　　名前（　Y男　　　　）

いままでは、一つの小さい子が聞く歌欠だと思ったけど、
たった一つの歌欠にたくさんの意味があった事が分かった。
童謡は、大人でも子供でもいっしょに楽しめる詩だと思う。

学習をして，感想やわかったことなどを書きましょう。　[12／16(木)]
公津小学校6年　　名前（　F男　　　　）

作者北原白秋さんは何を伝えたくて、何を思って
この詩を書いたのだろう。ぼくは詩と同じような子供
を見て「昔のころを思いだして、なつかしんでる」と思う。

感想

第4章　小学校高学年での実践

【書き出しの手引き】

> おいらは、雨さ。人間は雨降りの日を嫌がっている人が多いようだけど、そんなに嫌がらないでよ。ほら、見てよ。あの男の子だって、母さんと一緒に蛇の目傘さして長ぐつはいて、水たまりを楽しそうに渡っているよ。……

> わたくしは、蛇の目傘でございます。紙と竹ひごと糸で丈夫に作られておりますので、雨もりはしませんのよ。ほら、あの親子も蛇の目をさしているでしょう。あの親子を見てますと、わたくしまでうれしくなってきますの。……

> わしゃ、鐘じゃ。毎日夕方になると、わしは音を鳴らすのじゃ。「そろそろ日がくれるから、家へ帰りましょう」と、よびかけているんだよ。あの親子だって、わしの鐘の音をきいて、……。

> あの子、傘をさして長ぐつはいて、あんなにチャップチャップと水たまりを渡っていくなんて、雨降りでも楽しいのね。あら、あの子、泣いてる子に自分の傘を貸してあげてるわ。……

> 母さんが蛇の目傘さして、ぼくの傘を持って迎えに来てくれたんだ。うれしいな。ぼく、雨降りでも楽しくなってきたよ。だって、母さんと一緒に帰れるんだもん。あれ、柳の木の下で泣いている子がいる。どうしたのかな。……

6　実践を終えて

　「ただの歌だと思っていたけど、書き出して、読んでみると、歌の主人公の気持ちがよく分かった」という児童の感想から、視写ワークシートで歌詞の音読や視写をすることによって、内容把握を深めることができたことが分かります。童謡を色に例えるとどのような色を想像するか、傘に色を塗る時、どの子もいろいろと想像して楽しそうでした。その理由を読むと、童謡の内容をどのように捉えているのかが把握できるので、評価にも

213

第Ⅱ部　童謡を活用した国語教育の実際

生かされていきます。本実践で、「視写ワークシート」が効果的であることが実証できました。

どうしても、なりきって書くことが想像できない場合は、「手引きの文の後に続けて書いてみましょう」と助言をしましたが、そのような児童は一人もおらず、どの子もすぐに書き始め、まさに鉛筆の音しか聞こえないという書き浸る状態でした。また、一人で複数の物になりきって書いている児童も多く見られ、どの子も夢中になって取り組んでいました。3時間の授業を見てくださった学校長より、「普段遅れ気味の子どもたちも熱心に書いているのに驚いた。」というコメントを頂き、どの子も参加できる授業を展開することができたのです。

　尚、この実践は、日本国語教育学会編『月刊国語教育研究№473』（2011年）「私の学習室」において掲載されました。

資　料

〔資料１〕　好きな童謡を選んだ理由
〔資料２〕　童謡を聴く前・聴いた後の作品
〔資料３〕　第１時　授業後の児童の感想
〔資料４〕　第２時　授業後の児童の感想
〔資料５〕　第３時　授業後の児童の感想
〔資料６〕　童謡ワークシート編

第Ⅱ部　童謡を活用した国語教育の実際

〔資料１〕　好きな童謡を選んだ理由

★聴く前と後、共に同じ童謡で作品を創作　　※未提出者有り、理由無記入者有

童謡を聴く前	童謡を聴いた後
○『十五夜お月さん』　　　　50% 　　　　　（13・12・11名） ★1 かわいらしいから ★2 「十五夜お月さん」を読んでる時、思いうかんだから ★3 物語みたいになっているから ★4 悲しいストーリーが感じられる。少女の思いが手にとるように分かった ★5 初めて読んだ時、いいなーと思った ★6 リズムがいいから ★7 月が好きだから ----------------------------------- ①十五夜が好きだから ②リズムがいいから ③その人の心の中がよく伝わるから ④無3・4 ⑤昔の様子が書いてあったから ⑥きれいな詩だから ⑦いい詩だから ⑧すごくいい詩だから ⑨しぶいから ⑩なんとなく ⑪何だか悲しそうだったけれど、一番書きやすかったから ⑫何だか悲しい詩で心にしみるから	○『十五夜お月さん』　　　　16% 　　　　　（4・1・6名） ★1 歌のしぶさがよかった ★2 悲しい感じが分かる ★3 かわいそうだから ★4 悲しい少女の気持ちが伝わってくるから ★5 この詩を書いた気持ちがよく分かった ★6 無 ★7 印象的だから ----------------------------------- ㉔実際にあったような事を表現している ㉕無3

[資料1] 好きな童謡を選んだ理由

⑬すごく大切な願いごとを十五夜お月さんにしてたから、いいものだと思った ⑭かんたんで分かりやすいから ⑮「星野」なので星が好きだから ⑯詩をきいて、すぐ思いついたから ⑰何かとても悲しい感じがした ⑱母さんにあいたいと思っている気持ちが分かるから ⑲バランスがよかったから ⑳お願いごとを月に向かっていうところなどがいいなと思った ㉑いい詩で悲しいから ㉒大人の詩みたいだから ㉓なんだか切ないような感じがして、自分は幸せだなーと思えるから。	
○『アメフリ』　　　　　　　21% 　　　　　（1・5・9名） ★36知っているから ★37歌みたいだから ★38テンポがよかった ★39テンポがある ★40「ピッチピッチ　チャップチャップ　ランランラン」がおもしろい ★41書きやすそうだったから ★42母さんが迎えに来るうれしさを表していて、やさしさも表している ★43リズムがいい ★44いろいろとおもしろい ★45無	○『アメフリ』　　　　　　　63% 　　　　　（13・17・15名） ★36母さんがカサを持ってきてて、やさしい感じがする ★37リズムにのりやすい ★38「ぼく」のやさしさが感じられた ★39リズムがおもしろい ★40母さんが迎えに来て、うれしいことが分かる ★41リズム感があって明るい感じの歌だから ★42迎えに来てくれるうれしさを表している ★43雨の日の出来事を表している ★44リズムがとれていていい ★45リズム感があり、よく人物などがいる

217

第Ⅱ部　童謡を活用した国語教育の実際

★46知っているから	★46明るい方が好きだから
無1・3	①楽しいリズムで雨の日がうれしくなる ②最後のリズムがいいから ③リズムがいいから2・2・2 ④リズム感がいいから1・1 ⑤リズムがおもしろい ⑥楽しそうだしリズムがいい ⑦リズム感があって楽しい感じ2 ⑧リズムがよく、うれしい気持ちが表現されている ⑨明るくてリズムがいい ⑩明るい曲だから ⑪おもしろいから ⑫楽しいから ⑬ゆかいだから ⑭無1・1・2 ⑮何となく ⑯歌がかわいいから ⑰リズミカルだから ⑱リズムがいいのとずっと好きだったから ⑲「ピッチピッチ　チャップチャップ　ランランラン」というリズムがいい ⑳歌の声がかわいいから ㉑雨だけどなんだか楽しい ㉒一番リズムがよくて、楽しそうだから ㉓雨が降っている音がおもしろいから ㉔元気そうでリズムがあるから
○『肩たたき』　　　　29% 　　　　　　　（10・7・4名）	○『肩たたき』　　　　21% 　　　　　　　（7・5・3名）

〔資料１〕 好きな童謡を選んだ理由

★51一番表現の仕方がいい
★52子どもがやさしくて、お母さんの肩をたたいてあげていい詩だった
★53俳句短歌を作ったから
★54テンポがいい

----

①何か楽しい詩だから
②やさしそうな詩だから
③リズミカルだから
④おもしろいから１・１
⑤その俳句を作ると季節や何をしているのかが分かるから
⑥読んで楽しいから
⑦何かやさしい感じがしたから
⑧すごく落ち着く詩だから
⑨肩をたたいている人の気持ちがよく分かるから
⑩肩をたたいているといろんな事が起きるから
⑪リズムがいいから好き
⑫リズムが楽しいから２
⑬しらが、白髪がはえている２
⑭日がさしているとか、けしが笑っているなど難しい表現がされているから

★51リズムのテンポがいい
★52トントン…の所がリズムがいいから
★53うけるから
★54リズムが好き

----

⑮おもしろくて明るいから
⑯楽しい感じだったから
⑰昔っぽくて楽しいから
⑱リズムにのれる
⑲リズム感がいい
⑳リズム感があって楽しい１・１
㉑リズム感があって楽しい曲だから
㉒明るい曲だから
㉓かわいいから
㉔何だか意味的に八十さんががんばった感じがする。

219

第Ⅱ部　童謡を活用した国語教育の実際

〔資料２〕童謡を聴く前・聴いた後の作品

謡を聴く前の作品

★聴く前と後、共に同じ童謡で創作、聴く前と後の番号は対応している。

『十五夜お月さん』
★１．十五夜に　妹田舎へ　心悲し
★２．さみしいな　すすきがあっても　あいたいな
★３．十五夜よ　川の流れに　今もなお　あいたい人に　にげられたり
★４．月を見て　願いをつづろう　逢いたいな
★５．母(かか)さんに　も一度あいたい　月の夜
★６．コスモスが　かあさんみたいだ　おつきさん
★７．十五夜の日　お母さんに　逢いたいな
　８．十五夜は　いつもきれいな　お月さん
　９．秋の日に　妹田舎に　貰われた
　10．お月さん　あわしておくれ　母さんに
　11．お月さん　早くあいたい　母さんに
　12-1．お月さん　あわせてくれよ　かあさんに
　12-2．かあさんは　どこへいったの　お月さん
　13．母さんに　あいたいけれど　あえないの
　14．十五夜に　貰られていった　妹が
　15-1．母さんね　なんでわたしを　おいてくの
　15-2．十五夜　婆やまってよ　やめないで
　16．十五夜の　お月さんは　きれいだな
　17．十五夜の　月みてうかぶ　母の顔
　18．十五夜に　なみだとまらず　かなしいな
　19．お月さん　ばあや母さんに　あいたいな
　20．お月さん　おねがいも一度　あわせてよ　おかあさんに　あわせてください
　21-1．十五夜に　母にあいたい　ねがってる
　21-2．十五夜が　のぼるとさびしさ　ましていく

〔資料２〕　童謡を聴く前・聴いた後の作品

21-3．秋の夜　十五夜が出て　空を見る　母にあえない　さびしい日々
22．お月さん　どうかわたしの　ねがいごと　きいて母さんに　はやくあわせて
23．お月さん　また母さんに　あいたいな
24．十五夜で　私は一人で　さみしいな
25．母さんは　今なにしている　あいたいな
26．逢いたいな　月にたのむよ　母(かあ)さんよ
27-1．母さんを　思い出すたび　なみだでる
27-2．お月さん　きらきらひかる　きれいだな
28-1．十五夜に　祈る妹　母さんよ
28-2．お月さん　逢わせてください　母さんに
29．十五夜の　月にいのる　私の声
30．十五夜は　母さん逢いたい　わたしはね
31．母さんに　また逢いたいな　もう一度
32．十五夜は　お月みだんごが　たのしみだ
33．お月さん　またあいたいな　母(かあ)さんに
34-1．お月さん　また母(かあ)さんに　あいたいな
34-2．母(かあ)さんよ　はやくむかえに　来ておくれ
35．お母さん　あさがおさいたね　ありがとう◎

『アメフリ』
★36．かあさんの　雨のおむかえ　うれしいね
★37．すごい雨　みんなで入ろう　かさの中
★38．ヤナギの木　雨にうたれて　生き生きと
★39．雨の日に　かさをまわして　ランランラン
★40．雨の日に　じゃのめをさしましょ　母さんに
★41．雨の日に　かさを回して　うれしいな
★42．雨の道　じゃのめをさして　歩いてく
★43．雨の日に　かさを回して　楽しいな
★44．アメフリに　ジャノメをあのこに　かしましょう
★45．母さんの　ジャノメでおむかい　うれしいな
★46．あめがふる　かあさんジャノメで　おむかえだ

第Ⅱ部　童謡を活用した国語教育の実際

47. アメフリで　ずぶぬれになり　かねがなる
48. 母さんよ　じゃのめでむかえ　来ておくれ
49. ウレシイナ　アメノヒオムカエ　ランランラン
50. 雨の中　じゃのめを回して　歌いだす
62. ないている　あの子にかさを　かしたいな

『肩たたき』

★51. かたたたき　タントンタントン　気持ちいい
★52. けしの花　見ながら母の　肩たたき
★53. お母さん　お縁側には　雪があり
★54. お母さん　たくさん白(しら)が　ありますね
55. 母さんに　かたをたたいて　いい気持ち
56-1. 罌粟の花　真っ赤にさいて　夏がきた
56-2. 罌粟の花　真っ赤にさいて　夏がきた　今年も罌粟は　元気に笑う
57. けしの花　きょうもたいよう　てりつけて
58. 初夏だね　母さんみてみて　けしが笑ってる
59. かたたたき　真っ赤な罌粟が　笑ってる
60. ぽっかぽか　いい天気だぞ　かたたたき
61. 母さんに　あたたかい日に　かたたたき
62. 笑ってる　真っ赤なけしが　こっち見て
63. ねぇ母さん　真っ赤なけしが　笑ってる
64-1. 縁側で　肩をたたいて　いい気持ち
64-2. 肩たたき　母さん外見て　罌粟笑う
64-3. 肩たたき　罌粟が笑って　日がくれて　いつまでやるの　肩たたきを
65. お母さん　おえんがわには　日がいっぱい
66. けしの花　風にふかれて　笑ってる
67. かたたたき　コスモスさいた　お母さん
68. 肩たたき　わたしの前に　罌粟の花
69. かたたたき　白(しら)がみつけたよ　かあさんに
70. 母さんの　すてきな笑顔は　罌粟のよう
71. 肩たたき　しゃべりだしたら　笑うけし

222

〔資料２〕 童謡を聴く前・聴いた後の作品

童謡を聴いた後の作品

『十五夜お月さん』
- ★1. 母(かか)さんに も一度会わせて お月様
- ★2-1. あいたいな すすきの前で 母(かか)さんに
- ★2-2. つまらない 十五夜お月と 二人っ子
- ★3. 十五夜よ 母(かか)さんも一度 逢いたいな
- ★4. お月さま 逢わせておくれ 母さんに
- ★5. 母(かか)さんに 早くあいたい お月さん
- ★6. コスモスが かかさんみたい おつきさん
- ★7-1. 十五夜の こいしき母に 逢いたいな
- ★7-2. 十五夜の さびしきままに 想像し 母や妹 なつかしく思う
- 47. お月さん 一人ぼっちで さみしいな
- 48. 十五夜の 月にてらされ 妹は 田舎へもらわれ いっちゃったとさ
- 49. あいたいな はやく母(かか)さんに あいたいな
- 56. 母(かか)さんに 逢わせておくれ お月さん
- 71. お月さん なんでみんなは いっちゃうの

『アメフリ』
- 5. かあさんの 雨のおむかえ うれしいな
- 8. あめの日は 楽しく帰ろ 母さんと
- 9. 雨の日に 母さんじゃのめで おむかいだ
- 10. 雨ふれば むかえにくるよ 母さんが
- 11. 雨ふれば ジャノメでくるよ 母さんが
- 12. お母さん じゃのめでぼくは じょうきげん
- 13. 母さんよ じゃのめでおむかえ 来ておくれ
- 14. 雨がふる ジャノメできたよ 母さんが
- 15. ずぶぬれだ じゃのめをあの子に かしましょう
- 16. 母さんの じゃのめあたたかい うれしいな
- 17. アメの空 ぼくの心で 晴れわたる
- 18. ちびっ子が 雨にうたれて 走ってた
- 19. アメがふり 母さんむかえ うれしいな
- 20. アメフリで ずぶぬれの子に かねがなる

223

第Ⅱ部　童謡を活用した国語教育の実際

- 21-1．かさかすよ　僕ならしんぱい　いらないよ
- 21-2．雨ふれば　母さんおむかえ　うれしいな
- 22．アメだな　おむかいきてよ　お母さん　うれしいなー　ピッチピッチと
- 23．うれしいな　母さんむかえに　きてくれて
- 27-1．母さんや　かさをあのこに　かしてくる
- 27-2．雨の日は　じゃのめでむかい　うれしいな
- 34．アメフリニ　カアサンジャノメデ　ランランラン
- ★36-1．ずぶぬれだ　あのこはないて　かわいそう
- ★36-2．かあさんが　むかえにきたよ　やさしいね
- ★37．母さんの　ジャノメの中は　あたたかい
- ★38．雨の日に　ジャノメをもって　きてくれた
- ★39-1．雨の日に　じゃのめに入って　おむかえだ
- ★39-2．雨の日は　母さんおむかえ　うれしいな
- ★40．ずぶぬれの　あの子にかしましょ　ぼくのかさ
- ★41．雨の日の　ジャノメでおむかい　うれしいな
- ★42．雨の日は　かならずおむかえ　うれしいな
- ★43．雨の日に　かあさんおむかえ　楽しいな
- ★44．母さんが　じゃのめをもって　おむかえだ
- ★45．かんしゃする　あのこのおかげ　じゃの目がさ
- ★46．ズブヌレダ　ダイジョウブカト　カサヲカス
- 52．雨の音　ジャノメでむかえ　ありがとう
- 55．アメアメヨ　フリツヅケルト　ズブヌレダ
- 57．母さんの　じゃのめは大きく　たのしそう
- 58．カアサン　カシマショウカ　ボクノカサ
- 59．アメの日は　みんなをたのしく　してくれる
- 60-1．雨の中　泣いてるあのこに　かさあげた
- 60-2．おかあさん　じゃのめがさを　ありがとう
- 61．かあさんが　ジャノメひらいて　おむかいに
- 62-1．じゃのめがさ　もった人みな　うれしそう
- 62-2．ないている　あの子にかさを　かしましょう
- 63．あの子が　やなぎのねかたで　ないている

［資料２］ 童謡を聴く前・聴いた後の作品

64-1. アメフリの　雨の音だけ　おもしろい
64-2. 母さんが　むかえに来たら　ぬれてます
65. キミキミ　ボクノコノカサ　サシタマエ
66. 雨の中　母のじゃのめは　うれしいな
67-1. アメがふり　ジャノメでおむかい　おかあさん
67-2. 雨の日に　ジャノメをさして　ごきげんよ
68. 雨の日に　ないてたあの子　元気かな
69. カアサンノ　ムカエガウレシイ　ジャノメガサ
70. 雨がふり　やさしい母が　むかえ来る

『肩たたき』
24. けしの花　真っ赤にさいて　きれいだね
25. えんがわは　日がいっぱいで　あたたかい
26. 肩たたき　タントンタントン　白(しら)が見え　真っ赤な罌粟が　くすくすと笑う
28. 笑ってる　真っ赤な罌粟も　タントントン
29. けしの花　真っ赤にさいて　ゆれている
30. 肩たたき　気持ちがいいよ　タントントン
31. けしの花　日がいっぱいで　いい気持ち
32. けしがさく　肩たたきには　ちょうどいい
33. 母さんの　肩をたたいて　いい気持ち
37. 母さんも　真っ赤な罌粟も　笑ってる
50. 肩たたき　けしも笑って　タントントン
★51. 肩たたき　けしも笑うよ　たのしそう
★52. おかあさん　おえんがわには　ひがいっぱい　まっかなけしも　ほほえんでます
★53. お母さん　お縁側には　けしの花
★54. 母さんは　白(しら)ががめだつ　つかれてる
69. かあさんの　かたこりつらそう　肩たたき

225

第Ⅱ部　童謡を活用した国語教育の実際

〔資料3〕第1時　授業後の児童の感想

1. 俳句には季語が必要だと分かった。2名
2. 俳句には季節が入らなくてはいけないということを初めて知りました。2名
3. 俳句は五・七・五ということが分かった。2名
4. 俳句がどういうものか、よく分かった。2名
5. 俳句を作るのは大変、難しそう　2名
6. 俳句のおもしろさが分かった。
7. 俳句で季節を表したり、小さい「ゃ」「ゅ」「ょ」は一文字に入らないのに、小さい「っ」は一文字に入るとは思わなかった。
8. 俳句に興味をもちました。
9. 季節がわからないと俳句ではないこと分かりました。
10. 俳句はかんたんに見えても、むずかしいことが分かった。
11. 前から五・七・五は知っていたので、発表するのが楽しみでした。私のクラスでは古文と俳句を勉強したので、みんな知っていると思います。「夏の空　ぽっかりうかんだ　きのこ雲」これは自分で作った俳句です。原爆がテーマです。悲しいテーマですね。俳句を作るのは楽しいですね。ずっと作っててもあきません。谷先生有り難うございました。俳句がもっと好きになりました。
12. 俳句や短歌の意味や特ちょう、違いが分かった。6名
13. 俳句は五・七・五で、短歌は五・七・五・七・七ということが分かった。5名
14. 短歌は五・七・五・七・七のことだと分かった。3名
15. 俳句や短歌のことがよく分かりました。3名
16. 短歌の意味が分かった。2名
17. 短歌は百人一首なんだと思った。2名
18. 小さな「ゃ」「ゅ」「ょ」などは数えないということが分かった。2名
19. 短歌は五・七・五・七・七で、百人一首などは短歌でできているということが分った。2名
20. 短歌のことを知らなかったので、短い歌だったとは知りませんでした。

〔資料３〕　第１時　授業後の児童の感想

21. 短歌を作ってみたいなぁと思った。
22. 俳句のきまりはあまり知らなかったから、いろんなことを知れたので楽しかった。
23. 俳句や短歌はちゃんときまりがあることが分かった。
24. 俳句は季語を使うこと、短歌には季語を使わないことが分かった。
25. 俳句や短歌は気持ちが伝わってくる。
26. 説明の仕方がうまくてよくわかった。あと初めて知ったことがすごく分かった。
27. いろいろと分かったので、よかった。３名
28. 百人一首をやって楽しかった。おもしろかった。18名
29. カルタが少ししか取れなかったので、今度はいっぱい取りたい。４名
30. 昔の言葉と今の言葉はだいぶ違うなぁと思った。
31. 俳句と短歌は少し知っていたけれど、改めて詳しく知ったので、もしかしたら家などで使えるかもしれない。
32. 季節のことが分かった。
33. 百人一首をまたやりたいです。
34. 先生の話を聞いてよく分かった。
35. 未記入２名

第Ⅱ部　童謡を活用した国語教育の実際

〔資料4〕第2時　授業後の児童の感想

※資料4と資料5の番号は対応し、同一人物

1. 俳句を作るのが難しい
2. 俳句は思ったことを五・七・五にしてやれば出来上がるんだと思った。これからも作ってみたい。
3. 『十五夜お月さん』を題名にしてよかった。
4. 1校時エリア（学年のオープンスペース）で学習した時とほとんど変わりませんが、谷先生有り難うございました。頑張ってください。
5. 俳句や短歌のことがよく分かった。
6. 教えてもらって、俳句短歌は簡単にできないなーと分かりました。
7. 短歌は難しいんだなと思いました。
8. 未提出
9. 俳句作りが楽しかった。
10. いろんな言葉の意味が分かった。
11. 百人一首とかが短歌なんだなと思った。
12. おもしろかった。
13. 俳句と短歌の違いが分かった
14. 最初は『肩たたき』にしようとした。でも、『十五夜お月さん』の方がいろいろ書けた。
15. 短歌や俳句がこんなに作るのが大変なんて、気づかなかった。
16. よく読めばすごく意味が分かる。
17. 俳句を作るのは難しいかなと思ったけど、いがいと簡単でした。
18. 俳句を書くのが難しいと思った。
19. 『アメフリ』『肩たたき』『十五夜お月さん』は全部リズムにのっている。
20. 楽しかった。
21. 俳句を作るのが難しかった。
22. 五・七・五・七・七がべつに、五・八・五・六・七でもいいことを知った。
23. 俳句は五・七・五で、十五夜の俳句が作りやすかった。
24. いろいろな言葉を知った。

〔資料4〕 第2時　授業後の児童の感想

25. 俳句や短歌を作るのが楽しかった。
26. 詩の意味が分かった。
27. 俳句の意味を知りました。よかったです。
28. 詩は感じようとして読まないと、分からないと思った。
29. 短歌などを作ったりするのは、難しいなと思った。
30. いろいろなことが分かって楽しかったです。
31. 俳句を書いていろいろなことが分かりました。
32. 未提出
33. 未提出
34. 未提出
35. 別紙プリント
36. 俳句は五・七・五なんだと思いました。
37. 俳句は五・七・五とは知っていたけど、季語がいることは知らなかった。
38. 俳句とか作るのがおもしろい。
39. 俳句は五・七・五ということが分かった。
40. 俳句を作るのがいがいと難しいことが分かった。
41. 俳句は季語を表さないと、俳句とはいわないことが分かった。
42. 季語が入っていないと俳句じゃないから難しい。
43. 俳句を作る時が楽しい。
44. その様子がよく分かる。
45. 未提出
46. 詩を俳句にするのは難しかった。
47. 楽しかった。
48. 短歌を作るのが難しかった。
49. 未提出
50. 難しかったです。けど、俳句の世界には「松尾芭蕉」という俳句を書いている人がいるのを初めて知りました。楽しかったです。
51. 小さい「ょ」などは文字数にかぞえないで、音数で数えるのが分かった。
52. 実際に俳句を作ってみて、なかなかいい俳句が思いうかばなかったけれど楽しかった。
53. 楽しかった。また作りたい。
54. 詩は作った人の気持ちが分かる。
55. 先生の説明がとってもよく分かりやすかったので、よく分かったです。

56. 俳句、短歌作りは難しかったけど、良いのができた。
57. 詩は筆者の気持ちが描かれていると分かった。
58. はじめは俳句とか短歌のこと全然知らなかったけれど、この学習をしてよく分かった。
59. 短歌や俳句の作り方が分かった。
60. 短歌や俳句の特徴が分かってよかった。
61. 昔は母さんと読まず、母さんとよんでいたことが分かりました。
62. 詩にもたくさんの種類があるんだと思った。詩を作るのが難しかった。
63. 俳句のことがよく分かった。
64. 俳句は五・七・五で、短歌は五・七・五・七・七ということが分かった。
65. こういう詩があることが分かった。
66. 俳句って難しいなと思った。でも、もっと書いてみたいと思う。
67. 俳句や短歌のおもしろさを教えてもらって、とてもおもしろかった。いろいろな詩を教えてもらって、とても楽しかった。
68. 俳句を作ったことがなかったので、結構時間がかかると思ったけど、話を聞いてやったら、それほど難しくなく、楽しい学習だった。
69. 楽しかった。
70. 楽しかった。
71. 俳句を書くのは難しいなぁと思った。
72. 「けし」って花、初めて聞いた。いろいろ学べた。

〔資料5〕第3時　授業後の児童の感想

1. 俳句を作るのが楽しかった
2. 俳句や短歌が何かがよく分かったから興味が出た。俳句を作ったのが楽しく思った。また、作ってみたい。
3. 三つの詩は感動し、参考になった。
4. <u>ただ音楽をきくだけでなく、その歌詞に込められた意味を考えてみると、悲しげだったり楽しかったことが分かって、より音楽と詩の世界が広がった気がしました。考えてみると、「音楽」にも「音を楽しむ」という意味があったんですね。</u>
5. いろいろな童謡があるなーと思った。
6. 未提出
7. はじめて短歌がかけました。
8. 童謡は詩でも歌にしても良いのだなと思いました。昔の言葉で、感じも昔っぽかったです。
9. 俳句作りが楽しかった。
10. おもしろかった。
11. 楽しい歌やおもしろい歌や静かな歌のいろいろな歌が短歌なんだなと思った。
12. 『アメフリ』や『肩たたき』など、いろんな童謡があっておもしろかったです。
13. 俳句が作れてよかった。
14. 谷先生がわかりやすく説明をしてくれたので、よく分かりました。作る時に、とても難しかったです。すぐ、思いつかなかったので、その時に難しいなぁと思いました。でも、楽しくできました。
15. 短歌や俳句が作れるようになってうれしかった。
16. 童謡は音などが入っていて、おもしろい。童謡は歌でもあるし、話でもあることがわかった。
17. 童謡など分からなかったけど、よく分かった。俳句も知っていたは知っていたけど、季語などが入って俳句だとは知らなかったので、よく分かってよかったです。

第Ⅱ部　童謡を活用した国語教育の実際

18. 未提出
19. いろいろなものに昔の言葉がまだある。
20. 楽しい。
21. 俳句をたくさん作れた。
22. 未提出
23. 俳句や短歌を作るのに『十五夜お月さん』の俳句を書いた時、谷先生と授業をやって、俳句は俳句のリズムがあって、短歌は短歌のリズムがあって、とても楽しかったです。分かったことは、感想と同じで、短歌俳句にはリズムがあると思いました。
24. 楽しかった。
25. 童謡を知らなかったけど、いろいろな童謡を知った。『かたたたき』とか、そういうのが童謡なんだと分かった。
26. 作りたいなと思った。よく分かった。
27. 童謡はリズム・悲しい・楽しいがあることが分かった。
28. 俳句を作るのって少し難しいようで、かんたんで、すごくあいまいでした。でも、授業はおもしろかったです。
29. 童謡は詩もあるし、歌もあるのでおもしろいなと思いました。
30. リズム感があって、楽しかったです。
31. 童謡のことが分かりました。
32. 童謡が俳句や短歌よりおもしろかった。
33. 楽しくできた。
34. 俳句や短歌は気持ちが大事。
35. 未提出
36. 『十五夜お月さん』の意味をはじめて知りました。静か。
37. 俳句について、くわしく分かった。
38. 作るのが楽しかった。
39. 童謡が分かった。
40. 五・七・五、五・七・五・七・七が分かった。
41. ほとんどの短歌は事実をもとにして書いていることが分かりました。
42. 難しいが歌があるのでおもしろかった。
43. 俳句作りが楽しい。
44. おもしろかった。
45. 童謡には楽しい歌が、悲しい歌があった。

〔資料５〕 第３時 授業後の児童の感想

46. ふだんやらない学習ができたから、いつもと学習の感じ方がちがった。
47. 派手ですごいと思った。
48. 未提出
49. 未提出
50. 俳句を作るのが楽しかった。
51. 言葉の繰り返しがあって、すごいと思いました。
52. <u>俳句や短歌を作るのはむずかしかったけど、考えていろんな言葉がうかんできたから楽しかった。</u>
53. 五・七・五が俳句で、五・七・五・七・七は短歌だということを初めて知った。
54. 文字だけでは分からなかったことも音楽と一緒にきくと分かることがある。
55. いろんな童謡の歌がきけてよかった。
56. 歌があっておどろいた。
57. <u>童謡は気持ちがつたわってくる。</u>
58. リズムについてよく分かった。
59. 童謡のことがよく分かった。
60. ＣＤをきけてよかった。
61. いろいろな曲をきいておもしろかったです。
62. いろいろな物を作るのはとても難しいと思いました。でも、すごく楽しかったです。
63. きのうの詩が童謡になるなんて思ってなかったから、ビックリした。
64. 俳句を書くのはおもしろいということが分かった。
65. 三つの曲には共通点があることが分かった。
66. 童謡は詩に曲をつけたことを知りました。もっといろんな童謡をきいてみたいです。
67. いろいろな歌が、それぞれテンポがよかったりと、違う意味がつまっていてとてもおもしろかった。
68. <u>作った人の感情があらわれている。</u>
69. 詩を書くのつまらないと思ったけど楽しかった。
70. 『アメフリ』のリズムがいい所が楽しかった。
71. 『十五夜お月さん』は暗い感じだけど、お月さんに頼んでいるところとか、話しかけているところとかを入れると、いい曲になるんだと思った。

72. 俳句にあんな意味があるとは思わなかったです。童謡も意味としては悲しいことや心配している心や風景などで作られてるなんてびっくりしました。昔の人はすごかったですね。童謡と俳句や短歌は、奥が深かったです。

〔資料６〕童謡ワークシート編

【書き換えワークシートＡ】

『十五夜お月さん』　　野口雨情

一、十五夜お月さん　御機嫌さん
　　婆やは　お暇　とりました

二、十五夜お月さん　妹は
　　田舎へ　貰られて　ゆきました

三、十五夜お月さん　母さんに
　　も一度　わたしは　逢いたいな。

《『日本童謡集』岩波書店、一九五七、五六頁》

◆ポイント

妹もばあやも家を去り、独りぼっちになってしまったさみしさと、母を慕う女の子の切ない気持ちを十五夜お月さんに語りかけている歌です。

・「お暇とりました」→仕事をやめること　・「ご機嫌さん」→ご機嫌はいかがですか。
・「婆や」→年老いたお手伝いの女の人　・「母さん」→母さん
・「貰られて」→貰われて

◆音読してみましょう。

◆印象に残ったところを視写してみましょう。

◆わたし（女の子）が十五夜お月さんに話しかけた時、お月さんは何を思ったでしょう。

◆「わたし」になって、日記を書きましょう。

月　日

第Ⅱ部　童謡を活用した国語教育の実際

【書き換えワークシートB】

『証城寺の狸囃子』　　　　　野口雨情

一、証、証、証城寺
　　証城寺の庭は
　　ツ、ツ、月夜だ
　　皆出て来い来い来い
　　己等の友達ア
　　ぽんぽこぽんのぽん

二、負けるな、負けるな
　　和尚さんに負けるな
　　来い、来い、来い来い来
　　皆出て、来い来い来い

三、証、証、証城寺
　　証城寺の萩は
　　ツ、ツ、月夜に花盛り
　　己等は浮かれて
　　ぽんぽこぽんのぽん

《日本童謡集》岩波書店、一九五七、一三〇頁

| ポ　イ　ン　ト |

・「萩」→秋の七草の一つで、秋に紅紫や白い花が咲きます。

この童謡は、千葉県木更津市に伝わる狸伝説をもとに作られました。月夜の山のお寺で、狸たちが楽しそうに踊るのを見て、和尚さんも一緒に踊り出したという伝説です。月の光は人間や狸の分けへだてなく照らしているのですね。

◆音読してみましょう。

◆気に入ったところを視写してみましょう。

◆「おいら」とは、だれでしょう。

◆「負けるな　負けるな　和尚さんに負けるな」と応援しているのはだれ？

◆たぬきさんや和尚さんにお手紙を書きましょう。

　　　　　　　　　さんへ

　　　　　　　　　　　より

〔資料６〕 童謡ワークシート編

【書き換えワークシートＣ】

『うさぎとかめ』　石原和三郎

一 「もしもし、かめよ、かめさんよ、
　　せかいのうちに、おまえほど、
　　あゆみの、のろい、ものはない
　　どうして、そんなに、のろいのか。」
二 「なんと、おっしゃる、うさぎさん、
　　そんなら、おまえと、かけくらべ、
　　むこうの、小山（こやま）の、ふもとまで、
　　どちらが、さきに、かけつくか。」
三 「どんなに、かめが、いそいでも、
　　どうせ、ばんまで、かかるだろ、
　　ここらで、ちょっと一ねむり（ひと）。」
　　グー〈〈〈〈、グー〈〈〈。
四 「これはねすぎた、しくじった、」
　　ピョン〈〈〈〈、ピョン〈〈、
　　「あんまりおそい、うさぎさん、
　　さっきのじまんはどうしたの。」

（『日本唱歌集』岩波書店、一九五八、一〇六頁）

ポイント
・「あゆみ」→多くの人がそろって歩く時の足並み。
・「しくじる」→失敗すること

うさぎとかめのかけくらべを通して、油断しないで最後まで粘り強く努力することの大切さを歌っています。

◆音読してみましょう。

★心に残ったところを視写してみましょう。

◆どんなところで、かけくらべをしたのでしょう。

◆かめさんにインタビュー
ゴールした今の気持ちは？

どうして、かけっこに勝つことができたのでしょうか。

◆うさぎさんにインタビュー
ゴールできた今の気持ちは？

負けてしまった理由は何だと思いますか。

237

第Ⅱ部　童謡を活用した国語教育の実際

【書き換えワークシートD】

「しゃぼん玉」　野口雨情

しゃぼん玉、とんだ。
屋根(やね)までとんだ。
屋根までとんで、
こわれて消えた。

しゃぼん玉、消えた。
飛(と)ばずに消えた。
うまれてすぐに、
こわれて消えた。

風、風、吹くな。
しゃぼん玉、とばそ。

（『日本童謡集』岩波書店、一九五七、九七頁）

ポイント

　しゃぼん玉を飛ばそうと思っても、すぐにこわれて消えてしまうという予定通りにいかないことが子どもの世界にもあるものです。そういう時でも風が吹かないことを願い「風なんかに負けないで、しゃぼん玉を飛ばして遊びたい」と、遊ぶことが大好きな子どもらしい感情をもってほしいと願っているのです。

◆音読してみましょう。

◆心に残ったところを視写してみましょう。

◆しゃぼん玉が消えしまっても、飛ばしたいと願う、この子どもたちをどのように思いますか。

◆この子どもたちになったつもりで歌ってみましょう。

◆この子どもたちと友だちになりませんか。お手紙を書いてみましょう。

（　　　　　）へ

（　　　）より

〔資料６〕 童謡ワークシート編

【書き換えワークシートE】

『ふしぎなポケット』　まど・みちお

ポケットの　なかには
ビスケットが　ひとつ
ポケットを　たたくと
ビスケットは　ふたつ

もひとつ　たたくと
ビスケットは　みっつ
たたいて　みるたび
ビスケットは　ふえる

そんな　ふしぎな
ポケットが　ほしい
そんな　ふしぎな
ポケットが　ほしい

（『まど・みちお詩集』角川春樹事務所、一九九八、一五二〜一五三頁）

ポイント
ポケットに一つ入っていたビスケットを叩いたら二つに増えたという不思議な世界が始まり、ポケットを叩けば叩くほどビスケットが出てくるという空想的な世界が描かれています。そんな不思議なポケットが心底ほしいと願う子どもの心情を歌っています。魔法のポケットですね。

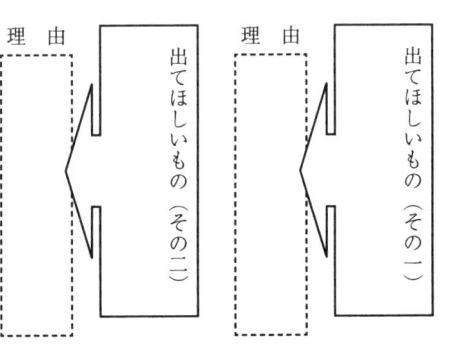

◆音読してみましょう。

◆好きなところを視写してみましょう。

◆どんなポケットを想像しましたか。絵にかいてみましょう。

◆気持ちをこめて歌ってみましょう。

◆こんなふしぎなポケットがあったら、何が出てほしいですか。その理由も書きましょう。

出てほしいもの（その一）　理由

出てほしいもの（その二）　理由

出てほしいもの（その三）　理由

第Ⅱ部　童謡を活用した国語教育の実際

【書き換えワークシートＦ】

童謡『しゃぼん玉』の物語を作ってみましょう。

年　組　名前［　　　　　　　］

★しゃぼん玉遊びをしている子どもに名前をつけてみましょう。

〔資料6〕 童謡ワークシート編

【書き換えワークシートG】

童謡『ふしぎなポケット』の物語を作ってみましょう。

年　組　名前［　　　　　　］

★ポケットの持ちぬしに名前をつけてみましょう。

第Ⅱ部　童謡を活用した国語教育の実際

【書き換えワークシートH】

童謡『うさぎとかめ』の続き話を書いてみましょう。

年　組　名前［　　　　　］

★登場するものに名前をつけてみましょう。
・うさぎ
・かめ

〔資料6〕 童謡ワークシート編

【書き換えワークシート１】

年　　　組　名前 [　　　　　　　　]

★ 『赤い靴』その後の話

いつ　[　　　　　　　]

だれが　[　　　　　　　　　　　　　]

どこで　[　　　　　　　　　　　　　]

どんなことをしたか　[　　　　　　　　　]

★ 童謡『赤い靴』の続き話を書いてみましょう★

年　組　名前

終　章　童謡実践で確信したこと

　童謡が響く国語教室の創造を目指して実践を行うことにより確信したことがあります。

① 　子どものために作られた童謡は子どもの心に響き、どの子も学習に参加することができるということです。低学年だけでなく高学年の子も、中学生も、特別に支援を要する子も、言動が粗野な子も、外国籍の子も、どの子も学習に参加することができるのです。

② 　子どもたちの心がやわらかくなってきます。言動が粗野で落ち着いて学習することが苦手な子でも、童謡を使った授業に参加しているうちに、気持ちが和らいでくるのです。童謡を聴いたり歌ったりしているうちに、朝の会で歌う声が小さかったのですが、次第に大きくなってきました。気持ちが安定してくるからだと思います。

③ 　書くことの学習において、何を書いたらよいのか分からないという子どもたちは多くいると思われますが、童謡の世界で想像したことを続き話にする、短歌や俳句に表す、登場人物になりきって書くなど、何をどのように表現すればよいのかを示すことによって、何を書いたらよいのか分からない、書くことが見つけられないという子どもはほとんど見られませんでした。

④ 　歌詞の語彙や語句の一つ一つに着目し、言葉に敏感になってきます。その言葉から考えたり想像したりして、豊かなイメージをもつこ

とができるとともに、書くことの学習をおっくうがらずに、むしろ意欲的に書くことができるようになります。

⑤　「蛇の目傘」「背戸」「婆や」「姐や」など、歌詞の言葉から当時の人々の思いや生活の様子などを知ることができ、伝統的な言語文化を実感させることができます。

⑥　曲という音楽を使うと、思ったことや感じたことなどがスムーズに書き進められ、書くことの学習が積極的になってきます。そして、童謡の曲だけでなく、人の話を聞こうとする態度もよくなってきます。

　以上が実践を通して確信したことです。多くのことを確信することができ、童謡の奥深さを再認識しました。小学生や中学生からも「童謡は奥が深い」とう感想が出されていましたが、子どもたち自身も童謡の奥深さを実感できたようです。確かに、童謡は音楽や道徳とも関わりがあり、国語や音楽、体育、道徳と総合的に取り組んでいくと、さらに成果が期待できるのではないかと考えます。
　このように多くのことを確信できましたのは、童謡を聴き歌う、好きな童謡を選ぶ、童謡の題名を当てる、童謡の主人公を探す、童謡の共通点を見つける等の活動を長期に渡って継続して取り組んできたからです。わずか十分でもいいのです。継続して取り組むことに意味があるのです。童謡実践を継続して行うことによって、書く力や聞く力がいつのまにか自然に付くようになり、「継続は力なり」を実感しました。

参考文献

安部宙之介（1978）「三木露風解説」、『日本児童文学大系第17巻』ほるぷ出版
池田小百合（2003）『子どもたちに伝えたい日本の童謡——東京——』実業之日本社
池田小百合（2003）『子どもたちに伝えたい日本の童謡——神奈川——』実業之日本社
伊沢修二（1912）『落石自傳　教界周遊前記』伊澤修二君還暦祝賀会
石井睦美編（2008）『飛ぶ教室　第15号』光村図書
石寒太（2003）『これだけは知っておきたい現代俳句の基礎用語』平凡社
泉漾太郎（1990）『野口雨情回想』筑波書林
茨城県高等学校教育研究会国語部　茨城の文学読本班編（1997）『しゃぼん玉とばそ　童謡詩人野口雨情』ツルヤ出版部
上田信道（2005）『名作童謡　野口雨情…100選』春陽堂
上田信道（2005）『名作童謡　北原白秋…100選』春陽堂
上田信道（2005）『名作童謡　西條八十…100選』春陽堂
大槻三好（1993）『明治唱歌の父　石原和三郎読本』群馬出版センター
金田啓子（2004）「野口雨情の童謡論における「教育」の検討——『童謡と児童の教育』を中心に——」新潟大学大学院現代社会文化研究科発行
上笙一郎編（2005）『日本童謡事典』東京堂出版
北原白秋（1922）「叡智と感覚」、『白秋全集20詩文評論6』岩波書店
北原白秋（1923）「童謡私観」「童謡復興」、『白秋全集20詩文評論6』岩波書店
北原白秋（1923）「童謡私抄」、『日本童謡史Ⅰ』あかね書房
北原白秋（1925）「児童自由詩鑑賞」、『白秋全集20詩文評論6』岩波書店
木俣修（1973）「近代短歌集解説」、『日本近代文学大系第55巻近代短歌集』角川書店
金田一春彦・安西愛子（1977）『日本の唱歌〔上〕明治篇』講談社
金田一春彦（1978）『童謡・唱歌の世界』主婦の友社
金田一春彦・安西愛子（1979）『日本の唱歌〔中〕大正・昭和篇』講談社
小浦啓子（2008）「擬人法を手がかりとした浜田広介の童謡分析——野口雨情の

童謡との比較を通して——」、『岩大語文』第13号　岩手大学語文学会
小西甚一（1995）『俳句の世界——発生から現代まで——』講談社学術文庫
西條八十（1921）『鸚鵡と時計』赤い鳥社
西條八十（1924）「現代童謡講話」、『西條八十全集14』国書刊行会
西條八十（1947）『詩のつくり方』雄鶏社
阪田寛夫（1986）『童謡でてこい』河出書房新社
阪田寛夫（1993）『まどさん』筑摩書房
サトウ・ハチロー（1953）『ボクの童謡手帖』東洋経済新報社
山東功（2008）『唱歌と国語——明治近代化の装置——』講談社
首藤久義（2004）「翻作法」、桑原隆監修『翻作法で楽しい国語』東洋館出版社
竹内寅次郎編（1924）「きさらつ　第7號」木更津尋常高等小学校
谷　悦子（1988）『まど・みちお　詩と童謡』創元社
谷川健一（2001）『柳田国男の民俗学』岩波書店
筒井清忠（2008）『西條八十』中央公論新社
中村幸弘（2007）『読んで楽しい日本の唱歌Ⅰ』右文書院
中村幸弘（2008）『読んで楽しい日本の童謡』右文書院
鳴島甫（2009）「原文読解中心主義からの転換」、『月刊国語教育研究№452』日本国語教育学会
野口雨情（1921）「童謡作法問答」、「『定本野口雨情第7巻』」未来社
野口雨情（1923）「童謡教育論」「童謡十講」、「『定本野口雨情第7巻』」未来社
長谷川櫂（2005）『一億人の俳句入門』講談社
畑中圭一（1990）『童謡論の系譜』東京書籍
畑中圭一（1997）『文芸としての童謡——童謡の歩みを考える——』世界思想社
畑中圭一（2007）『日本の童謡——誕生から九十年の歩み——』平凡社
平輪光三（1987）「野口雨情」、吉田精一監修『近代作家研究叢書58』日本図書センター
府川源一郎・高木まさき（2004）『認識力を育てる「書き換え」学習』東洋館出版社
福田アジオ（2007）『柳田国男の民俗学』吉川弘文館
藤田圭雄（1971）『日本童謡史Ⅰ』あかね書房
藤田圭雄（1984）『日本童謡史Ⅱ』あかね書房
藤田圭雄（1988）『東京童謡散歩』東京童謡出版局
船木枳郎（1967）『日本童謡童画史』文教堂出版

堀内敬三・井上武士編（1958）『日本唱歌集』岩波書店
前川知賢（1985）『西條八十論』彌生書房
松岡正剛（2006）『日本という方法——おもかげ・うつろいの文化——』日本放送出版協会（NHK出版）
松本斗吟（1905）「雑録」、『木更津郷土誌「君不去（きさらず）」』木更津市
まど・みちお（1990）『まど・みちお詩集　せんねん　まんねん』童話屋
まど・みちお（1998）『まど・みちお詩集』角川春樹事務所
まど・みちお（2005）『いわずにおれない』集英社
三木露風（1921）「真珠島序」、『三木露風全集第3巻』三木露風全集刊行会
三木露風（1926）「小鳥の友序」、『日本児童文学大系17巻』ほるぷ出版
三田英彬（2002）『童謡詩人としての高野辰之　菜の花畑に入り日うすれ』理論社
森田実歳（1999）『三木露風研究——象徴と宗教——』明治書院
矢崎節夫（1995）「あとがき」、『金子みすゞ童謡詩集あした』教育出版
柳田國男（1977）『年中行事覚書』講談社
柳田国男（1977）『日本の伝説』新潮社
柳田国男（1983）『日本の昔話』新潮社
柳田国男（1991）『遠野物語』集英社
山住正巳・園部三郎（1962）『日本の子どもの歌——歴史と展望——』岩波書店
山住正巳（1967）『唱歌教育成立過程の研究』東京大学出版会
山住正巳（1994）『子どもの歌を語る——唱歌と童謡——』岩波書店
楢田良枝（1986）「解題」、『定本野口雨情第7巻』未来社
由井龍三（2010）『言葉をかみしめて歌いたい童謡・唱歌』春秋社
与田準一編（1957）『日本童謡集』岩波書店
読売新聞文化部編（1999）『唱歌・童謡ものがたり』岩波書店

あとがき

　童謡は音楽科において取り組まれていますが、それは数曲にすぎません。ましてや、国語科になりますと、極めて少なくなってしまうのが現状です。童謡は音楽科においても、国語科において置き去りにされてしまったかのように思われてきます。
　そのような童謡にスポットライトを当て、国語科において活用することはできないものかと、「童謡」についてほとんど知らぬまま、長年に渡って試行錯誤的に取り組んで参りました。
　そこで、「童謡」というものをもっと詳しく知る必要があると考え、筑波大学大学院修士課程に入学し、「童謡」を国語教育で活用する意義について追究することができました。そのことによって、童謡の奥深さを痛感し、ますます、童謡を子どもの学習に生かしていきたいと思うようになりました。そして、童謡の響く国語教室の創造を目指そうと決心したのです。
　童謡実践を行うために、退職後、多くの小学校や中学校、保育園で飛び込み授業をさせていただきました。その度、学校長や園長先生をはじめ子どもたちに見守られ、支えられながら取り組むことができました。深く感謝申し上げます。

　〈ご協力をいただきました保育園、小学校、中学校〉
・茨城県筑西市社会福祉法人博有会たけのこ保育園
　　　　　　　　「童謡で遊ぼう」
・千葉県成田市立中台小学校３年
　　　　　　　　「童謡で表現活動〈続き話＆音読発表会〉」
・千葉県印西市立大森小学校４年
　　　　　　　　「童謡ガイドブックを作ろう」

第Ⅱ部　童謡を活用した国語教育の実際

・茨城県境町立静小学校4年
　　　　　「童謡の世界で想像したことを表現しよう」
・千葉県成田市立八生小学校4年
　　　　　「童謡の世界を想像して俳句を作ろう」
・千葉県印西市立小倉台小学校5年
　　　　　「童謡を活用した国語科学習〈俳句や短歌の創作〉」
・埼玉県草加市立八幡小学校5年
　　　　　「童謡の世界で想像したことを表現しよう」
・千葉県八街市立朝陽小学校5年
　　　　　「童謡への自分の思いを伝えよう〈この童謡大好き〉」
・千葉県成田市立公津小学校6年
　　　　　「なりきり作文で童謡を味わう」
・茨城県桜川市立桃山中学校1年
　　　　　「童謡に親しみ、童謡の世界を短歌や俳句に」
・千葉県流山市立北部中学校1年
　　　　　「童謡に親しみ、童謡の世界を短歌や俳句に」
・埼玉県熊谷市立大原中学校3年
　　　　　「童謡に親しみ、童謡の世界を短歌や俳句に」

　第Ⅰ部の理論研究をまとめあげることができましたのは、筑波大学の先生方からのご指導の賜物と深く感謝申し上げます。また、本書を出版するに当たりまして、筑波大学の石塚修先生、塚田泰彦先生、甲斐雄一郎先生からは多くの貴重なご指導とご助言を賜るとともに、常に温かく励ましていただきましたことに心より感謝致します。
　最後になりましたが、読者の皆様には本書の童謡の系譜論等が参考になり、このような童謡実践をお試しいただけましたら幸いに存じます。

　　2012年　3月

　　　　　　　　　　　　　　　　　　　　　　　　谷　亮子

著者紹介

谷 亮子（たに　りょうこ）

新潟県に生まれる。福島大学教育学部卒業後、千葉県公立小学校で33年間の教諭を経て、2010年筑波大学大学院修士課程教育研究科教科教育専攻（国語教育コース）修了。2012年筑波大学大学院博士後期課程人間総合科学研究科学校教育学専攻人文科教育学研究室研究生修了。2011年埼玉学園大学非常勤講師。現在、同大学に在職。

〔所属学会等〕
　日本国語教育学会
　全国大学国語教育学会
　日本読書学会
　筑波大学教育学系人文科教育学会

童謡が響く国語教室

平成24年9月11日　発　行

著　者　谷　亮子
発行者　株式会社　溪水社
　　　　広島市中区小町1-4（〒730-0041）
　　　　電　話（082）246-7909
　　　　ＦＡＸ（082）246-7876
　　　　e-mail: info@keisui.co.jp

ISBN978-4-86327-191-3 C3081
JASRAC　出 1209403-201